# デュルケームの認識論

清水 強志 著

# はじめに

現代という時代において、われわれはデュルケームの社会学をどのように扱うべきなのだろうか。すでに百年以上前に書かれた『社会分業論』、『社会学的方法の規準』、『自殺論』、そして二十世紀初頭に書かれた『宗教生活の原初形態』は、古典にすぎないのだろうか。

私は社会学の授業（全十四回）の中で、デュルケームにかなりの比重をおいている。それはデュルケームの説明に時間をかけているというわけではなく、デュルケームが主張した内容、とりわけ社会による「個人の形成」および『自殺論』における「個人と集団の関わり」に時間をかけ、学生の身近な経験を通して社会学的な視点を教えているということである。そして、感想では、「生きる勇気が湧いた」というものから、「社会、家族、自由、歴史などについてはじめて関心をもち、その複雑さとともに、重要さに初めて気づいた」「大学生全員の必修科目にするべきである」など、私の予想を遙かに超えた感想をたくさんいただいている。

他方、私はデュルケームの社会学が時代や空間によって理想や道徳が変化し、真理や常識が変化することを強調したことを踏まえ、デュルケームの考えを学生に押しつけようとは考えていない。むしろ、そこでは各自が考えたことを皆で話し合い、共有し、同時に自分と他人の考えが異なり、自分の考えを相対化できるように試みている。

現代において社会学的な思考を有することは非常に重要であり、その中でもデュルケームの社会学は重要な位置を占める基本的柱の一つになると考えている。とはいえ、従来のデュルケーム解釈では不十分であり、さらに再考を必要としているように思われる。デュルケームは生きる喜びは集団に所属することによって生まれると述べている。現代の希薄な人間関係、経済機能の台頭、膨大な情報量の中での不十分な批判による情報の受容など、現代社会の現状を認識すればするほどに、デュルケームの統合論およびシンボリズムを見直し、再検討する必要があると思われる。

本書は、そのような背景から書かれた私の博士論文を短くまとめ直すと共に、加筆・修正したものである。とはいえ、本書によって前記のような再評価がすべて終了したとはいえない。むしろ、デュルケーム社会学の再評価はほんの第一歩を踏み出したにすぎないと考えている。

本書は「創価大学平成十八年度創立三十五周年記念出版助成」によるものである。本書を発刊するにあたり、創価大学創立者池田大作先生、長年指導して下さった故・佐々木交賢先生、そして十年以上の学生生活を支えてくれた家族をはじめとする多くの方々にこの場を借りて御礼申し上げたい。また、本書の出版にあたり、ご尽力いただいた恒星社厚生閣の片岡一成氏に深く感謝申し上げます。

二〇〇七年三月

# デュルケームの認識論　目次

# 序論　本著の目的

エミール・デュルケーム（一八五八 - 一九一七）は『社会学的方法の規準』の中で、マックス・ウェーバーのような動機理解という方法では社会に達することができないと考え、個人にとって外在的かつ拘束的である「社会的事実」をもののように扱うことを主張した。その結果、現代においてデュルケームは「方法論的客観主義者」とみなされることが多く、彼には「個人」あるいは「個人意識」が排除されているとの批判がある。さらに彼が現実的人間として提示した「人間の二元性」概念ですら「反省する自我」が削除されたものであるとされ、究極的な意見として、デュルケームのような立場では社会学は不可能であるとまで主張するものもいる。しかしながら、タルコット・パーソンズ、P・L・バーガー、そしてピエール・ブルデューのように、この立場を理論における欠陥ではなく有益なものとして評価する方が一般的であろう。例えば、ブルデューはデュルケームの「透視の幻想を断ち切る」[1]という考え方、つまりわれわれの行動が極めて身近で容易に認められるような個人的関心によって確定される時ですら、自分では意識していない有機的諸状態・遺伝的諸傾向・根強い諸慣習に起因しているために最重要ではない部分しか識別できないという考え方を高く評価している。そしてデュルケームは「無意識」と「非意識」[2]という個人における意識を注意深く区別していたと指摘している。とはいえ、先に挙げた三者はウェーバーとの関連で理論構築しており、デュルケームに対して高い評価を与えているが、私自身としてはより高い評価を与えたいと考えるのである。彼は個人的なものを社会学から排除するどころか、個人の行為における独自性および自由、認識においては直観すら重視している。つまり、デュルケームの社会学には、意志を持ち自由に行動する「能動的人間」が存在するのである。そして、一般になされているような、方法論的客観主義者デュルケームという評価に対して、デュルケームは個人の主観や直観をも重視していたという事実を明らかにしようと試みた。本著では新しいデュルケーム像を提供することができると考えている。

そのために私は『宗教生活の原初形態』発刊の一年後に行なわれた「プラグマティズム」に関する講義に注目する。デュルケームの新しい解釈を行なうにあたり、一つの概念を思い描いている。要するに、彼の社会観には、悟性が認識できるのは現象だけであり、決して物自体の世界を認識することはできないというカントの二元的な認識論が深く刻み込まれていると判断される。つまり、経験（行為）する主体における概念カテゴリーは現象を認識するだけであるというその視点から、デュルケームは社会学方法論の構築および現実の人間による認識行為がどのようなものであるのかという理論構築においてカントを自己解釈することによって重要な示唆を得ているということである。

晩年のデュルケーム(3)に注目し、そこからデュルケーム社会学の全体を眺め直すとき、今まで見過ごされてきた（気づかれなかった）デュルケームの新しい一端が確認される。つまり、彼の認識論には二つの側面が存在していることに気づく。一つには社会学者としての認識であり、人々が無批判に受け入れている仮象界から、すなわち常識や価値から自由になり、物自体の世界を見ようとしているという態度である。そのために彼が利用したものが実証主義であり、法や自殺率というシンボルを利用する方法だったのである。つまり、この社会学的認識は虚偽から抜け出すための客観性を有する科学としての方法論に関与している。もう一つには、シンボルを通して行為・認識を行なうという「行為論」を理解する態度である。この行為者における認識論は彼の宗教論や人間論に関与している。そこでは「仮象界」で生活する現実の人間について言及されている。

なぜ彼の社会学は個人の主観に頼ってはならなかったのか。そしてなぜ晩年のデュルケームは主意主義の重要さを指摘するに至ったのかという議論はカントの批判哲学に関連し、そこで重要なキー・ポイントとなるのが彼の二つの真理論であり、また真理を真理たらしめるシンボル論なのである。

他方、一九〇〇年以降の知識界では、デュルケームが『社会分業論』(一八九三)や『社会学的方法の規準』(一八九五)、そして『自殺論』(一八九七)を執筆した時よりもいっそう遙かに科学(技術)が進歩しており、例えば心理学の領域ではフロイトが登場している。(4)『規準』執筆当時の心理学の過小評価は、実際変化している。デュルケームにおいて『規準』は、あくまでも客観的な社会学を確立するための最低条件にすぎなかった。それゆえに、彼の社会学は『規準』をもとにしながら、徐々に豊かになっていったといっても過言ではないだろう。しかしながら、ここで重要なことは、即、デュルケームの社会学が変化したということを意味していないということである。『分業論』にそのすべてが含まれていたとの主張に私は賛同する。そして、それは科学の進歩およびデュルケーム自身による精緻化によって豊かになっていったという意味である。

デュルケームの四大著作の一つである『原初形態』が他の三著作(『分業論』、『規準』、『自殺論』)と比べて違和感があるということから、デュルケーム社会学における断絶を主張するものは、そのことを理解していないからであろう。(5)

実際、デュルケーム自身、一九〇七年に、シモン・ドゥプルワージュから自身の道徳科学がヴントの道徳科学を借りたものにすぎないとの批判を受けた時に、「私がヴントを読んだのは一八八七年だったが、一八九五年になってはじめて、私は宗教が社会生活の中で果たしている重要な役割について明確に理解するに至った。私が宗教研究への社会学的アプローチの方法をはじめて発見したのは、この年である。それは私にとって啓示であった。一八九五年の講義によって、私の思想の発展に一つの境界線が引かれた。それゆえに、それ以前の私の研究のすべては、新しく獲得した見方と調和するように新たに見直されなければならない。私が八年前に読んだヴントの『倫理学』はこの方向転換と無関係であり、それはもっぱら私がまさに着手した宗教史研究の結果であり、特にロバートソン・スミスとその学派の研究を読んだ結果である」(Durkheim 1975a:404)と反論している。つまり、デュルケームは一八九四 - 一八九五年にボルドー大学において宗教に関する講義を行なっており、すでに宗教が社会学において重要な役割を果たすことに注目していたのである。

デュルケームにおける「啓示」の影響が文献に表れるのは一九〇〇年になってからであると指摘する学者がいるが、実際には『自殺論』の中に確認することができる。それは、ラビの家系に育ったデュルケームが宗教の「統合」に着目して、プロテスタントとカトリックの宗教社会の比較をしていたという以上にはっきりと述べられている。すなわち、「われわれは、人格のよび起こす尊敬の念を宗教的象徴(les symboles religieux)を通じて理解するのであるが、たしかに、この宗教的象徴は、それ自身の抽象的な形態においては現実とうまく適合しないし、そのことを証明することはたやすい。とはいえ、この人格尊重そのものに根拠がないという結論は、そこから出てこない。(中略)人格に与えているこの種の超越性は、実は人格だけに特有の性質ではない。その性質は、他の存在にも認められる。それは、すべての集合的感情がある程度の強度に達すると、その関連した対象に付与する特徴に他ならないのだ。(中略)われわれは、この世の彼方に一つの世界を想い描き、それを異なった性質をもった実在によって充たさなければならなくなったのである。これこそが、宗教や道徳の根底にあるあのすべての超越性の観念の起源なのだ。(中略)[道徳的義務という]超越性の観念にまとわせる具体的形態は、科学的にみればたしかに無意味なものである。そうした観念を基礎づける根拠として、たとえ人々が道徳的理想の名において漠然と実体化している一種特別な人格的存在や、何か抽象的な力を持ち出してきても、つねにそれは事実の的確な表現にはいたらない比喩的な表現にとどまる。しかしながら、その表象が象徴している過程は、にもかかわらず現実的なものである」（Durkheim 1897:379 - 380= 一九八五：四二二 - 四二五、傍点著者）。

ところで、デュルケームには『原初形態』（一九一二）前後に書かれたものとして、「価値判断と現実判断」（一九一一）、「宗教の将来」（一九一四）、「人間の二元性とその社会的条件」（一九一四）などの重要な論文があり、また一九一三年十二月より「プラグマティズムと社会学」の講義をソルボンヌで行なっている。彼は講義の中で理性を激しく攻撃するプラグマティズムを批判している一方で、ある意味ではそれ以上に高く評価しているといえる。つまり、そもそもデュルケームが講義においてプラグマティズムを選択した理由として、第一に、存在する唯一の真理論であり、第二に、プラグマティズムには社会学と共通の「生活と行為の感覚」があるからであるとしている。それゆえに、本講義はこれまでデュルケーム社会学における社会的事実による外在的かつ拘束的によってなされるという「受動的個人行為論」を補足する「能動的個人行為論」を見出すことができると考える。

とはいえ、デュルケームは晩年になって初めて「能動的個人」について言及したというのは誤りであろう。前述したように、彼が最も重視したといえる道徳教育論の中に、その萌芽ははっきりと表れているのである。つまり、第三の（最後の）道徳要素として、彼は「意志の自律（l'autonomie de la volonté」を挙げている。自由の国フランスを愛するデュルケームは、どんなに個人の外に「命令」を与える正当な社会の存在を認めたとしても、それでよしとするわけにはいかなかったのである。個人は社会によって拘束された「自動人間」ではない。人間は明確に意思と自由を有している。デュルケーム自身、自由のために闘う知識人であった。その彼が社会による個人の拘束を主張したとしても、それが人間の能動性の否定を意味するはずがない。デュルケームの社会学は、科学の発展とともに徐々に精緻化され拡充された。『規準』や『自殺論』だけでは彼の目指した本当の社会学を理解することはできないと考える。

本著の目的は、デュルケームにおける「個人」を再検討することである。カント的な二元論からアプローチすることで従来のデュルケーム解釈ではあまり意識されなかった新しいデュルケーム像が明確になると考える。

ところで、私がデュルケームにおける「個人」に注目した理由とは以下の通りである。以前、現代アイヌ民族における社会調査や教育心理学者と共同で行なったグループ・ダイナミクスの一つとしての協同学習の学習効果に関する調査などいくつかの意識調査に参加し、その中で個人意識における「集団」の役割に注目した。それらの調査分析で特にアンケート調査を重視していたのであるが、アンケートという個人意識によってなされる判断を分析している中で、一つの疑問が生じたのである。つまり、私はアンケート調査の分析を通して、デュルケームの重視していた統合あるいは連帯を明らかにしたのであるが、その方法はデュルケームが『社会分業論』や『自殺論』の中で実践した客観的な社会学の方法と合致しないのではないかと考えた。デュルケーム社会学における「統合」を社会調査に適用する段階で、その重要さが明らかな反面で方法論に疑問を有したのである。それゆえに、新しくなされた解釈は、今後の社会調査への適応などデュルケーム社会学の幅を広めるものになると考える。

第一編では、まず時代の要請に社会学によって応えようとしていたデュルケームの態度および社会学的思考が確認される。デュルケームがボルドー大学において講義をしていた時代は、世紀末あるいはデカダンスと呼ばれる危機の時代であった。道徳崩壊の危機に対して、デュルケームは社会学で対応しようとしたのである。また彼は一九〇二年からソルボンヌで講義を行なっている。しかし、彼がそのポストに迎えられるにあたり、いくつかの使命が課されていたのである。当時最も強大な力を有していた敵はカトリック教会であり、それゆえにデュルケームの道徳教育論は時代の要請だったといえよう。デュルケームの研究においては、社会学形成期における研究は多い反面で、晩年について触れている研究はほとんどない。ルークスが指摘しているように、一九〇二年にソルボンヌに迎えられ、フランス知識界のトップで社会学を教えることができるようになったことは、彼の安穏な人生を意味していない。その数年前（一九〇〇年）に、ベルグソン（一八五九‐一九四一）がコレージュ・ド・フランスに教授として就任していたためである。つまり、デュルケームはパリに迎えられるにあたり、ベルクソン（およびロマン・ロランなどのベルクソニアン）との対決を必須の責務とされていた。当時のベルクソンの影響は大きく、デュルケームへの数々の批判は非常に激しかったといえる。一九一三年にプラグマティズム講義を行なうことを余儀なくされた理由の一つもここにある。なお、「ボルドー時代」に比べ、「ソルボンヌ時代」には、デュルケームは著書としては『宗教生活の原初形態』を出版しただけであるが、彼の執筆・研究活動は激しく、晩年に至るまでに多くの論文、書評を残している。

晩年のデュルケームは、ベルクソンおよびベルクソニアンのみならず、多くの学術的論敵を有している。他方、政治面に関して、祖国フランスのために尽力したデュルケームは、「売国奴」の汚名を着せられている。親友などの弁護により、的を射ていない批判とされたが、デュルケーム自身、ユダヤ人としての人生だけでなく、当時の国際緊張の中で祖国の（一部の）人々からは親独として追い込まれていく。さらに、息子であり、最優秀の弟子でもあったアンドレの戦死は、デュルケームをひどく悲しませたという。そして、それらの状況がデュルケームの死期を早めたといわれている。なお、第二章では、デュルケームが近代社会をどのように位置付けていたのかを明らかにする。

第二編では、まず、フランスの近代化の現状とデュルケームの社会学のつながり、すなわち、近代化が招いた危機に対してデュルケームが示した「統合論」について明らかにする（第三章）。また第四章では、本著の骨子であるデュルケーム社会学における個人とシンボルの関係について論及する。それは従来のデュルケーム解釈を大きく変えるものである。デュルケームにおける認識とシンボルの関係を探り、総括的な検討を試みる。つまり、デュルケームのシンボル論に着目し、カント哲学を社会学的に乗り越えようとした彼の社会学の方法論および認識論を明らかにする。デュルケームにおける認識論を明確にするにあたり、私はカントの「現象と物自体」という二元性および彼が現象と仮象を区別していることに注目する。デュルケームもまた『原初形態』（一九一二）や「プラグマティズム」に関する講義（一九一三 - 一九一四）の中で、仮象（apparence）という単語を用いている。つまり、デュルケームは主観的な表象に基づく仮象、すなわち、悟性概念カテゴリーによって構成された仮象を物自体に対置させて考えていることが確認される。それでは、人々が仮象しか認識できないという事実は何を意味するのだろうか。デュルケームは「社会的事実」をもののように考察するために、内省的な方法ではなく、『社会分業論』では法、また『自殺論』では「自殺率」という個人から独立的かつ外在的に存在する可視的な「シンボル」を通して社会学的に（科学的・客観的に）アプローチすることを試みたのである。つまり、主観的意識は常識という「誤謬」に満ちており、主観を排除することが社会学者において最重要な課題となるからである。それゆえに、「常識」という「誤謬」の奥に存在する一つの「真理＝実在」を社会学によって把握できるという観念があったといえるのではないだろうか。社会学構築時期における彼の社会学とは、科学的真理を追究するものであり、まさに誤謬としての仮象の奥にある「実在＝真理」を理解することにあったといえるだろう。

しかしながら、『宗教生活の原初形態』において彼は「多元的真理」の概念を追加している。それは、デュルケームが「仮象」の奥に存在する実在だけを真理とするのではなく、「仮象」を眺め生活する社会における実在をも真理と認めるに至ったということである。概念をカントのようにア・プリオリなものと考えず、時代や地域に応じた特有の社会に由来する概念の存在を強調したデュルケームは、たとえある意味で誤謬であるとしても、明確に力を有している宗教を幻想にすぎないと述べることはできなかった。そして、デュルケームにおける二つの誤謬、つまり、「誤謬＝偽」と「誤謬＝真実」という相反する概念の違いこそデュルケーム社会学を理解するうえで非常に重要な概念なのである。デュルケームは、神話的真理においては、実在と一致するから真実なのではなく、創造的力（**pouvoir**）が実在との一致を生じさせる結果、真実になると答えている。こうして、デュルケームにおける二つの真理論から二つの認識論を見出だすことができる。一つには、社会学の客観性を確保するための認識論（方法論に関連）であり、もう一つには、現実社会における行為主体を重視した認識論（特に道徳論・宗教論・人間論に関連）である。なお、後者は人々が宗教信念という社会観によって社会を眺めさせられているという個人の行為・認識論に発展し、『原初形態』では、デュルケームは他者とのコミュニケーションを図るために、言語などの媒介手段だけでなく、ある対象を見たときの感覚や理解が同じである必要があることを指摘している。そして、彼は認識が直観→イマージュ→概念という層を成して重なっていると述べている。ここから、デュルケームにおいて二つの行為論が確認されるのである。一つには文明が人々に言語などの他者コミュニケーションを可能にする媒介物を提供しているというだけではなく、行為主体において感情や欲望すらも含んだ思考のすべてが社会によって方向付けられているというものであり、もう一つには明確で確かな行為を知ることのできない「自覚的な人間」は、概念を不完全に内面化しつつ行動し、社会（＝実在）との不一致によって反省を促されるというものである。

デュルケームにとって社会は生きるためにはなくてはならないものであった。それは、人間の二元性と教育の関係に見られるように、感情や考えなどの社会的存在を内在化させることで同世代の人とのコミュニケーションが図れるようになるからである。また、その視点はデュルケームのシンボル論および真理論においても見出だせる。この視点は、デュルケームにおいては社会学者としての認識と行為主体における認識という二つの認識が仮象と物自体というカントの二元的世界観の上に置かれたときに、デュルケーム社会学において断絶と思われた要因を取り除く一助になる。さらにシンボルを受け取る個人に目を向けた時には、デュルケームに対して従来見落とされがちであった行為論、具体的には個人の独自性や直観の重視が確認される。

第三編では、デュルケームと心理学の関連を探っている。『社会学的方法の規準』の中では、デュルケームが心理学を全く役に立たないものと考えていたように述べられているが、彼の心理学への関心は高等師範学校時代から高かったことがうかがえる。実際、デュルケームの高等師範学校の先輩であるピエール・ジャネはヒステリー研究でフロイトと面識を有していた(6)。デュルケーム自身、「心理学」といった時に誰のどのような理論を意識していたのかは推測の域を出ないが、彼の心理学への言説をたどるときに、明確に心理学の評価が変わっていることが確認される。

さらに、重要なことは客観的科学を目指したデュルケームの社会学には、心理学的要素が多分に含まれているのである。心理学との関連を探ることで、デュルケームの個人に対する考え方が確認される。デュルケームは、客観的な科学としての社会学を確立するために、個人に外在し、かつ拘束的である「社会的事実」をその対象として規定した。そのために、彼は、特に個人表象と集合表象の相違した性質、また化合の法則を基礎においている。そして、個人的判断からなされる自殺が、実際には社会によって制御されている、つまり毎年、自殺の数まで決定していることを統計によって明らかにしたのである。しかしながら、彼は「人間性の二元性とその社会的条件」(一九一四）において、社会学と心理学の関係を以下のように述べている。社会学は「その探求の直接の対象である人間諸集団を、それらの究極の構成要素である個人に最終的に到達することなくしては取り扱い得ない。なぜなら、社会は諸個人意識に浸透し、『その姿に似せて』それらを加工するという条件においてしか構成され得ないからである。（中略）社会学は、社会学にとってなくてはならないものである心理学に全面的に依存する一方では、心理学に対して、重要さにおいては社会学が心理学から受け取る奉仕に匹敵し、それに優るほどの貢献を心理学にもたらすのである」（Durkheim 1970:315＝一九八八：二五〇）。前記の文章は、デュルケームにおける「自律」を探るうえで重要な意味を有していると考えられる。

第四編では、デュルケームがプラグマティズムをどのように理解したのかを検討している。ウィリアム・ジェイムズ（一八四二‐一九一〇）と親交が深かったベルクソンは、ジェイムズ没後に仏訳版『プラグマティズム』（一九一一）が出版される際にその序文を書いているのである。そして彼は、その中で、ジェイムズの真理論を自身の哲学と重ねて要約することによって、プラグマティズムと自身の哲学が同じことを主張していることを隠喩的に述べたのである。つまり、佐々木交賢氏が指摘しているように（佐々木 一九九三b：八四）、当時ベルクソンはジェイムズのプラグマティズムのフランスでの普及を通して実証主義批判の道具にしようとしていたのである。そこで、当時、大きな力になりつつあったプラグマティズムをデュルケーム自身、ベルクソンの哲学とは全く違うものであることを証明するために詳細に比較する必要が生じたのである。また、ここではシンボル、真理、行為、認識に関するデュルケームの考えを詳細に確認することができる。ところで、「プラグマティズム」講義は講義草稿が失われたために、二人の学生のノートをもとにキュヴィリエによって編纂された（一九五五）。作田啓一は著書『デュルケーム』の中で「本書の原稿はデュルケーム自身の手によるものではないので、抜粋は行なわない」（作田 一九八三：二七五）と述べ、簡潔な要約を記載しているだけである。しかしながら、私自身、デュルケームの検閲がなかったことに対して（逆に）注目している。

他の著書には見られないデュルケームの具体的かつ詳細な説明を見ることができるのである。なお、デュルケームの言い間違いと思われる点に関してはキュヴィリエが脚注において明記しており、また二人の学生において差異がある場合は保留とされているので、ある程度まで信頼できると考えられる。他方、昭和三十一年には日本において邦訳本が出版されているが、誤訳が多く信憑性に欠けている。「集合表象」を「個人表象」と訳しているところは致命的である。デュルケーム社会学を知るうえで非常に重要な文献であるにもかかわらず、日本ではほとんど読まれていない。本編で私はデュルケームによるプラグマティズム講義の概略に限らず、かなり細部にまで踏み込んで彼の考えを探る。そこで私が重視したことは、デュルケームによるプラグマティズム解釈に誤りがあるのかどうかではなく、デュルケームがどのように理解し、その結果、何を強調したかったのかを探ることである。まさにデュルケームの社会学を補足する重要な役割を果たすことができよう。プラグマティズム講義に関しては全訳し直したが、翻訳に関してはブルデューをかなり意識しながら訳していることを付言しておきたい。『プラグマティズム講義』は晩年におけるデュルケーム社会学の全体をつかむためには、決して外すことのできない重要な本である。とりわけ、『原初形態』を補足する「真理論」およびシンボリズム、合理主義と経験主義に関する総括的発言、そしてベルクソンに関する発言は重要である。デュルケームとベルクソンは高等師範学校において同世代の秀才であった。そして、前述のように、前者は一九〇二年にソルボンヌの教授に就任し、後者は一九〇〇年にコレージュ・ド・フランスの教授にそれぞれ就任している。新カント主義者であるルヌーヴィエという同じ師を持つ二人は、師の学問を継承しつつ、独自の学問を展開したのである。そして、それは二十世紀初頭においてパリを右と左に分かつほどの学問的柱になったのである。そのベルクソンを講義の二十講目（最終講義）の中で論じている。

なお、デュルケームは、理性や合理主義を批判するプラグマティズムを完全に否定していない。むしろ、事実認識に関しては好意的ですらある。それはデュルケームが『規準』執筆の時より、一貫してフランスの伝統的合理主義を批判していたことに通じるからである。それゆえに、デュルケームにおいて、プラグマティズムの受け入れられなかった点とは、ネオ合理主義を主張したデュルケームと異なり、プラグマティストたちが理性そのものを否定したことである。講義の中でデュルケームは彼らの批判する理性とはどのようなものなのか説明することに時間をかけている。つまり、彼らの批判する理性とは理性のすべてではなく、デュルケームが批判する理性と同じものなのであり、それゆえに、プラグマティストがそれを理性すべてと勘違いして誤った結論に走ってしまったというのである。

それではデュルケームが考えるネオ合理主義とはどのようなものであったのだろうか。デュルケームは盟友で死別したアムランを引き合いに出しながら、合理主義と経験主義について語っている。「経験主義は事物のなかに基礎をおき、合理主義は理性そのもののなか、つまり思考の中に基礎をおいている。しかし、二つの側面からわれわれはある種の真理の必然的で強制的な性質を認めており、この根本的な点からすれば、これら二つの違いはあまり重要でない」（Durkheim 1955:28）と。つまり、プラグマティストたちが、「真理の多元性」を主張したこと、すなわち、すべての精神に共通する唯一の悟性は存在しないという精神の差異性を主張したことを非常に評価し、「当時の合理主義理論の破綻」に関しても（ある意味で）共感し、「問題はプラグマティズムが差し向けている根拠ある批判にかないつつ、合理主義の本質を維持する解決策を発見することである」（Durkheim 1955:29）とデュルケームは述べている。そして、デュルケームは晩年に主意主義を主張するに至ったのではなく、経験主義と合理主義の関係を前記のように考えた結果、主知主義を捨てることなく主意主義の重要性を主張するに至ったと考えられるのである。

第五編では、現代の社会理論からデュルケーム社会学の再解釈を試みている。実際、私がデュルケームにおけるシンボリズムを探るときには、ブルデューの影響を否定できない。彼のハビトゥス、場の理論とデュルケーム社会学の関連は非常に興味深く、またシンボリズムの比較も同じくらい重要である。ブルデューは、客観的構造と主観的表象との間の関係について「ハビトゥス」を媒介にすることで相反すると思われてきた両者を結び付けた「実践の理論」を提示することに成功したように思われる。ブルデュー自身は、デュルケームが「無意識」と「非意識」を注意深く区別していたと評価しながらも、方法論としてはデュルケームの客観的構造把握を重視するにとどまっている。そこで、本編では、両者の比較を試みた。ブルデューの最も大きな社会学的貢献の一つとは、理論と調査の断絶が進む現代において調査結果から理論を構築したことである。彼に対しては数ある理論の折衷にすぎないという厳しい批判もあるが、彼自身、詳細な検討を加えながら理論構築を行なっている。それゆえに、彼の社会学との関わりを探ることは、デュルケーム社会学を考えるうえで重要な過程といえよう。

私は相互に影響を与え合う個人における精神的存在と社会的存在を探るうえで、デュルケームの「人間の二元性」概念を重視している。そして、デュルケームの社会学から「個人」と「社会」の関係を探る時に、四つの概念を引き出すことができると考えている。第一に、彼のシンボリズムにつながる「個人は社会によって作られている」というものであり、第二に、『自殺論』から演繹的に出される「個人は社会（人々）と関わらなければ生きてゆけない」というものであり、第三に、「人間の二元性」における「個人の中に社会は存在する」というものであり、最後に『分業論』および『原初形態』における社会変動論につながる「個人が社会をつくる」というものである。一般には、様々な社会学者から理論を借りてきて総合的に理論構築するが、私自身、デュルケームの中にそのすべてが含まれていたといい得ることができると考えている。しかしながら、ウェーバー理論などを適時利用した方がより現実的でより深い理論を構築できることを否定するつもりはない。デュルケームにおける「個人」を再検討することにより、これまで現実社会への適用に限界が設けられていたデュルケーム社会学に新しい視点を提供することが本著の目的である。デュルケームは人間における感性および理性を排除するどころか重視していたといえる。繰り返しになるがそのことは、デュルケーム社会学における断絶につながるようにも思われるが、私自身、断絶はないと考えている。晩年に主意主義の重要性を指摘したデュルケームは主知主義の重要性を放棄していない。『規準』における「社会的事実」の外在性および拘束性は、執筆段階で最低限言及できる法則であり、後に拡充されるということをほのめかしていた。このことは「第二版序文」の「実際、われわれの諸定式が将来改訂されるべき運命にあることはきわめて明らかなことである。それらの定式は、もともと個人的な、しかも不可避的に限定された一つの実践の要約であるから、ひとが社会的現実に関して、さらに広範かつ深遠な経験を積むにつれて当然進化しなければならない。のみならず、研究法にしても決して暫定的なもの以外はつくり得ない。なぜなら、諸研究法は科学の発展に応じて変化するからである」（Durkheim 1895: XI - XII＝一九七九：五）という文章によっても明らかである。このことからも、デュルケーム自身、生涯をかけて社会学を構築していく中で自身の社会学の拡充が図られたことは確かであったといえよう。

デュルケームは個人の行為においては能動性や独自性を、認識においては直観までも重視していたことを確認する。そのことが明らかにされることによって、今後デュルケーム社会学の現代社会への適応および社会調査への道がさらに開けると確信している。また、今回様々な観点からデュルケームの「個人」について研究したにもかかわらず、今後なお、デュルケーム研究には取り組まなければならないことが残されている。むしろ本著によって取り組まねばならぬ研究課題は増えたといえる。本著を出発点として、さらなる理論的・実証的探求を目指さなければならないと考える。

（1）より正確に表現すれば、個人の意識を見ればすべてが明確になるという幻想を断ち切るという考え方のことを指す。
（2）無意識が個人意識の中に存在しながら本人には意識されていない意識であるのに対し、非意識は、文字通り個人の意識の中には存在しない意識である。これは一見矛盾するように思われるが、社会構造によって本人の全く知らないところで欲望が決定されていることを指しているブルデュー固有の表現である。これは発生論的な把握を通してでなければ理解されない意識である。
（3）『宗教生活の原初形態』発刊前後以降没までの約五年間を指す。
（4）フロイト／ブロイヤー『ヒステリー研究』（一八九五）、フロイト『夢判断』（一九〇〇）、『日常生活の精神病理』（一九〇四）、『三つの性欲理論』（一九〇五）、『トーテムとタブー』（一九一一三）。デュルケーム自身はフロイトについて言及していないが、フロイトは「トーテミズムとタブー」の中でデュルケームに言及している。
（5）重要なことなので繰り返すが、デュルケームは常に外在的な「社会的事実」による個人への拘束を意識していた。しかし、『規準』の中でも述べられているように、社会的事実には他の機能（あるいは特徴）が存在している。それゆえに、（後述するように）社会は個人によってのみ存在するとデュルケームが述べたとしても何ら矛盾するものではないのである。
（6）ジャネとデュルケームは、高等師範学校における一学年違いの先輩・後輩である。

# 第一編　デュルケームの生涯と時代的位置付け

「諸社会についての一つの科学がもし存在するとするならば、それは伝統的な諸々の偏見の単なる注釈にとどまるべきではなく、世俗的な考察とは異なった様式で諸事物を考察しなければならない。なぜなら、いっさいの科学の目的は発見することにあり、しかも、いっさいの発見は既知の諸々の見解を多少とも混乱させるものだからである」(1)。

デュルケーム『社会学的方法の規準』［第一版序文］

# 第一章　デュルケームの生涯と研究・教育活動

## はじめに

エミール・デュルケーム（一八五八‐一九一七）の社会学は時代の要請にいかに応えるのかという現実問題に常に直面していた。彼が社会学によって再建しようとしていた社会とは、様々な意味で「危機」の状況にあった。産業の発達は他方では世紀末あるいはデカダンスを生じさせていた。「道徳崩壊の危機」を迎えている社会で、集合意識をいかにして再建するのかというのが彼の社会学の使命の一つであった。またフランス第三共和制は多くの危機・混乱を含んでいたが、「世俗化」が一つの重要な意味を有していた。デュルケームがボルドー大学およびソルボンヌで期待された役割は、カトリック勢力と戦いながら、いかに「世俗教育」を確立するのかというものであった。

彼は時代の「過渡期」に位置して、新しい指標を示すべく運命付けられていたのである。そこでは既存の価値判断から自由になって、さらに科学的に新しい価値判断を構築する必要があったのである。彼が著書『社会学的方法の規準』（一八九五）の中で述べている「認識論」とは、まさにいかにして社会学者という観察者が常識から逃れることができるのか、ということが述べられている。つまり人々は無批判に常識を受け入れ（常識にとらわれ）ており、常識に従うことは客観的な判断ではないとされている。

それは後に見られる『原初形態』の多元的真理論につながるが、社会は空間・時間ごとに真理の概念が変化しており、社会学者だけがこの任意的な真理から逃れ、客観的・普遍的な真理に接近することが可能となるということを考えていたのである。なお、デュルケームにおける認識論は、社会学者の目としての認識論（方法論に関連）と行為主体の目としての認識論（特に宗教論・人間論に関連）の二つに見出だせるが、その図式は同一のものであるといえる（第四章参照）。

ところで、デュルケームの主要著作は、『社会分業論』（一八九三）、『社会学的方法の規準』（一八九五）、『自殺論』（一八九七）、『宗教生活の原初形態』（一九一二）である。三番目の著作までは、「ボルドー時代」と呼ばれる、いわばボルドー大学においてデュルケームが科学としての社会学の確立を目指した時代に書かれたものである。他方、最後の『原初形態』は、「ソルボンヌ時代」と呼ばれる、いわばフランスの学問における中心の一人に位置した時代に書かれたものである。そして、『原初形態』執筆の五年後、五十九歳の時に彼は没している。

デュルケームの社会学の根本命題といえば、『規準』における「社会的事実」の個人における拘束性と外在性である。しかし、デュルケームの他の著作に目を向けない学者は、デュルケームの社会学方法論は非現実的であるとまで言い放っている。しかしながら、彼の学問はボルドー時代では終わらずに、ソルボンヌに移ってさらに深められていったといっても過言ではないだろう。

そして、「社会学」という武器を持ってソルボンヌという学問の中心に迎えられたデュルケームの闘争はいよいよ激しくなる一方で、ユダヤ人としての彼の人生は、晩年において決して華々しい最後を迎えてはいない。デュルケーム社会学の確立期に目を向けられることが多い反面で、彼の晩年に目を向けられることは稀である。そして、デュルケームがどのような経緯を経て、『原初形態』を描き、さらにその後没するまでの五年間に何を成そうとしていたのかを探ることは、彼の社会学を知るうえで重要なこととなるであろう。

まず、第一編では彼の社会学と時代との関係を探ることにしたい。すなわち、まず、社会学の確立期である「ボルドー時代」に注目し、その上で「ソルボンヌ時代」に着目し（時代背景や講義内容）、そして『原初形態』以後における執筆を通して彼の集大成の一端を探ることにしたい。

私は、一人の人物を理解するには、その人物の生きていた社会（時代）を知らなければならないという信念に基づき、第一編では、デュルケームの社会学と時代背景との関連を探ることにする。

彼は机上の人ではなく、実践の人であった。社会による個人への拘束および社会の優位性は現状維持のためではなく、むしろ改革のためになされていたのである。

## 一・生い立ち―ボルドー時代

一八五八年四月十五日、ダヴィデ・エミール・デュルケーム（David Emile Durkheim）は、エピナール(2)で生まれる。父の名はモイーズ・デュルケーム、母の名はメラニー・イジドール、質素な環境で、伝統的ユダヤ家族の四番目の子供であった。伝統的ユダヤ家族と述べたが、より正確にはデュルケームの祖先は、代々その地方でユダヤ教のラビをしており、その跡を継ぐものとしてデュルケームは期待されていた(3)。

ところで、当時、フランス革命とナポレオンⅠ世によってユダヤ人の解放がなされていた。そして、十九世紀中頃までには、ユダヤ人のための学校、シナゴーグ(4)、そして墓地などが認められていた。しかし、エピナールでは、ユダヤ教の布教・融合化を規制するために、市当局はユダヤ教徒を一定の区域に限定して居住させ、公然と差別が行なわれていたのである(5)。

当時の状況については、*textes* 第二巻に収められている 'Antisémitisme et Crise Sociale' に詳しく述べられているが、フランスの反ユダヤ主義運動はドイツほど慢性化していなかったといえる。そして、一八六四年頃からようやく市当局は、ユダヤ教徒の居住地制限を解き、同化政策の推進と身分の平等化を進めるようになる。

そして、一八七〇年七月（デュルケームがラビの小学校に在学中）に普仏戦争が勃発し、僅か三ヶ月でエピナールはドイツ軍に占領される。その後、一八七三年八月にフランス軍が駐屯するまでの三年間ドイツ占領下におかれることになる。

普仏戦争の敗戦およびドイツ軍による占領は、フランス国民に「対独的・軍国主義的愛国心」という感情を生じさせた。一八九九年にユマニテ・ヌーヴェル誌の「戦争と軍国主義に関するアンケート調査」で、デュルケームは以下のように答えている。「われわれは（武力による対独復讐が）最高の思想であるという観念で育てられ、またその観念を常に頭にたたきこまれて生活を送った」。しかし、「われわれは戦争を賛美する態度を正常とは考えないし、軍国主義の再興も正常とは思えない。（中略）一八七〇年の敗北を想起して対独復讐心からフランス国民は軍隊に対して盲目的崇拝をささげ、軍隊を復讐にとって必要な武器と考えているが、私はそれを恐れる。（中略）それらはよりまじめな反軍国的愛国心、すなわち平和的愛国心を培うことを妨げてしまう。それは正義と公正と高い道徳性が支配するようなフランス国家の内在的自律によって達成されるものである」（Durkheim 1975c:161 - 162）と。この言説から、デュルケームが敗戦という経験によって戦争を肯定していなかったことが確認される。さらに、彼は「敗戦の結果非難されたのは、ユダヤ人であった」と述べており、反ユダヤ主義という不公正な運動をも体験している。

ここで、一八九四年にドレフュス事件が起きていたことを想起しておくことは重要であろう。フランスにおいて反ユダヤ主義運動はドイツほど激しくなかったとはいえ、普仏戦争後とドレフュス事件の時は強烈であったといえ

る。それゆえに、デュルケームはドレフュスを擁護するために「知識人」として決然と立ち上がったのである。(6)

ところで、コレージュ・デピナールで学校教育を受けたデュルケームは、優秀な成績を示し、「二階級特進」をした。コレージュ時代でのめざましい成功によって彼は教師になるための教育を受ける決心をしてパリに赴き、エコール・ノルマル・シュペリユール（高等師範学校）へ入学するための準備を始める。しかしながら、それまで優秀を示してきたデュルケームは、入学までに三年の月日を費やすのである。アルパートによれば、そこでの教育方法になじむことができなかったうえに、得られた知識に価値を見出すことができなかったからであるといわれている（**Alpert 1939:16**＝一九七七：五）。

一八七九年、デュルケームは高等師範学校に入学する。そこには、前年入学のジャン・ジョレスやヘンリ・ベルクソン、そしてデュルケームに多くの影響を与えた教師として、シャルル・ルヌーヴィエやエミール・ブートル、フュステル・クーランジェなどがいた。

一八八二年、彼は哲学のアグレガシオン（高等教育教授資格）を取得し、**sens** のリセ（一八八二‐一八八四）、**Saint‐Quwntin** のリセ（一八八四‐一八八五）、**Troyes** のリセ（一八八六‐一八八七）で哲学を教える。なお、一八八六年の半年間、デュルケームはドイツへ留学し、ウィルヘルム・ヴントの心理学研究所で学んでいる。

そして、一八八七年、高等教育の責任者であるルイ・リアールや当時ボルドー大学文学部副学部長エスピナスの支援のおかげで、ボルドー大学文学部で「社会科学と教育」の講師を任命される。そもそも、ボルドー大学はフランスで初めて教育学を開講した大学であり（一八八二年）、さらに一八八四年には、教育学を第三共和制の推進する世俗教育を大学教育の中で教授する講義として位置付けていた。その初代教授がエスピナスであり、デュルケームはその後継者として選ばれたのである。

デュルケームは最初の「社会科学」講義（一八八八）を以下のように締めている。「個人は自分を包み、自分に浸透しているこの社会的集成を感じ取り、それが常に存在し、生き生きとしたものであることを感じ、この感情が個人の行動を常に調整するものでなければならない。（中略）さて諸君、社会学こそは他のあらゆる科学にもまして、これらの観念を回復し得るものと私は考えるのである。社会とは何であり、それがいかにして個人を完成させるのか、そして個人は自分だけの孤立した諸力に還元されるならばいかに取るに足らないものであるかを個人に理解させるものこそ社会学なのである。社会学は個人に、個人は一つの帝国の中にあるもう一つの帝国なのではなく、有機体の器官であることを教え、その器官としての役割を良心的に果たすことがいかに素晴らしいことであるかを示してくれるであろう。社会学は個人に、他人と連帯し、他人に依存し、全く自己自身のみで自由に振舞うことがないとしても何ら個人の価値が減少するものでないことを感得させるであろう。（中略）私の力の及ぶ限りで、こうした結果への到達に貢献し得ることが私の主要な関心事となるであろうし、このことでわずかでも成功できるならばこれ以上の喜びはないのである」（Durkheim 1970:109 - 110＝一九八八：八七）と。

そして、ボルドー大学就任中に博士論文を執筆し、それを『社会分業論』（一八九三）として出版している。その後『社会学的方法の規準』（一八九五）、『自殺論』（一八九七）を執筆している。また、ボルドー大学での講義内容は表1・1の通りであるが、ここからデュルケームがかなり幅広い関心のもとに社会学を構築していたことが確認される。

さらに、社会学構築のために、ボルドー大学時代になされた重要なことの一つに、『社会学年報』の発刊があげられる。これは、科学としての社会学構築のための準備期という認識のもとに多くの学者と協力して、社会学構築のために必要な文献および資料の収集、紹介を主な目的として創刊されたものである。そして、『年報』は全十二巻発刊されている（一九一三年まで）。

なお、『自殺論』を執筆後、『年報』の作成に多忙を極める頃に、ドレフュス事件が起きている。『自殺論』以降、デュルケームはいくつかの重要な論文を執筆している。ドレフュス擁護のために書かれた「個人主義と知識人」（一八九八）、社会学と心理学の相対的独立性を改めて確認した「個人表象と集合表象」（一八九八）、「宗教現象の定義について」（一八九九）、「十九世紀におけるフランスの社会学」（一九〇〇）、「社会学における客観的方法について（『規準』第二版序文）」（一九〇一）、「刑罰進化の二法則」（一九〇一）などである。

ところで、田原音和は以下のように述べている。「もちろん彼（デュルケーム）の社会学が『分業論』と『規準』につきてしまうものではない。しかも本書（『分業論』）と『自殺論』以後は、『現代』の問題からしだいに足を遠ざけ、歴

| 社会連帯 | 家族 | 自殺 | 生理学：法と習慣 | 犯罪社会学 | 宗教 | 社会主義 | 社会学の歴史 | 心理学 | 教育学 |
|---|---|---|---|---|---|---|---|---|---|
| 1887-1888 | | | | | | | | | 1887-1888 |
| | 1888-1889 | | | | | | | | 1888-1889 |
| | | 1889-1890 | | | | | | | 1889-1890 |
| | | | 1890-1891 | | | | | | 1890-1891 |
| | 1891-1892 | | | | | | | | 1891-1892 |
| | | | | 1892-1893 | | | | 1892-1893 | 1892-1893 |
| | | | | 1893-1894 | | | | 1893-1894 | |
| | | | | | 1894-1895 | | | 1894-1895 | |
| | | | | | | 1895-1896 | | 1895-1896 | |
| | | 1896-1897 | | | | | | 1896-1897 | |
| | | 1897-1898 | | | | | | 1897-1898 | |
| | | 1898-1899 | | | | | | | 1898-1899 |
| | | 1899-1900 | | | | | | | 1899-1900 |
| | | | | | 1900-1901 | | | | 1900-1901 |
| | | | | | | | 1901-1902 | | 1901-1902 |

表1・1 ボルドー大学文学部でのデュルケームの主要な講義（1887 - 1902）[7]

史の原型としての未開社会の研究、『集合表象』の哲学的基礎付け、認識と宗教の社会学的把握といった問題に関心の焦点を移してゆく。その意味では、いきいきとした現実的関心からしだいに遠ざかるようになったといえなくはない。『分業論』は、こうした彼の学問的遍歴のうちでも時代精神に対決した、数少ない作品のひとつといえるであろう」(8)。

デュルケームの社会学を田原のように位置付ける人々は少なくないように思われる。実際、デュルケームは一九〇三年に「分類の未開形態」を発表し、晩年の一九一二年には『宗教生活の原初形態』を出版している。しかしながら、『自殺論』出版以降『原初形態』出版までの期間、および『原初形態』出版以降に関しては空白のままにデュルケームの評価が下されている場合が少なくない。ただ、田原は空白を埋めたうえで前記の判断を下していることは疑いようもないが、私自身、この空白を埋めることによってもう少し別の側面が見出だせると考えている。つまり、第一に、一八九五年に重要な宗教の役割に改めて気づかされたと述べているデュルケームは、そのまま宗教的関心に移行したとは考えづらいということである。換言すれば、彼はまさに現実的関心から「宗教的現象」に踏み込んだのではないかと私は考えている。

第二に、「集合表象」の哲学的基礎付けだけを目的として、認識論に踏み込んだのではなく、科学の進歩によって「社会的事実」の定義がより精緻化されていくと考えていたデュルケームが、まさに二十世紀という科学（特に心理学）の急速な進歩と共に、社会学をいっそう進化させようとしていたと考えることができるのではないだろうか。

第三に（前述した二つに関連するが）、実際、時代精神に対決したのは『分業論』と『自殺論』と数少ないかもしれないが、それは単に問題関心が移行したからというだけではなく、彼の客観的な社会学の方法論および実証を示したデュルケームは、さらなる現実把握の必要性よりも現実の「社会的混乱」の再建を最優先せざるを得なかったのではないだろうか。

デュルケーム自身、科学の進歩によって問題の捉え方が変化することを『規準』の中でも繰り返し述べている。つまり、『規準』執筆の現段階では、社会的事実の「外在的」「拘束的」側面だけが唯一の認識方法ではないことを強調している。後に『道徳教育論』で論じられる「集団への愛着」も存在することを認めつつ、それは不十分なため現段階の定義からは外したと『規準』の中で述べている。その意味で一九〇一年の「第二版序文」は出版時とは若干異なったことを述べているところも確認できるので重要である。

しかしながら、本当に注目すべきは、一九〇一年以降の「人間」の捉え方である。つまり、『自殺論』出版の頃、例えば「個人表象と集合表象」では明確に心理学を批判しているが、晩年には心理学と社会学がお互いに貢献し合える存在として捉えられている。デュルケームが述べる心理学については第三編で論じるが、彼の社会学は決して主意主義の方向に向かったのではなく、厳然と彼の客観的な社会学の方法（見方）を保ちつつ、反面で科学の進歩による「個人」の認識が具体的に進んだと考えるべきであるように思われる。なぜなら、デュルケームが批判していた功利主義的個人主義に対する道徳的個人主義という対比は、単に個人は拘束されなければならないと訴え、個人の自由を拘束するだけでなく、初期の頃から人間性の二元性を主張するデュルケームにとっては重要な意味を持っていたからである。「社会は表象から作られている」と述べるデュルケームにとって、表象を認識する主体を捉える科学的方法が未発達であったことと、また功利主義的個人主義の批判は、徹底的に個人に外在するものを見るという「客観的方法論」を主張することが重要であり、また個人によっては意識されない思考・行為の体系の存在を証明することが重要であったのである。

## 二. ソルボンヌ時代（一九〇二-一九一六）

一九〇二年六月四日のソルボンヌ大学文学部教授会で、下院総選挙で代議士に当選したビュイソンの代理として、デュルケームを「教育科学」の講師として就任させることが決定した。そこには、ビュイソン自身による推薦だけでなく、かつての師であるブートルーやエスピナスが賛意を表明している。

こうして、一九〇二年、デュルケームはついに大学教育の頂点であるソルボンヌの講壇に立つことになる。しかし、このような急を要した人事にはルークスが指摘しているように、別の思惑があったと推測される。つまり、二年前の一九〇〇年に、ベルクソンがコレージュ・ド・フランスの教授に就任していたのである。つまり、デュルケームがパリに迎えられるにあたり、ベルクソンおよびロマン・ロランなどの熱烈なベルクソンファンであるベルクソニアンとの対決を必須の責務とされていたのである。

一九〇二年四月のモースへの手紙の中で、デュルケームは以下のように述べている。「この冬、ビュイソンは、［……］(9)に関して私に賛嘆の証言を送ったという一枚の手紙を私に書いた。それゆえに、私は彼が好意的であると考えている。しかし、私はこの状況変化による諸々の利点と難点に関する彼の意見を少しも持っていない。それらは互いに同等である。教育学を教えに行くためにボルドーを離れることは、私に何も示さない。そこから私の態度も何も決められない」（Durkheim 1998:326）と。実際、九月からソルボンヌで講義を始めるにもかかわらず、デュルケーム自身は四月の段階でも態度を決めかねていたことがうかがわれる。

一九〇六年、デュルケームは四十八歳の時にソルボンヌの正教授に就任する。その頃には、モースやユベールも高等研究院に職を得ており、デュルケームを中心とした「年報族」はパリ知識人の間で「新興勢力」となっていた。

そのために、かえってソルボンヌの改革とからめてデュルケームを批判する声もまた強くなっていた。「アガトン」というペンネームでデュルケームを批判したのは、タルドの息子ギィヨームであった。

作田啓一は当時の状況を以下のように述べている。「通りをへだてたコレージュ・ド・フランスでは、ベルクソンの講筵に連なる人々（ソレルやペギー、アレヴィたち）がデュルケームの成功を苦々しく見ていた。ベルクソン自身、彼の学説にはきわめて冷淡であり、その道徳理論は『閉じられた』ものと見なしていた。かって『事件』の再審誓願署名者であり、今ベルクソンの徒である文芸批評家アレヴィには、デュルケームがソルボンヌにこられたのは『エルやその仲間たち』のおかげと映った。実際、文学部における『新精神』の推進者たち（ラヴィス、ランソンら）はいずれも再審派の有力メンバーであった。アレヴィは『新精神』を厭い、とりわけ国家の公教育がデュルケームたち『空論集団』によって『専断』されるのを難じた」（作田 一九八三：一三六‐一三七）。デュルケームは立身出世を願ってソルボンヌに来たわけではなかった。しかしながら、デュルケームは社会学確立のための論敵に加えて、デュルケームの地位を妬む人々との対決をも受けなければならなくなったのである[10]。

また、フランスの情勢としてはカトリックとの対決が激しくなっていた。つまり、二つの危機（ブーランジェ事件とドレフュス事件）を乗り切った第三共和政にとって、第三の敵対者はカトリック教会であった。しかし、二つの危機においてもカトリック教会は、右翼的・反動的立場、つまり、反共和主義の立場をとっていた。そういう意味では、第三共和政においてカトリック教会は常に敵対しており、来るべくして来た真の敵であったといっても過言ではないだろう。そもそも、世紀末から二十世紀初頭にかけて第三共和政の主流を成した勢力は、急進派や社会主義者の方に移行している。選挙が繰り返されることにより、政治は中産階級にとって手の届くところのものとなり、権威主義や神秘主義は次第に影をひそめるようになっていった。市民は特権や独占を排して平等を求めるようになり、その声が急進派や社会主義者によって代弁されたのである。

それは、共和政の基盤が大ブルジョワ階級からより下層の中産階級や小市民、労働者などに下降して定着するという結果を生じさせたのである。それは同時に、共和主義や民主主義を正しいものとする思想を必要とし、さらにそうした思想を養成するための国民教育の問題を生じさせたのである。

一八八〇年代に、公立学校から教会色を一掃する運動が起こり、いくつかの策が講じられていた。そして、それをはっきりとさせたのは、エミール＝コンブ内閣である。同内閣は一九〇二年に聖職者が政治や教育に関与することに反対し、尼僧の維持しているすべての女子初等教育を閉鎖し、また、フランスに残っていた三千の教区学校の閉鎖を命じたのである。これに対して全国的な暴動が起こったが、政府はさらにいかなる宗教団体も許可しないことを決めた。

こうして、フランス国内ではいかなる宗教団体も教育に関与することは許されず、教育の「世俗化」、国家と教会の分離が決定的となったのである。しかしながら、当時（革命以来）、カトリック教会は従来有していた勢力を喪失したとはいえ、大部分の住民がカトリック信徒であったことから結婚などの生活慣習には依然として大きな力を残していた。そしてカトリック教会は国教としての地位を失ったとはいえ、教育における影響は大きかったのである。その中心となる道徳教育は、当然キリスト教を基礎にするという立場を教会は主張し続けたのである。デュルケームがソルボンヌに呼ばれた一九〇二年とはそのようなときだったのである。

デュルケームがソルボンヌ時代に出版した著書は『宗教生活の原初形態』（一九一二）だけであるが、彼は『年報』をはじめとする多くの雑誌に論文を掲載し、また授業内容をまとめた本が編纂されている。これらをたどるとき、デュルケームが現実社会から次第に離れていったという解釈が誤りであることが確認される。デュルケームの関心を確認するために、ソルボンヌ大学での講義内容を明記しておく（表1・2）。

## 三．晩年のデュルケーム

ソルボンヌ時代に含まれる期間ではあるが、本書では『原初形態』を出版した一九一二年から一九一七年に没するまでの期間をさらにピックアップすることにする。それはこの五年間が彼において重要な論文が多数あるというだけではなく、多くの出来事が起きているからである。前述したように、一九一三年には最後の『年報』が発刊された後に休刊になっている。またパリ知識界のライバルであるベルクソンは一九一一年にウィリアム・ジェイムズの仏訳『プラグマティズム』の序文を書いている。

そして、一九一四年に第一次世界大戦が勃発したことは、彼の人生においてまったく無関係であったとはいえない。アルパートは、このことによってデュルケームの命は短くなったとまで述べている。そもそもデュルケームは五十九歳に没しているため、人生の晩年まで生きたというには非常に短命であったといえよう。しかしながら、この五年間を語らずして、デュルケームの人生および社会学を語ることはできないと考え、敢えてこの時期を「晩年」として節を設けることにする。

| | |
|---|---|
| 1902 - 1903 | 道徳教育（しばしば繰り返された） |
| 1903 - 1904 | 十九世紀初頭の教育学 |
| 1904 - 1905 | フランス中等教育史（しばしば繰り返された）<br>倫理学 |
| 1905 - 1906 | フランス中等教育の形成と発展<br>小学校における知育 |
| 1906 - 1907 | 宗教：その起源 |
| 1907 - 1908 | 結婚の進化と家族 |
| 1908 - 1909 | 倫理学<br>教育学史 |
| 1909 - 1910 | 倫理学（続）<br>十八世紀以降の大教育学説 |
| 1910 - 1911 | 倫理学（続） |
| 1911 - 1912 | 学校における道徳教育 |
| 1912 - 1913 | 不在 |
| 1913 - 1914 | プラグマティズム講義<br>実証主義と社会学 |
| 1914 - 1915 | 理論的市民的道徳 |
| 1915 - 1916 | コントおよびサン・シモンの社会哲学<br>十八世紀と十九世紀の偉大な教育学学説 |

表1・2　ソルボンヌ大学での代表的講義リスト[11]

まず、戦争との関わりについて触れることにする。デュルケームが実践的に政治活動に参加したのは、前述したドレフュス事件とこの第一次世界大戦のときだけである。とはいえ、デュルケームは愛国者であったが、ナショナリストではなかった。彼は好戦的志向のためではなく、戦争を悪としたことからこそ戦争に積極的に協力したのである。前述したように、彼は普仏戦争によるフランスの敗北をドイツとフランスの国境近くで経験したが、そこで彼自身は「愛国心」を抱く一方で、「復讐心」をわけて考えている。

それゆえに、第一次大戦下において、彼は戦争に関する研究・資料の出版委員会に入るなどして、『誰が戦争を望んだか』（一九一五）、『世界に冠たるドイツ―ドイツ精神と戦争―』（一九一五）、そして『フランス人すべてへの手紙』（一九一六）というパンフレットを発刊したのである。彼は教育者として道徳再興の運動に参加し、「忍耐・努力・確信」の必要性およびその効果を説いたのである。そして、彼は相当数の委員会や評議会に関わり、祖国フランスのために尽力したのである。

他方、戦争はデュルケームから多くのものを奪っていった。一九一四年、オーストリアがセルビアに宣戦布告（第一次世界大戦勃発）した三日後に、親友のジョレスが暗殺され、デュルケームの悲しみの中、その三日後にはフランスとドイツは開戦している。そして、一九一五年、今度は最愛の息子アンドレが戦死している（音信不通のまま年を越しており、悲報の連絡は翌年に届いている）。デュルケームにとってアンドレは単なる息子というだけではなく、優秀な弟子の一人でもあり、『年報』においては言語社会学というこれまで欠けていた部門を代表する研究者になることが期待されていた。それゆえに、その悲しみは大きく、以後、周囲の人々にアンドレのことを話させなかったというほどである。戦争は、デュルケームが将来の社会学のために用意し、かなりの時間と情熱をかけて発刊してきた『年報』を休刊に追い込んだだけでなく、デュルケームの弟子たちの命まで奪っていったのである。

そして、アンドレの悲報が届く直前には、フランスのために戦うデュルケームに対して「売国奴」の汚名が着せられるという事態まで生じている（一九一六）。内藤莞爾によると（内藤　一九八三：四七）、それはもとをただせば、デュルケームが仏独国境のロレーヌの出身で、加えてドイツ系の姓を名乗るユダヤ人だったことに発している。まず、一月十九日付の『Libre Parole』誌は、彼をドイツの戦争監理機構の手先であると報じた。「un Boche（ドイツ野郎）」というのがその罵声であった。さらに、元元老院ド・ヴィレーヌは、議場で、外国出身者の居住権を審査する委員会は、たとえフランス人であっても、外国の出身者に関してはチェックするべきである。例えば、ソルボンヌの教授で、疑いもなくドイツ戦争監理機構のエージェント、あるいはそう見なされているデュルケームのごときものがそれである、と述べたという。この発言に関する抗議は次の議場でなされたが、この頃からデュルケームのノイローゼが始まっている。デュルケームは、アルザス・ロレーヌ地方の出身で、ドイツ的な名前を持ったユダヤ人が学問において国家の中心の一つであるソルボンヌで教鞭をとっていたことから少なくとも二度誹謗されたのである。

大戦以前から、すでにソルボンヌにおいて多くの研究・教育活動等によって疲労していたデュルケームの体は、大戦の勃発とともに加速してさらに心身ともに疲れ果てていったのである。そして大戦の混乱の中、一九一七年十一月十五日に、彼は息を引き取るのである（享年五十九歳）。それは終戦に先立つこと一年であった。

晩年のデュルケームは、「プラグマティズム講義」を行ない、また『原初形態』（一九一二）の前後以降、重要な論文を多数執筆しているが、決して彼は研究をのみしていればいいという状況ではなかった。重要な論文をいくつか挙げれば、「価値判断と現実判断」（一九一一）、「内的社会の宗教システム」（一九一三）、「宗教の将来」（一九一四)、「人間の二元性とその社会的条件」(一九一四)などがある。ここで注目すべきは、晩年のデュルケームの論文では「宗教」が関心の中心になる一方で、ソルボンヌの講義では「道徳」にその中心的関心があったといえる。死の直前のデュルケームは、最後にソルボンヌで行なった「十八世紀と十九世紀の偉大な教育学学説」の講義ノートをかなり気にしていたという。それは「ルソーの教育説」であり、死後に印刷されている。また「道徳研究序説」を半年前から書き始めていたが、それは彼の死によって、志半ばにして断念されてしまった。彼は『年報』の廃刊、アンドレの死など、失意の中ではあったが、学問への志は旺盛であり、最後まで研究をやめようとしなかったという。

デュルケーム死後、いくつかの講義録が出版されている。しかし、晩年のデュルケームが重視したいくつかの講義、例えば彼の倫理学に関するものなどは出版されていない。また「プラグマティズムと社会学」講義が出席した学生のノートをもとにまとめられたとはいえ、その全貌を探るには情報に乏しいことは否めない。アルパートは、このデュルケームの早すぎる死に対して「取り返しのつかない損失」とまで述べている。それは、デュルケームが社会学の基礎を確実に固めるために、形而上学的偏見から離れ、あらゆる哲学から社会学を独立させて位置づけていた初期の段階から、十五年間の社会学的努力および『年報』の活動によって、いよいよ他の学問との区別を保ちながらも、相互補完的な段階に入っていたと考えていたからである。

実際、本書第二編以降で述べるように、晩年のデュルケームは新しい社会学の段階に入っていたことが確認される。彼の早すぎる死によって失われたものは大きいが、それゆえにわれわれの解釈の余地が残されていることも事実であろう。

巻末に資料としてデュルケームの年表および一九一一年以降の著作リストを掲載した。

(1) Durkheim 1895: vii = 一九七九：一。
(2) エピナールがアルザス地方になるのか、ロレーヌ地方になるのかということに関しては、夏刈 一九六六を参照のこと。
(3) Philippe Steiner によれば、デュルケーム家の人々は少なくとも一八三〇年からエピナールでラビをしていたという。また、デュルケームの家族に関する詳細は既に夏刈によって優れて具体的に論じられているので、ここでは割愛する。
(4) ユダヤ教の礼拝のために設けた教会堂のこと。ユダヤ人の民族的統一の中心ともなる。
(5) 夏刈 一九六六：四。中嶋明勲 一九八二：一〇〇 - 一一二。
(6) クリストフ・シャルルによれば、一八九〇年代以前には、Intellectuel という語は、名詞としてはフランス語として存在せず、少しばかり特殊な言葉として使われていた。しかし、この言葉は、ゾラの「われ弾劾する」の翌日に様々な人々による抗議の声明が発表され、次いで、反ドレフュス派のモーリス・バレスが論文を発表し、その中でこの抗議文を「知識人の抗議文」と呼んだことによって「知識人」という単語が一般的な概念になった。つまり、もともと蔑称として使用され、「一八九八年当時にある人々をアンテレクテュエルと呼ぶことは、彼らはドレフュス派であり、大部分のフランス人が信じていないことを主張している人々であるということを意味するものでした。また反体制派であり、権力への牽制の思想を示すものであった」と指摘している（『思想』No.872, 1997, p.36, クリストフ・シャルル「ドレフュス事件以降のフランス知識人」）。
(7) Philippe Steiner 1998, 6.
(8) デュルケーム『社会分業論』田原音和訳、青木書店、一九七一年、四五八頁。訳者解説の中での一文である。
(9) 手紙では［……］の部分は不明とされているが、前後の文脈からソルボンヌにおけるビュイソンの後任の件であることがわかる。
(10) そもそもコレージュ・ド・フランスの教授であったタルドが後任としてベルクソンを支持したことも興味深いがここでは割愛することにする。
(11) 出典：Alpert 1939:65-66 = 一九七七：四七。

# 第二章　デュルケームの捉えた近代化

## はじめに

近代化論とは、近代化の指標を設定することによって、近代社会の成立過程を多元的かつ複合的に把握するものである。近代化の指標とは、つまり、近代の特徴を踏まえたうえでその浸透性を見ることである。今村仁司は、近代という時代は、「明快な輪郭を持ってえがくことができる構造を持ち、独自の運動法則をもっているかに見える」（今村 一九九八：一二）と述べているが、まさにこの構造をどのように把握し、その浸透の過程（程度も含む）をどのように評価するのかが近代化論の重要な視点となる。そこで、近代化の指標をどのように設定するのかが重要となるが、それについては人によってそれぞれ異なるが、例えば、富永健一は、技術と経済・政治・社会・文化という四領域における近代化について論じている。[1] また、ウェーバーの理論に見出すのならば、近代化とは目的合理的過程として捉えることができよう。そこには、魔術からの解放の後に来る官僚制の支配する社会への移行というウェーバーの図式が当てはまる。また彼はその過程の結果、社会関係における人格性の喪失、物象性の支配を近代社会の宿命とみていた。近代化の指標として、さらに個人、自由、平等、民主主義などについて考えることも必要である。

ところで、近代化論には二つある。まず時代的な区分として捉える見方と、もう一つには、歴史的な連続性を全く無視し、近代社会を理念的に構成するという見方である。ここでは後者については割愛し、前者について考えることにする。なぜなら、デュルケームの近代社会に対する視点は前者の歴史学的な視点であり、近代社会を独立させて考えるということはなかったからである。デュルケームは、まず、十五・十六世紀を近代への助走期と規定する。この期間にはルネサンス時代、宗教改革と対抗宗教改革の時代、宗教戦争時代が該当する。次いで十七・十八世紀を初期近代とみなしている。この時代は古い時代の残存と新しい時代の芽生えが共存する時代といえる。最後に十九・二十世紀を近代の確立期とする。この三つの期間に産業革命、技術革新、市民革命が生じたことは近代において大変重要なことである。歴史的な存在としての近代社会は、経済の領域では産業革命、政治では市民革命、精神面ではルネサンス・宗教革命が関連する。

デュルケームの著作において「歴史的社会変動」について論じているものに二つある。第一に、『社会分業論』である。ここでは、産業的な視野が中心になるとはいえ、ここでも彼の道徳社会学の立場を重視した近代化をみることになる。そして、留意すべきは『分業論』における機械的連帯から有機的連帯への社会変動もまた、近代化の流れを述べているという点である。もう一つは、時代精神という観点から教育制度の歴史が書かれている『フランス教育思想史』である。この本から助走期であるルネサンス以降についてのデュルケームの近代化について詳細にまとめることができる。本著は著名からも明確なように、教育思想史について書いてあるものなので、「教育の世俗化」という近代化の一面について大部分書かれているが、同時に社会の世俗化についても述べられている。それは、デュルケームが教育（思想）の変化は社会の変化と結び付いていると確信していたからである。さらにここでは精神面における近代化についても確認できる。

実際、『社会分業論』と『フランス教育思想史』は共に、社会の変化に適応した道徳（時代精神）が生じるという歴史学的な視野から述べられている。しかしながら、近代化について考えるうえで両者の相違点を見逃してはならない。第一に前者では道徳の一つとして分業を論じているのに対し、後者は時代精神に適応して生じる教育について論じている。第二に、前者は時代が明確でないのに対し、後者は時代を明確に区分し、いつからどのような近代化が始まったのかが明確になっている。第三の相違点が最も重要なことなのであるが、前者は有機的連帯という近代の道徳について重きを置いて論じているのに対し、後者は社会の流れ、特に近代の精神形成について十八世紀の半ばまでで終わっているということである。それゆえに、二つを相互補完的に考えることがデュルケームにおける近代化を考えるうえで大切になると考える。

## 一・デュルケームにおける社会変動論と近代批判

近代化というものが時代的な流れであると共に社会変動であることから、デュルケームにおける社会変動論について明記する必要がある。彼は、異なった社会・異なった時代に適した「道徳」（「時代精神」）の存在を認めていた。つまり、時代と共に人々の価値規準が変化することを認めていた。「人間性は普遍であるどころか、絶えず作りなおされ、くずれ、また作りかえられている。また人間性は一つであるどころか、時間的にみても空間的にみても著しく多様なのである。（中略）人間の精神的態度や道徳性の基本をなすものは常に変化の過程」にある（Durkheim 1938:372＝一九八一：六四三）。価値を集合意識という言葉に置き換えると、『社会分業論』における単線的進化論と『宗教生活の原初形態』における一見循環的な変動論について考える必要が出てくる。前者は、古い集合意識が弱体化するのに応じて新しい集合意識が現れてくるといった集合意識の変化を、また後者は、集合意識が凝縮と弛緩の反復という循環を繰り返すことをそれぞれ指摘している。

これらの点からデュルケーム社会学の断絶を訴える人もいるが(2)、実際、両者を一緒に考えることで、彼の重要な社会変動論の一側面が見えてくる。というのも古い集合意識が新しい集合意識にとってかわるという変動は、突然起こるのではなく、集合的沸騰によって集合意識が何度も強化されるうちに、少しずつ別の集合意識の重要性が増してくると理解されるからである。デュルケームは、「(集合的沸騰によって) 社会は周期的に自らを作り、また、作りかえるのである」と明確に述べている (Durkheim 1912:603＝一九四二 [下] :三三四)。

ここで、デュルケームの近代社会への評価について明確にしておく必要がある。アンソニー・ギデンズは「マルクスとデュルケームは、ともに近代を騒然とした時代とみなしていた。しかし、(中略) デュルケームは、産業主義の一層の拡大が、分業と道徳的個人主義との連携によって、調和のとれ、充実した社会生活を確立していくと確信していた」と述べ、デュルケームが近代社会に対して楽観的な見方をしていたかのように述べている (ギデンズ＝一九九三:二〇)。確かにこのような考え方は『社会分業論』の前半だけを読むとそのように解されるかもしれない。しかし、後半には明確に現実社会には異常な分業が生じていたことを指摘している。そして、近代社会がそのまま放っておいても安定した社会が生じるとは決して書いていないことを確認できる。

そもそもこの「産業＝モラルを生じる」という構図は、サン・シモンによるものである。中村秀一は、以下のように述べている。つまり、サン・シモンを含める初期の産業主義者にとって、〈産業〉は物質的であると同時に道徳的なものでもあった。しかし、産業技術の発達や経済生活と分業の飛躍的な拡大は、物質的な富の増大にのみ実現することを目的とするようになり、結果、〈産業〉に託された初期の「道徳的な期待」を消滅させてしまったのである。「そして十九世紀の終わり頃には、左派であれ右派であれ、経済生活における物質的条件のみに光があてられてゆくことになる。しかし、世紀末のこうしたいわば道徳的空白状態を前にして、産業社会の現実に対して道徳的側面から鋭く切り込んでいった」のがデュルケームであった、と (中村 一九八六:一九)。

デュルケームが活躍していたのは、一八九〇年前後から第一次世界大戦中までである。その期間は、産業革命や市民革命の影響を受けたすばらしい繁栄の時代であった反面、「世紀末」とか「デカダンス」と呼ばれ、精神的退廃が顕著に見られた時でもあった。そのような近代社会に対して、デュルケームは「危機」を感じて警鐘を鳴らしたのである。彼は個人の不安や苦悩などの内的葛藤が増大していることを危機とし、その原因を人間の二元論を通して、個人の内的一面である「社会的なもの」が喪失していることから生じていると理解した。私は、当時の道徳的退廃、不安の増加、方向感覚の喪失が「近代化の過渡期」から生じていると考えている。

デュルケームは経済生活の発展に伴った物質的な欲求の増大に危機を見出し、「道徳的アナルシー」として、産業社会を捉えたのである。それゆえに、彼の本来の産業（分業）が有機的な連帯を生むという構図は、一面として、理想的な社会状態であり、かつ、実現可能な状態であったとするべきであり、その変革のため（正常な状態に戻すため）の対策を打ち出すことが彼の緊急の責務だったのである。このように考えるとき、彼の当時の近代社会についての社会学的分析が、近代社会を批判的に捉えていたことの証明となる。しかし、本章において彼の学説研究をするうえで、念頭に置いているのは、彼における「近代性」ではなく、「近代化」とするところに重要な視点がある。それは、現代社会を捉えるうえで、時代を静的でなく動的に捉えることの方が重要だからである。

簡潔に述べるならば、デュルケーム社会学における「近代化」には、（a）伝統的な社会構造の解体、（b）エゴイズム化、（c）急速な資本主義化、（d）専門化（分業）、（e）平等化の進展、（f）世俗化、（g）経済合理主義の発展などが挙げられる。（a）は伝統的権威の喪失、統合力の喪失、家族構成の変質、自由の獲得などに関連することを説明として付け加えておく。また、資本主義の発展による功利主義的な個人主義やアノミーに関連して彼の社会主義も関連してくる。ところで、それらの様相は個々別々に進展していったというよりは、密接に関連しながら進展しているが、十九世紀末の状況を考えるうえで以下の事実が最も重要なように思われる。つまり、「今日において、この無政府状態をひどく重圧的にしたものは、約二世紀［十八～十九世紀］以来それまで知られていなかった経済的諸機能の発展である。（中略）今日では、それらのものは首位を占めている。（中略）この機能の前に、軍事的・行政的・宗教的諸機能が益々後退していくのがみられる」（Durkheim 1893: IV＝一九八九［上］：二七）。換言すれば、社会において経済の持つ意味が大きくなったことに近代化の重要な側面があるといえる。

しかし、デュルケームは経済の発展それ自体が問題なのではなく、そこに新たな「連帯」が生じてきていないことを問題視していたことを忘れてはならない。つまり、それはこの過程によって顕在化してきたエゴイズム化とアノミーの蔓延であった。そして、彼はフランス近代社会を統合の危機と秩序の崩壊という二点から分析し、その結果、これらの問題が、結局個人に対して優越する社会（集団）の欠如に由来しているとしたのである。換言すれば、時代と共に集合意識は変化していくことになるが、この変化が満足になされていないことを「危機」としたのである。さらに彼にとって、エゴイズムやアノミーそれ自体が問題だったのではなく、それらの状態が過度に発生し、新たな価値となってしまうことを問題としていたのである。この点に関しては本章三節（『社会分業論』と『自殺論』にみる近代化論）にて論じることにする。

## 二．『フランス教育思想史』にみる近代化論

『フランス教育思想史』は、フランス教育制度の歴史的変遷、つまり近代化の一面である「教育の世俗化」について研究している。そして、教育制度をデュルケームの述べる集合表象として捉える時、そこに書かれているものは単なる制度研究というだけでなく、集合表象の歴史的変遷、より正確には集合表象の中世から近代への変遷につ

いて研究されていると捉えることができる。さらに、歴史上相次いで起こった種々の教育類型が「永続しなかったのは、それが単に人間の誤謬の産物であったからではなく、それが一定の、それらと調和を保った社会状態の産物であったからであり、またそれらが変化したのは、社会自体が変化したからである」（Durkheim 1938:16＝一九八一：三三 - 三四）とデュルケームが述べていることは、教育思想の変化に必ず社会変化が起因していることになる。それゆえに『フランス教育思想史』は教育の世俗化だけでなく、社会の世俗化、および精神の世俗化についての研究書と捉えることができる。

なお、デュルケームは中世と近代に断絶を見ていない。それは彼の歴史学的な視点によるものである。もし、そこに断絶を見てしまうのなら、彼の歴史的に遡って考えるということ、それ自体が不可能になるからである。また、時代的な流れとしてデュルケームは中世、ルネサンス、近代と時代を区分しているが、そこには連続したものが見出されるだけでなく、表面的に見えないだけで、現在は過去のものを含んでいるということが明確に述べられている。「われわれ各々の中には、種々の程度において昨日の人間が存在している。（中略）過去の人間は、われわれ自身の無意識的部分を構成しているのである」（Durkheim 1938:18-19＝一九八一：三七）。彼はこの本の中で、時代を三つに区分している。第一の時代は十二世紀から十四世紀までのスコラ時代である。第二の時代は十六世紀から十八世紀に至る人文主義の時代である。そして、第三の時代が十八世紀末からの「最近の時代」としている（Durkheim 1938:317＝一九八一：五五一）。近代は第二の時代から始まっていることになる。

「現在、中等教育は知的混乱状態におかれて、死んでいく過去とまだ確定しない未来にはさまれて自信を喪失しているため、昔日と同様の活気も示さず強い生命力ももたずにいるのである」（Durkheim 1938:15＝一九八一：三一）と述べるデュルケームは、ヨーロッパ社会がつくりだした最も古い、最初の教育理想を理解するために、中世における修道院や教会付属の学校に中等教育の萌芽を求めるのである。そこでは、キリスト教的人間観と結びついた全人的教育が行なわれていた。後に、修道院や教会付属学校は大学になるが、フランスではコレージュが全人的教育を引き継ぎ、中等教育の機関となる。そして、中世におけるコレージュの教育では文法が重視されたが、これは次の論理教育のための準備期であったことが指摘されている。そして、論理学教育はスコラ哲学の最盛期に最も勢力をもったが、自然科学が発達していなかった結果、論理学教育は多くの弊害をもつことになったのである。

ところで、論理学文化が中世において独占的優越を得た理由は、中世の知的活動がすべて信仰の基礎として役立つような学問をつくるという同一の目的に志向していたからであるとデュルケームは説明している。つまり、「当時ますます自信をつよめた理性が信仰の中にまで入り込もうとしていたと同時に、信仰が理性によびかける必要を感じていた」(Durkheim 1938:192＝一九八一：三三四)と。この期間がデュルケームの区分した第一の時代に相当し、精神の成長という視点からみれば幼少期にあたる。また、この第一の時代にフランスの学校組織(大学、学部、コレージュ、資格、試験)が登場するのである。

成長期にあたる第二の時代、すなわちルネサンス期には、そうした論理学教育への反動から、ラブレーの博識重視などが現れてくる。彼はルネサンスの本質を古代精神への復興とすることに反対する。中世は古代文明の主要な局面を全部知りながらも、それを用いなかったのは、中世の内的要求に答えたものしか取り入れなかっただけのことであり、それゆえに論理が中世のあらゆる注意を独占し、他のものを隠蔽したのである。それが十六世紀になって、古典のギリシャ・ラテン文学に教育的価値が認められたのは、社会生活の根底の条件が変化したからであるとして、以下の三つの変化を指摘する。

第一に、経済界における変動である。従来より力の整った警察による秩序回復、よりよく組織されるようになった行政が人々の信頼を取り戻し、その結果、都市の数が増して、人口が膨張したこと、またアメリカおよびインド航路発見により経済活動に新しい世界を開拓したことなどが経済活動を多いに活気づけ、人々の幸福は増大し、巨大な財産を築くことになった。そして、この富とともに、安楽で、優雅な、かつ贅沢な生活への趣向も目覚め、発展していったのである。こうして、「社会関係の一般的不安定が企業的精神を麻痺させ、市場の狭隘さが大きい野望を窒息せしめ、趣味や欲望の単純さが人々をしてただ単に環境と調和して生活させることしかさせなかった中世の平凡な生活から脱出する」（Durkheim 1938:197＝一九八一：三四〇‐三四一）ことにつながったのである。第二に、膨大な富の影響を受けてあらゆる階級間の接近が生じたことである。つまり、それまで、ブルジョワジーは貴族との間に深遠な隔離を感じ、異なった生活を送ることを当然と思っていたが、富力とその結果得た権力が貴族の生活の差を縮小することを要求するようになったのである。そして、第三の変化が最も重要だとデュルケームは考えているが、それは思想の世界における変化である。つまり、中世が同質的なキリスト教的世界しか存在しなかったのに対し、十六世紀に入ってヨーロッパの主要な民族国家が成立した結果、知的・道徳的にそれぞれの特徴をもった独立した集団的個性が存在するようになった。「人々は依然としてキリスト教の基本的教義を尊敬し、それを神聖で不可侵なものとみなしていたが、形成された民族的集団の各々はそれぞれに特有な考え方、感じ方をもつようになり、各集団に特有な気質は今までキリスト信者一般として抱いていた思想体系にその刻印を与えないわけにはいかなかった」（Durkheim 1938:199＝一九八一：三四五）。そして、このようにして誕生した偉大な道徳的人格は、今まで信奉してきた信仰から離脱する権利を認められなければ、その個性を発展させることも独自の仕方で考えることもできないが、実際、それは一定の限界内における教会からの分離の権利、思想の自由の権利を要求することになったのである（これがルネッサンスの一局面である宗教改革の根本的原因となる）。デュルケームによると、これは当時におけるヨーロッパの同質的大衆の中に生じていた個性化および分化の動きの当然の帰結だったのである。富などにより生活の喜びを知った社会は、もはや犠牲、窮乏生活、禁欲生活などの苦痛を望ましいものと見るキリスト教の教義に満足することができなくなっていた。その結果、その時代までの思想体系は、そこで生活する人々にとって疑問を抱かざるを得なくなっており、教義に盲従するのではなく、教義と時代の要求を調和する権利を要求するようになり、教義を自由に検討する権利の主張は、信仰心の減退を含意するものとなったのである。

ところで、論理学への反動から十六世紀には偉大な教育思想家が登場した。ラブレー、エラスムス、モンテーニュなどである。しかし、彼らの教育思想には、大きな短所があった。彼らにおいて人間は装飾し美化される芸術の対象でしかなかった。ルネサンスを代表するラブレーとエラスムスは、ともに教育が社会的な機能を持ち、他の機能と緊密に結び付き、人生において有益な役割を果たすよう準備させなければならないという考えを持っていなかった。それゆえに、教育の目的とは豊富絢爛たる知識あるいは芸術の伝える魅惑的な優美さによって装飾することであり、その特色は「貴族主義」および学問によって精神が変わることなどないという「虚無主義」であった。それゆえに、これらの理論の実践への適用の際には、修正されることが期待されるが、事実は反対で、この教育理想は実現されるに従って、より貴族的で審美的になり、排他性を強めていったのである。

大学およびジェスイットのコレージュは、方法の違いこそあれ、共にこのルネッサンスの教育理想を実現しようとしたのである。そのため、デュルケームは時代の世俗化に反して「ジェスイットの企てはそれ自体一つの退却、後退運動で、わが国の学校組織を何世紀もおくらせたものである」と述べている（Durkheim 1938:269＝一九八一：四六八）。そのうえ、ジェスイットは歴史的に多くの困難を越える中で教育の権利を得てきたという経緯をもっている。こうした事実を踏まえつつ、デュルケームは他方において「十七・十八世紀のもっとも偉大な人々は、すべてジェスイットのコレージュで学んだ人々であったこと、そして、一般にジェスイットの教育がわが国の国民的特質を形成するのに非常に大きく貢献し、国民的特質にその最上の成熟期に示した特徴的な性格を支えることに貢献したことを考えるならば、感情的印象を一掃することは困難ではないであろう」（Durkheim 1938:274＝一九八一：四七七）と述べ、フランス国民精神を形成した人々に対して公正であろうと誓う（実際、これらの教育制度は十八世紀の後半まで続いている）。また、彼はこのように当時の教育制度に対して批判的な評価を行なう一方で、ジェスイットにおいて採用された競争という教育上の革新が当時の精神的構造変化によるものであることを見逃していない。つまり、十七世紀になると個人の社会における地位が上がり、近代化の一側面である個性化が進んでいたのである。「十七世紀には、個人は社会生活においてその当時まで認められていたよりも、より重要な地位を獲得していた。中世においては教育は非人格的に行なわれ、何の不都合も感じられることなく、また生徒の大群に対し無差別に不特定的に講義がなされていたが、それは当時まだ個人の人格がほとんど発達していなかったからである。中世において起こっていた運動は集団的運動で、それは多数の人間の集まりを同一方向に引きずり込み、個人はその中に埋没していたのである。（中略）これに反し、ルネッサンスには個人が自我を意識しはじめていた。少なくとも個人はもはや全体の単なる等質的部分ではなく、それ自身すでにある意味での全体であり、独自の特徴を持ち、自己特有の考え方、感じ方を身につけようとする要求を持ち、あるいは少なくともこの要求を感じていた人格となっていた。（中略）自我を意識し、独自の観念と関心領域を持つにいたった個人は、無定形の群衆と同じ方法によっては、感動させられ、行動へと誘われることはない。（中略）個人がその独自の精神生活を持つに従って、個人に適合した理由によって個人を動かさなければならない。それゆえ、人々の自尊心、個人の尊厳に対する感覚、ドイツ人が自意識といっているものによびかけることが必要である」（Durkheim 1938:301-302＝一九八一：五二四 - 五二六）。「個人化の運動が進展するにつれて、競争がますます活発になり、社会においてより重要な役割を演じることになる」（Durkheim 1938:302＝一九八一：五二六）。

ジェスイットは、十六世紀の社会状態に基づき個を確立するための訓練を学校教育に取り入れた反面、十五世紀から発達してきた科学を教育に取り入れなかったので、その教育は依然として人文主義的教育であった。そして、科学の欠けた教育は生徒に抽象的なもの、一般的なもの、単純なもの以外に教えることが不可能であった。その結果、デュルケームは現代のフランス精神の欠点である「単純主義」、「数学主義」を人文主義教育と結び付けたのである。また、十八世紀の人々の抽象的な個人主義、その原子論的な社会観、その歴史に対する軽視は、その結果として生まれたと彼は述べている。そして、人文主義を改良し合理化した結果、長くフランスの国民精神の基礎として続き、また今後も基礎となり続けるデカルト哲学や明瞭な観念の哲学に達したのである。

そのような教育体系において変化が生じた十八世紀末から第三の時代に入る。この時代において文芸教育を歴史教育と科学教育によって補正する試みが行なわれた（この段階はなお続いているというのがデュルケームの視点である）。ここでいう科学的教育とは実学主義的教育を指し、人文主義の教育と対比されるものであり、かつデカルト精神を指導原理とする教育とも異なるものである。八世紀以来この時代に入るまでの間、時代の推移と共に教育上の形式主義は、文法的なもの、論理的なもの、あるいは弁証法的なもの、文芸的なものと変わっていき、形は異なっているが、常に形式主義が支配しているとデュルケームは指摘している。また、キリスト教の普及とともに、二つの異なった価値をもった世界に分裂した。つまり、一方には思想、良心、道徳、宗教の世界、他方には不可知で道徳や宗教と関係がない物質の世界が存在することになったのである。前者は真に人間的なものであるがために人間性の発展を目的とする教育に関係したが、後者はその逆であった。こうして、自然は除外視され、人間だけが学問の対象とされてきた。しかも、そこにおける人間とは、普遍的な存在でしかなかったのである。

ところで、公共の意識が長い間認めていなかった事物の価値を認めるようになった理由として、デュルケームは「世俗的機能」を指摘する。「それは社会の物的生活を維持させることを目的とした機能である」（Durkheim 1938:325＝一九八一：五六六）。この機能の正常な遂行に関して世論から高く評価されるようになり、学校生活に導入され、もはや宗教的・道徳的関心だけが人々の唯一の問題であることはなくなり、経済的・行政的・政治的関心が非常に重要性を持ったのである。「この時以後、各種の知識に対して当然認められるべき関心は、人々が追求する最高の道徳的目的を基準としてではなく、社会の最も重要な要求や、社会の円満な運営に不可欠な条件を基準として判断されることとなろう」（Durkheim 1938:325‐326＝一九八一：五六七）とデュルケームは述べている。

また、このような変化を生じさせた十八世紀中頃について、デュルケームは以下のようにも述べている。「この時期は、フランス社会が直接自己を意識し、あらゆる宗教的な形式を離れて自らを意識することを学んだ時代であり、フランス社会が独自の力で、しかも全く世俗的な形において人々の眼に対して、十分な威信を獲得し、社会の要求や利害はたとえ地上的なものであってもすぐれて尊敬に値する、神聖なものと見られた時代でもある」（Durkheim 1938:331＝一九八一：五七六）と。結局、十八世紀には、継承したデカルト精神の他にもう一つの精神を持つことになったのである。その特徴は、現実についての感覚、事物についての感覚、そして事物から学ぶことのできる感覚である。こうしてデュルケームは、中等教育は人間教育と自然教育を基礎とするべきであると結論付ける。

以上、集合表象としての教育制度が近代化（社会的経済的変化）に適応して変化したことに関し、特に近代化に関することを中心にまとめてきた。そして、第二の時代からが近代に関わることを考えるとき、デュルケームが社会の世俗化、個性化などの近代化がいつ頃どのような状況で進行したのかをどのように考えていたのかを理解することができた。そこで次に、『分業論』に見られる十八世紀以降到来する経済機能の台頭に関して確認する。

## 三．『社会分業論』と『自殺論』にみる近代化論

デュルケームは『分業論』の根本問題を以下のように述べている。「個人が自律的になるにしたがって、より緊密に社会に依存するようになるのはどうしてであろうか。どうして個人は、同時に、より個人的であって、そして、より連帯的であり得るのか」（Durkheim 1893: XLIII ＝一九八九［上］：七九）と。また彼は「何よりもまず確実なことは、道徳が歴史において、そして歴史的諸原因の支配下に発展しているということであり、また道徳が我々の現世的生活において一つの機能をもっているということである。道徳が時代によって異なっているのは、ある時代の生活条件が他の道徳をもつことを許さないからである。生活条件の変化するとき、そしてこの場合にのみ、道徳が、変化していることがその証拠である」（Durkheim 1893: XXXVIII＝一九八九［上］：七二）と述べている。つまり、『分業論』においても問題であったのは、近代社会へ至るまでの社会の変化とそれに適応して変化した道徳の問題であったと考えられる。そして、歴史学的視点から「個性化と連帯」の問題を明確にしようとしたのが『分業論』だったのである。

「分業の真の機能は二人または数人の間に連帯感をつくることである」（Durkheim 1893: 19＝一九八九［上］：一〇六）とデュルケームは主張する。つまり、分業は分化された諸機能の能率を高めるだけでなく、それらの諸機能を連帯的にする。そして、道徳が場所と時代に応じて異なるように、社会的連帯も社会的要因に基づいて社会の

型に従って変化する。彼は法律という集合表象に注目し、意識の若干の状態が同一の社会の全成員に共通であることから生じる社会的連帯が存在することを証明する。またこの連帯が社会の一般的統合において果たす役割は、共通意識が包含し規制する社会生活の大きさに依存し、共通意識がその作用を感じさせる種々の関係が多ければ多いほど、共通意識は個人を集団に結びつける紐帯をより多く作り出す。そこでは、社会的凝集が見られる。そして、「その社会的凝集の原因は、社会の心理型に他ならない共通類型にすべての特殊的意識が何らかの形において合致していることである。実にこれらの条件の下で、集団の全成員は、彼らが互いに類似しているので各々ひきつけられるのである。それだけでなく、なお、この集合類型の存在条件であるもの、すなわち、社会の全成員は、その結合によって形成する社会にも結びつけられている」（Durkheim 1893: 73=一九八九［上］：一八一）。また、彼はこの根本的類似が社会の凝集の条件であるから、社会は彼らがすべてこれらの根本的類似を表すことを切望していると述べている。これらの関係そのものは禁止的諸法則の数に比例しているので、それによってこの連帯の相対的な状況を把握することができる。そして、この連帯こそが類似による機械的連帯である。機械的連帯が対応する一定の性質をそなえた社会構造を特徴付けるものは、同質的・類似的諸環節の一体系である。

他方、原状回復的法律が対応している社会的連帯が有機的連帯である。「原状回復的制裁を伴っている諸規則は、あるいはまったく集合意識の一部となっていないか、あるいは集合意識の弱い状態にすぎないかのいずれかである。（中略）原状回復的法律は、中心部をずっとはなれた区域に生まれてそれから端の方に向かってひろがっている」（Durkheim 1893: 80 - 81=一九八九［上］：一九二）とデュルケームは述べている。しかしながら、これらの規則が共通意識の外部にあるとしても、単に諸個人にのみ関係をもっているのではない。原状回復的法律が確定するすべての関係に、たとえそれが最も私的だと思われる関係においてさえ、社会は姿を現し、結ばれた契約を尊重するために干渉しようと待ち構えているのである。つまり、有機的連帯においては、個人と社会は間接的な関係にあり、個人は特定の制度や社会の他の個人と結びついているかぎり、社会と結びつくことができるのである。

機械的連帯の場合、社会と呼ばれているものは、集団の全成員に共通な信念と感情との多少とも組織された一全体であり、つまり、それは集合類型である。この類似による連帯が最高潮に達しているということは、個性がゼロであるということになる。逆に有機的連帯によって結び付けられる社会は、確定的諸関係によって結合されている相異なる特殊的諸機能の一体系である。この連帯は、分業によって促されるが、ここでは個人は異なっていることを前提としている。しかしながら、この社会類型において見落としてならないのは、これらの二つの社会が結局一つの社会をつくっている、つまり、この二つの社会は同一の社会に混在しているとデュルケームが考えていることである。

機械的連帯は社会進化のより高い段階へと進むに従って、有機的連帯に比較して人々を相互に結合する力が弱まり、ますます弛緩していく。実際、機械的連帯による社会的連鎖の力は、次の三つの条件により変動することをデュルケームは指摘している。一つには、共通意識の容積と個人意識の容積の比において、前者が後者を覆うほどに大きくなるということ。二つ目は、集合意識は、大きな活力を持つほどにより大きな作用を個人に及ぼすが、反対にその加える圧力が弱ければ個人を集合的方向に導くことは弱くなる。三つ目として、信念と慣行が確定していればいるほど、そこに個人的多様性が入る余地は少なくなるが、逆に行為規則と思考規則が不確定であれば、そこに個人的反省が生じてくる。実際、これらの条件が揃い、人々における相互の非類似は文明が発達するにつれて顕著になっていく。そして、各々の個別的意識において私的分野は共通的分野よりも遙かに大きくなっている。

しかしながら、以下の点が重要である。「われわれは、共通意識がまったく滅亡に瀕しているなどといおうとするものではない。ただ、共通意識は極めて一般的な不明確な感情と思考との様式から成り立つようにますますなってゆきつつある。また、そのために、諸個人の分裂的不一致の傾向を自由に増大させてゆく余地が残されるのである」(Durkheim 1893: 146 - 147＝一九八九［上］：二八四)。環節的構造は消滅しないし、また有機的連帯も絶対的な純粋状態では存在しない。

以上、機械的連帯から有機的連帯についての社会変動に関してまとめてきた。実際、デュルケームは未開社会や古代社会について論じるなかで機械的連帯をまとめているが、いつから有機的連帯の比重が増してきたのかは明確でない。また、機械的連帯による社会を原始的社会群と呼ぶことからその変化が文明の発生する以前であるように考えられてしまうが、前述のように『フランスにおける教育思想史』においてデュルケームは中世においても人々が同質であるとみていたことを確認した。また、デュルケームが有機的連帯の優越的傾向を証明するために宗教を例に出し、歴史に照らし合わせて以下のように述べている。「最初宗教は全体に広がっている。そこでは、社会的なものはすべて宗教的なものである。(中略)その後、政治的・経済的・科学的諸機能は次第に宗教的機能から解放されてゆき、独立した立場をとり、漸次世俗的特性を身につけるようになったのである」(Durkheim 1893: 143＝一九八九［上］：二八〇)。宗教の領域はますますせまくなっていきつつある。この退化は(社会的発展の根本条件に関連しているのであるが)、「集合的信念と集合的感情とが常に減少していることを立証している」(Durkheim 1893: 144＝一九八九［上］：二八一)。ここで私は宗教的信念を集合意識とみなしたが、それらを考慮するとき、この変動を近代化と重ねることができるように思われる。

しかしながら、『分業論』におけるこの変動だけを見るときには、彼が個性化という視点から道徳を媒介に論じたように思われる。だが、正常な分業が社会的連帯を生じさせるとしても、実際十九世紀末に社会的連帯は生じていなかった。これこそ、デュルケームに社会学をして、解決させようとした問題であったのである。この状況については『分業論』よりも『自殺論』の方でより具体的に論じられている。デュルケームが近代社会を批判的にみていたことは先に述べた通りであるが、実際、彼は近代社会を危機として捉えている。その危機とは、まさに古い価値基準が人々に有効な方向性を与えていなかったことを指している。「今日伝統的な道徳は動揺し、しかもそれに代わってその席を占め得るものは一つも形成されない。古い義務は支配力を喪失し、しかも我々は新しい義務がどのようなものであるかを明確に一目で知ることはできないのである。我々は一つの危機の時代を通過しているのである」（Durkheim 1924: 100＝一九八五：九六）と彼はいう。

第三章で詳しく論じるが、デュルケームが当時の社会においてアノミー的自殺と自己本位的自殺の異常な増大を問題視していたということは、当時、統合の危機と秩序の崩壊という二つの状況が生じていたということである。前者は『分業論』における社会変動に関連する。つまり、『分業論』においてデュルケームは近代社会の構造原理を、社会的分業の発展とそれに伴う社会的連帯の様式変化という視点から解明しようとしていた。社会が発展し、分業が発達するのに応じて、有機的連帯が機械的連帯にとってかわるというのがデュルケームの命題であった。この過程は、個人的パーソナリティの発展に正比例して、自己本位的傾向を持つことになる。

『分業論』における共通意識と個人意識の関係は、『自殺論』の「集団本位主義と自己本位主義」という軸に持ち越されている。両者は背反する関係でありながら、排他的にはならずに混在している。つまり、『分業論』における個性化への変動は『自殺論』において、自己本位主義への変動として論じられている。そして、デュルケームは近代社会の統合の危機を示す自己本位主義の増加について以下のように述べている。社会の統合が衰弱していくのに応じて、個人も社会生活から引き離されざるを得なくなり、また個人の個性（個人的目的など）が集合体の個性以上のものとなる。個人は集団に依存しなくなり、私的関心に基づく行為準則以外の準則を認めなくなる。そこで社会的自我に逆らい、それを犠牲にして個人的自我が過度に主張されるような状態が生じる。社会は、他者に対する共感や連帯感をわれわれに目覚めさせ、人間の行為の支配する宗教的・政治的・道徳的信念をわれわれに植え付ける。人は社会と結びついていることによって、その高度な形態の活動に参加することができる。反対に、人々が社会から切り離されていると感じれば感じるほど、自分の存在根拠や目的にしている社会を欠いているので、生から切り離されていくことになる（Durkheim 1897: 227＝一九八五：二二五二－二二五三）。換言すれば、社会の権威が失墜したと感じたときから、その所産であるわれわれが何の役にも立たないと感じられ、消沈と幻滅の潮流がつくられる。この特徴をデュルケームは活動への活力を弱める憂鬱さ、悲哀、沈黙、孤独、無関心および孤独な状態と捉えている。実際、統合の危機としての自己本位的自殺の増加を説明するために、宗教的社会関係、家族的社会関係、政治的社会関係から道徳の源泉となる社会（集団）の権威の失墜を挙げている。宗教的社会の権威の失墜は近代化の一面である「伝統からの解放」であり、また前節でみたように知識への要求を目覚めさせ、自由検討の機会を生み、個人主義への傾向を強めさせたのである。自己本位主義は、社会があらゆる部分において十分に統合されていないためにすべての成員の拠り所となることができないところから発生する。異常な速さでの経済機能の台頭は、近代社会において個人の自立と社会への依存を同時に可能とすることができず、十九世紀末のフランス社会において、アノミー的分業と強制的分業という異常形態に陥ってしまったのである。当時における統合の危機の理由は、個人に安心を与える社会の欠如とエゴイズム化にあったのである。

ところで、デュルケームは社会の役割の一つが個人の感情や活動をひきつけることにあると考えていた。それが先に述べた統合に関係するのであるが、彼は社会にもう一つの役割を見出している。それは個人に対する規制である。しかし、近代社会において社会はその役割を果たすことができなくなっていた。これが秩序の動揺した状態である。デュルケームの集合意識論からすれば、アノミー状況は歴史上必然的に現れるものである。つまり、伝統的諸規制体系の崩壊に応じて、新しく情念を抑えるための諸規制体系が生じていないことがアノミーという病理の原因となっている。彼はアノミーを生じさせた理由の一つに経済変動を挙げている。

以上がフランス近代社会において近代化によって生じていた危機的状況であるが、最後に、私はデュルケームの社会理論における歴史学的でない近代化論について簡単にまとめることにする。彼は実証的データから分類した三つの自殺と関連させて以下のように述べている。「社会によって、その比重の大小はあっても、自己本位主義、集団本位主義、そしてある程度のアノミーと結びつかないような道徳的理想は存在しない」し、「それらが互いにやわらげあっているようなところでは、道徳的存在としての人間はある均衡のとれた状態にある」（Durkheim 1897:363＝一九八五：四〇五）と。また、不安や苦悩などの集合的悲哀の様々な潮流は、自己本位主義、集団本位主義、アノミーという三つの精神状態から生じており、それらはそれ自身では病理的でないのであると。つまり、近代社会において不安が増加していたのは、近代化によってこれら三つの精神が調和されずに一層ばらばらになっていたということなのである。また、この視点は、非常に重要である。人間の二元論において矛盾する自己本位主義（個人意識）と集団本位主義（共通意識）は、その比重がどうであれ、規制と緩和のバランスによって人間の精神が安定するということを意味する。つまり、個性化は新しい規制（契約）によって調和が保てるものだったのである。そして、近代化が個性化とアノミーの増強を必然的に含むものであるなら、これを解決するにはデュルケームが考えたように統合と規制の機能を果たすべき「集団」を生じさせる以外に方法はないのである。

## おわりに

以上、デュルケームの近代化論および彼のみた近代社会の特質について論じてきたが、彼の理論において近代化を見出すときに注意すべき点が一つある。それはデュルケームが「個人主義や自由思想は、その濫觴を現代に発するのではなく、また、一七八九年、宗教改革、スコラ哲学、ギリシャ・ラテン的多神教や東洋的神政政治の没落、これらのいずれのものからもでていない。これはどこからはじまったというべき現象ではなく、歴史の全過程を通じて間断なく発展している現象である」（Durkheim 1938:146＝一九八一：二八三）と述べている点である。この文章の通り、私も近代の特徴となる個性化などが近代に至って生じたとは考えていない。つまり、それらの近代の特徴は潜在的にもとから存在していて、ルネサンス期になって社会がそれらの顕在化を強く要請したと私は理解している。

近代化論にはいくつかの批判が存在するが、その中で最も重要なものは、近代化を人間の拡大と改良の過程と楽観的に見るため、変動過程における摩擦、抵抗、闘争、逆流を見落とす傾向があるというものである。これに関して、既に見たようにデュルケームは、近代社会を批判的に分析し、さらに歴史学的に社会変動に適応する道徳の変化を見ていく中で、摩擦、闘争、逆流などの状況を詳細に論じていたことを付言する。

（1）富永（一九九六）を参照のこと。
（2）コーザー、北川忠明他。

# 第二編　デュルケームにおける社会学理論

「古きよき信仰の崩壊を不安と悲しみの中で見守らなければならない者も、この危機の時代のさまざまな困難に心をわずらわせている者も科学から生じたのではない病弊を、科学のせいにしてはならない。むしろ、その病弊をみずから克服するように努めるべきなのだ」。「科学は、一般にいわれているような破壊的影響を及ぼすどころか、むしろ科学の誕生の原因となった当の破壊と戦うことのできる唯一の武器である」(1)。

デュルケーム『自殺論』

# 第三章　危機の時代とデュルケームの統合論

## はじめに

社会学の根本的な問題が「社会統合」であるとするとき、これは裏を返せば、社会秩序が解体していること、あるいは社会が危機に陥っていることが、社会学の前提条件であることを意味している。前記の文章は、まさにデュルケームが社会学という新しい科学によって、フランス近代社会（正確にはフランス第三共和国）の陥っていた「危機的状態」を解決しようとしていたことを意味する。R・アロンが指摘したように、デュルケームは「良き時代」と呼ばれた時代を過ごしていたが、決して安定した社会に生きていたわけではない（**Aron 1967**＝一九八四：二）。

そこで、本章では特に以下の二点について探ることにする。一つは、フランスの近代社会において生じた危機とはいかなるものであったのか。もう一つは、その危機をデュルケームがどのように分析したのか、ということである。

ところで、この問題に入る前に、デュルケームの社会観および変動論について述べる必要がある。彼は、異なった社会・異なった時代に適した「道徳」（「時代精神」）の存在を認めていた。換言すれば、彼は場所だけでなく、時代と共に人々の価値基準が変化することを認めていたのである。彼は以下のように述べている。「人間の精神的態度や道徳性の基本をなすものは、常に変化の過程にあり、場所を異にするに従って変化している」(Durkheim 1938:371 - 372＝一九八一：六四三)。ここでいう道徳を「集合意識」として捉えるときに、『宗教生活の原初形態』における彼の循環論と『社会分業論』における単線的進化論の関連性を押さえておかねばならない。『原初形態』における循環論とは、集合意識は次第に弱まる(消滅の)傾向にあるが、集合的沸騰によって人々の間における集合意識を強化するというものである。つまり、『原初形態』では集合意識が「弱体→強化→弱体→……」と循環していくと考えられるのに対し、『社会分業論』では古い集合意識が弱体化するのに応じて新しい集合意識が現れてくることが書かれている。この点から、デュルケームの社会学の断絶を訴える人もいるが(2)、これは同一パラダイム上で捉える必要がある。古い集合意識が新しい集合意識に取って代わるという変動は、突然起こるわけではない。それは急激な変動というよりは、集合表象によって集合意識が何度も強化される(『原初形態』)うちに、少しずつ別の集合意識の重要性が増してくる(『分業論』)ということである(3)。

近代社会の危機とは、まさに古い価値基準が人々に有効な方向性を与えていなかったことに由来している。このことを明確にしたのが『自殺論』である。「今日伝統的な道徳は動揺し、しかもそれに代わってその席を占め得るものは一つも形成されていない。古い義務は支配力を喪失し、しかも我々は新しい義務がどのようなものであるかを明確に一目で知ることはできないのである。様々な人々が様々な観念を持っている。我々は一つの危機の時代を通過しているのである」(Durkheim 1924:100＝一九八五：九六)。

デュルケームが活動を始めた十九世紀末は、まさに「世紀末」あるいは「デカダンス」と呼ばれ、精神的退廃が顕著に見られる。このことを考えるには、さらにフランスの「近代化」について考えなければならない。以下においては、デュルケームが活動を行なっていた時代背景に焦点を絞って考察することにする。また付言しておくが、本章の意図のために、時代を十九世紀末から二十世紀初頭に絞り、デュルケームの著作においては『自殺論』を中心に扱うことにする。

## 一．フランス近代社会

### （一）世紀末

産業革命や市民革命によって、十九世紀後半のヨーロッパは、すばらしい繁栄の時代を迎えていた。鉄道網の発達や百貨店の開店など輝かしい生活を与えてくれた。また、電信・電話の実用化などおびただしい発明・発見によって飛躍的に成長した産業を背景に、大々的な首都改造に取り組むと共に、都市は急速に膨張し、産業革命によってもたらされた物質の繁栄は、社会を明確に変化させていた。そして、一八七一年、フランスはナポレオン三世による第二帝政、パリ・コミューンを経て、第三共和政を迎えた。一八八九年、革命百周年記念としてエッフェル塔が建築され、「十九世紀の首都パリ」が定着した。戦争のない繁栄の時代であったといえる。

その一方で、この時代は「世紀末」とも呼ばれている。一般に、十九世紀のヨーロッパ社会の退廃を意味し、ニーチェやベルクソンに見られるように方向感覚の喪失という特質を持っている。また、時代の転換期に特有の文化的形態や現象、とりわけ終末の兆候や意識を指している。世紀末は、ムンクに見られるように精神の奥底にある恐怖心、孤独感、荒々しい情念を人々に感じさせたのである。理性の万能と人類における無限の進歩を信じた近代文明の行き詰まりを感じさせる西欧の世界は、潜在的なニヒリズムや生の衰退を表す世紀末的なデカダンスの病理におかされ始めていたのである。芸術家などは産業革命以後の安穏な社会秩序、科学的物質主義、日常的自然主義、伝統や既成の道徳に対する不満と懐疑から過敏な感受性を持って異国情緒、人工美、異常なもの、エロティックなもの、神経症的なものを病的に表現したのである(4)。

さらに、フランスでは厭世的になる特別な理由が存在した。一八七一年、フランスがプロイセンに敗北した後に、恐怖と屈辱という最悪の事態を経験したことである。また、パリ・コミューンの階級闘争と大量殺戮を目の当たりにした世代が、九〇年代において活躍していたことがよりフランスの世紀末を苦悩で彩ることとなったのである。デュルケーム自身、十二歳の時にこの事件に遭遇している。ビスマルクに率いられたプロイセン軍は、瞬く間にフランスを撃破し、スダンでナポレオン三世を捕虜にした。第二帝政は倒壊し、東部のアルザス・ロレーヌ地方の大部分はドイツによって占領された。この時、エピナールの町も一時的にプロイセン軍の占領下に置かれたことから察して、デュルケームもまたこの敗北に深い悲しみと屈辱を経験したと推測される(5)。

世紀末のフランスの状況とは以下の通りである。つまり、世紀末が近づくにつれて、王党派や教会、軍部などの反共和勢力の巻き返しが激しくなっていた。万国博覧会の華々しい開催（一八八九）、享楽を求める人々が群がるモンマルトルなどの歓楽街の賑わいは同時にアナキスト達の爆弾テロをも誘発していた。物質の繁栄と同時に、人々は失業や痛ましい事故の恐怖をも与えられていた。第二帝政期以来オースマン(6)の計画推進によって実現した近代都市パリの裏では、低賃金労働者や娼婦、浮浪者、アルコール中毒患者が、うごめきあっていたのである。世紀末パリは、まさに狂騒と混乱の状態であった。

幸福をもたらすはずであった近代文明社会・市民社会は人々に「不安」を感じさせていた。ゴッホは九〇年に自殺し、九三年にはモーパッサンが狂死した。さらに九四年には国を二分し、世紀末を象徴する「ドレフュス事件」が起きている。この事件は、当時とさらに将来における民主主義の下での政治・精神・信仰・道徳の全体的な危機を意味していた。この事件の背後には第三共和政において重要な意味を持つ「国家と教会の分離」[7]の問題が深く影響を与えている。九〇年代は、急進的な情勢に対して、王党派、教会、軍、大資本家達が攻撃的な反発を試みるようになった。ドレフュス事件、ブーランジェ事件[8]は第三共和政の不安定さを物語っている。「華の都パリ」と呼ばれ、世界中の憧れの的であったパリは、まさにこのような光と影の混在する世界であった。九三年まで『ルーゴン・マッカール叢書』において第二帝政および第三共和政を批判していたエミール・ゾラは、『パリ』（一八九八）において、世紀末パリを「指導者階級の腐敗がひどく、労働者は貧苦を極め、政治の不正に憤慨したアナキスト達の爆弾テロが頻発した騒然としたもの」として描いている。

産業革命以後のフランスにおいては失業者が増加しており、犯罪や自殺も増加していた。また、機械技術の発展の結果、大規模な事故などが生じるようになった。これらの出来事は文明の進歩、つまり、近代化によってもたらされた繁栄と平和が楽観的に幸福を約束するものではなかったことを人々に痛感させた。武装化された平和、そして経済成長に伴う自然破壊と人間性の喪失は、人々に緊張感と不安を感じさせた。植民地獲得に躍起になっている政治家や利潤追求をやめない経済人にとっては、漠然とした無意識の不安は少なかったように思われる。しかし、一部の繊細な知識人や感受性の強い芸術家は、この繁栄と平和に危機感を抱いていた。世紀末フランスにおいて、文豪史家ブリュンティエールは「科学の破産」という言葉を使用した。十九世紀後半の科学万能主義に対する不信、自然主義によせる疑問は、当時の学者、作家を強く捉えた。

デュルケームの師で新カント主義者であったルヌーヴィエは、唯物論に対する観念論の再編成を進めていた。ブルジョア体制に批判的な人々は、無政府主義や社会主義に走った。また終末感やペシミズムを抱くものも多くいた。繁栄の時代を冷静に見る人々はこのように様々な反応を示した。時代への反発や不安はその反応の様式において様々な形を取るにせよ、その度合いが強かったのが世紀末と二十世紀の初めであったことは事実である。

結局、不安の増大した「世紀末」とは、政治的、経済的そして社会的に混乱した、まさに近代化による「過渡期」だったのである。ゆえに、この状況をより明確にするためにフランスの近代化について簡潔に述べることにする。

## (二) フランスの近代化

近代の決定的な特徴の一つはマックス・ウェーバーが理解したように「合理化」であろう。つまり、近代化とは制度と意識の両面における「合理化」の過程なのである。この課程の中核はテクノロジーであるが、さらに資本主義的市場経済と中央集権的官僚国家という二つの「合理化」の過程が存在している。しかし、社会の合理化それ自体が社会解体の推進力だというのは誤りであり、制度や意識の合理化は社会の統合と両立することができる。合理化された諸システムが何らかの理由で期待通りに機能しなくなるまでは、両者は共存するが、何らかの問題が生じた時に、はじめて人々はシステムの意味を考えるようになる。激しい合理的な意識構造は伝統的な信念や価値を直接かつ残酷に暴露する傾向がある反面、新しい合理性は効率や最大化などの手段的な価値を除いては満足のいく価値をつくりだすことができない。こうして、手段主義とアノミーの共存が出現し、近代の危機に引き込まれることになったのである。

私は「近代化」を技術・経済、政治、社会、文化がそれぞれ相互に依存し合い影響を与えながら、伝統的形態（狭義ではキリスト教社会）から近代的形態に移行することと考えている。ヨーロッパを中心にこのような変動が生じたことは周知の事実であるが、実際に近代化は各国それぞれ固有の特徴を有していることに注意を払う必要がある。産業革命という用語を産業の技術的基礎が一変し、小さな手工業的な作業場に代わって機械設備による大工業が成立し、これに伴って社会構造が根本的に変化することと理解するならば、フランスの経済は十九世紀の中頃、正確には一八三〇年から七〇年頃にかけてこうした過程を経験したことは事実である。

しかし、フランスの産業革命はイギリスに比べて、極めて緩慢で規模も小さく、不徹底なものであった。また、「産業の高度化」という農業の比重の低下に伴う工業の比重の増大という過程は、フランスにおいては工業人口の割合が増加したとはいえ、実際には農民の方が遙かに割合が多かった。実際フランスは二十世紀初頭になってもなお四〇％を超える農業人口を擁していたのである。結局、フランスの経済発展は「停滞的発展」であり、繁栄の時期にそのピークは他のどこの国よりも低く、不況の時はその厳しさはどこよりも深い影響を受けたのである。

しかしながら、以下の点に注意を払わなければならない。それは、工業人口の割合が第一次産業に従事する人々よりも少ないとはいえ、また停滞的な発展だったとはいえ、フランスにおける労働問題は徐々に表面化していったということである。当然のことながら、工業化の進行は一方では多数のブルジョア層を生み出すと共に、他方ではブルジョア層よりも遙かに多くの貧民やプロレタリアをつくりだしたのである。そして、一八四〇年には既に多くの失業者が生まれ、この時にプルードンが労働者のために執筆し、また二月革命[9]やパリ・コミューンなど労働者の闘争が十九世紀全般にわたり活発化したのである。七〇～八〇年代には労働組合運動闘争が激化し、ゾラは『ジェルミナル』[10]（一八八五）で炭鉱労働と労働組合運動について書いている。デュルケームが『自殺論』や『社会分業論』第二版序文において同業組合の必要性を訴えた理由の一つは、搾取される労働者の現状と彼らの闘争を目の前で見ていたことにもよると考えられる。

さらに、デパートの出現[11]によって、交渉による価格の決定から一転して、物自体に価格が付けられて売買されるようになるという市場の変化も見られた。近代化による経済面の構造変化は、第三共和政の頃には商品生産と分業を基礎とする資本主義において、弊害だけが意識される段階に達していた。このような社会では、人間の本来的な平等よりも人間の根源的な不平等や出生および偶然による人間差別が肯定され、天才や英雄の出現による社会の革新や戦争・内乱を待望するという神秘主義と闘争心が共存した社会を生じさせることになった。こうした状況が世紀末であり、世紀末がある程度の経済的発展と関連を持つ理由の一つは、この物質の繁栄と貧困のアンバランスにあったのである。

次に、政治の近代化についてみることにする。政治の近代化とは、つまり「民主主義への移行」である。十九世紀におけるフランスの政治は、第一帝政（一八〇四‐一四）、王政復古（一八一四‐三〇）、七月革命（一八三〇‐四八）、第二共和政（一八四八‐五二）、第二帝政（一八五二‐七〇）、パリ・コミューン（一八七一）、第三共和政（一八七一‐一九四〇）という具合にめまぐるしく変化している。しかしながら、これらは貴族・教会・地主から政治的な特権を奪い取り、彼らを一市民の地位に引き下げるという意味での民主化の流れだったのである。ここで改めて、第三共和政の位置を述べておく。コミューンを乗り切った第三共和政は、第二次世界大戦の勃発までの七〇年間という長期に渡って継続したとはいえ、決して安定したものではなかった(12)。特に成立後の約二〇年間は非常に不安定であり、この時期が世紀末に位置し、デュルケームが第三共和政を何とか維持しようと躍起になっていたときなのである。第三共和政の初期段階に位置する世紀末は経済的な危機だけでなく政治的な変動の渦中にも位置していたのである(13)。

最後に文化の近代化について考えることにする。この側面は科学的知識の近代化に関連する要素（神学的・形而上学的知識から実証的知識への移行）と思想・価値の近代化（合理主義精神の形成）という要素を持っている。これについては多くを論じないが、以下の点はデュルケームにとって重要なので触れておく。それは、伝統、特に宗教的な伝統からの解放によって、個人における自由検討の機会が認められるようになったことである。一般的に人間は伝統のくびきから解放されるのに応じて、知識を獲得することを望むようになる反面で、個人の判断にすべてをゆだねていればいるほど、それだけ個人の生活から集団（この場合には宗教集団）の影が薄れ、集団における凝集性も活気も失われてしまうと、デュルケームは述べている（Durkheim 1897:162, 158＝一九八五：一八二、一八六）。

結局、近代（近代化）がもたらした恩恵のうち、第一のものは物質的なもの（生活水準の非常な向上、飢餓や病気の根絶、死亡率の低下と平均寿命の延長など）である。また同時に非物質的な恩恵もあり、その中には啓蒙主義以来中心になってきた個人の自由という概念も含まれる。反面、近代は耐え難い犠牲を強いるものとしても経験されてきたのである。物質的あるいは非物質的犠牲は特に近代の初期の段階で生じた混乱に由来するものであった。近代化によって人々は伝統的な連帯の崩壊、新しい役割や制度の押しつけ、アノミーなどの状況に直面し、のんびりとくつろいではいられない状況に追い込まれたのである。

## 二．デュルケームの近代社会批判

### （一）デュルケームの近代社会へのアプローチ

デュルケームは普仏戦争敗北後、フランスに打ち続いた精神と制度の動揺、また産業の急激な発展によって生じた動揺に直面していた。しかし、彼は世紀末の混乱を表面的に捉えて危機とは述べていない。彼は人々の不安や苦悩の原因を人間の二元論を通して理解している。つまり、個人の不安や苦悩の原因などの内的葛藤が増大するということは、個人の内的一面である「社会的なもの」が近代社会において喪失していることによると彼は理解し、世紀末を示す道徳的退廃、不安の増加、方向感覚の喪失の原因を自殺という一見、局部的な現象を扱うことによって明確にした。「自殺の異常な増加とそれによって現代社会が陥っている一般的な病態とは、同じ原因から派生している。この尋常ならぬ数にのぼる自殺の増加は、他でもない、文明社会を悩ませているあの根の深い混乱を証明している」（Durkheim 1897:450＝一九八五：五〇三）とデュルケームは述べ、個人的な現象である自殺を自殺率という統計を利用することによって「社会的事実」として社会学的に研究した。その結果、彼は自殺を自己本位的自殺、集団本位的自殺、アノミー的自殺、宿命的自殺の四つに分類したのである。

ところで、デュルケームは外在性と拘束性を社会的事実の重要な特性と見ていたが、佐々木交賢および内藤莞爾はこの外在的な社会的事実の個人における「内面化」（社会化）に着目して、内在的な社会的事実が個人に及ぼす機能を「社会的統合」、外在的な社会的事実の機能を「社会的規制」と定義している（佐々木 一九九五：五〇 - 五一)。統合は『自殺論』における集団本位主義と自己本位主義という軸、規制はアノミー的自殺と宿命的自殺の軸にそれぞれ対応している。

H・アルパートはデュルケームにとって統合とは「連帯」であったと指摘している。他方、ポッジは主観的要素において個人の利益追求を抑えるような要素と個人の上に道徳的圧力を行使し得るような要素だけが連帯に貢献することができるという考えから「連帯とは意識の問題である」と述べている(ポッジ＝一九八六：一七〇)。これは、集団本位主義と自己本位主義という二元論が人間の二元論と置き換えることができることを意味する。そして、デュルケームの二元論において、共通意識、集団本位主義、社会的なものを一つの枠に、他方、個人意識、自己本位主義、個人的なものを一つの枠に入れて同一視して私は扱うことにする。しかしながら、一言付言しておく必要がある。それは、統合の性質を表すのが連帯だとしても、連帯がデュルケームにおける統合と即座に結び付くわけではないということである。連帯は別の統合の要素である相互依存によって強化されるものなのである。

また、ポッジは秩序を「個人的行為という主観的構成要素の存在および作用にもとづくものであるが、この要素は、自己利益には還元できない、個人的行為者に対して外側から圧力をふるうことのできる『表象、感情、傾向』」だと述べている(ポッジ＝一九八六：一六一)。ここで私はデュルケームのいう規制と秩序を同一視することにする。

統合と連帯の関係、および規制と秩序の関係をこのように考える時、デュルケームが当時の社会における自己本位的自殺とアノミー的自殺の増加を問題にしたことは、すなわち、当時の社会が「統合の危機」と「秩序の動揺」に直面していたということになる。

## （二）統合の危機と自己本位主義

デュルケームは、近代社会の構造原理を、社会的分業の発展とそれに伴う社会的連帯の様式変化という観点から解明しようとした。彼によると、人々が社会的に結びつく原理、すなわち社会的連帯の様式には二つのものが存在する。一つは、類似に基づく機械的連帯（solidarité mécanique）であり、もう一つは相互に異なるがゆえに補い合い相互依存し合うという差異に基づく有機的連帯（solidarité organique）である。社会が発展し、分業が発達するのに応じて、有機的連帯が機械的連帯に取って代わるというのがデュルケームの命題であった。機械的連帯においては、個人的パーソナリティの発展に反作用し、諸個人は集団的類型の反映である傾向がある。他方、有機的連帯においては、個人と社会は間接的であり、個人は特定の制度や社会の他の個人と結び付いている限り、社会と結び付いている。そして、同時にこの過程は、個人的パーソナリティの発展に正比例し、自己本位的傾向をより多く持たせることになる。

『社会分業論』における共通意識と個人意識の関係は、『自殺論』の「集団本位主義と自己本位主義」という軸に持ち越されている。この二つの連帯がすなわちデュルケームにおける二つの統合の原理であるといえるが、これらの二つは排他的関係にあるわけではなく一般には両者は混在している。そして『自殺論』に『社会分業論』の変動論を当てはめると集団本位主義から自己本位主義への変動をデュルケームが問題にしていたことが改めて確認される。彼は社会集団における一個人の結合度から自殺を説明し、集団の統合度によって自殺を二類型（自己本位的自殺と集団本位的自殺）に分類したのである。

デュルケームは社会の機能の一つとして「さまざまな強さで感情や活動をひきつける」（Durkheim 1897:264

＝一九八五：二九二）ことを指摘する。つまり、統合のベクトルは社会が個人をひきつけているのか、否か、またそのひきつける力がどれくらいかという視点から論じられている。そして、過度に個人化が進めば自殺が引き起こされるが、反対に個人化が十分でないと、また同じ結果が生じると指摘されている。つまり、この究極的な状況として、個人が完全に集団から離れ、独立している状況や、逆に集団の中に自我が埋没して個人の意識がない状態において自殺がうながされるとされるのである。それゆえに、極端な自己本位主義も、極端な集団本位主義も自殺を促すとはいえ、集団との関わりでいえば、個人は集団に所属することによって連帯感、自分の位置や役割が生じ、生きる喜びが生じると述べられている（図３・１）。それゆえに、デュルケームの統合論では、自己本位主義も、集団本位主義も、それ自体では批判の対象にはなっていないが、近代化の一面である「自由の獲得」という歴史的必然性を前に、彼は集団へのコミットメントの必要性をより強調する必要があったといえる[14]。

　ところで、デュルケームは統合の危機を示す自己本位主義的自殺の増加について次のように述べている。社会の統合が衰弱していくのに応じて、個人も社会生活から引き離されざるを得なくなり、また個人の個性（個人的目的など）が集合体の個性以上のものとなる。個人は集団に依存しなくなり、私的関心に基づく行為準則以外の準則を認めなくなる。そこで社会的自我に逆らい、それを犠牲にして個人的自我を過度に主張する状態を自己本位主義、そして常軌を

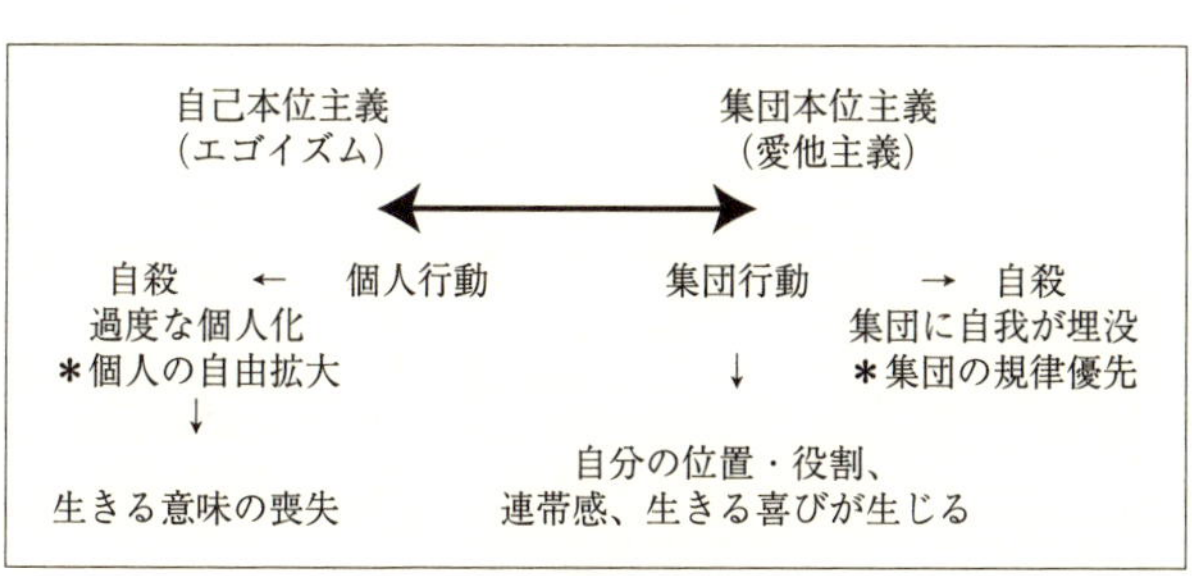


図3・1　統合論の図式化

逸した個人化から生じるこの特殊なタイプの自殺を自己本位的自殺と呼んだ。この自殺は特に増加の傾向にあり、当時最も広汎に発生し、年々の自殺数の増加に最も大きな影響を与えていた。その特徴は活動への活力を弱める憂鬱さ、悲哀、沈黙、無関心、および孤独な状態を確立することにあるとデュルケームは説明している。

自己本位主義の緩慢さや憂鬱な超脱性は、常軌を逸した個人主義の状態に由来している。個人が孤立するのは、個人を他者に結び付けていた絆が弛緩したか、または断ち切られたためであり、また、個人と社会の接点において、社会が充分強固に統合されていないためである。つまり、自己本位的自殺は個人の属している社会集団の統合の強さに反比例して増減するということなので、自己本位的自殺が当時増加していたということは、統合が衰弱していたことになる(15)。

デュルケームは統合について社会形態学的にアプローチしている。それは社会の外部的形態としての土地の広狭、人口の量・密度を対象として、それらの増大によって分業だけでなく道徳的密度も変化するというものである。彼は集団の密度の低下に伴って集団の活力も衰えると考え、以下のように述べている。「集団の共同生活が、他の集団の共同生活よりも弱いということは、とりもなおさず、それが他の集団ほど強く統合されていないことを意味している。一つの社会的集合体の統合の状態は、その中をめぐり流れている集合的生命の強度の反映に他ならないからである。成員相互の交渉が活発で、絶え間なく行われれば行われるほど、集合体は一層よく統一され、堅固なものとなる」(Durkheim 1897:214＝一九八五：二三九)。それはなぜか？「われわれはわれわれを取り巻く世界、そしてそれを満たしているあらゆる種類の対象を表出することなくしては生きることができない。しかし、われわれの内部に入り込み、かくしてわれわれ自身の一部となる。その結果、われわれはそれらに執着し、われわれ自身に対してと同時にそれらに対しても愛着を抱くのである」（Durkheim 1897:319＝一九八五：二五三）。つまり、接触が深くて多いほど、人々はより強い連帯感を持つようになる。それは非個人的であった社会を内面化し、自分の一部としてしまうからである。それゆえに、集団の統合が連帯にとって重要となるのである。

社会は、他者に対する共感や連帯感をわれわれに目覚めさせ、人間の行為を支配する宗教的・政治的・道徳的信念をわれわれに植え付ける。人は社会と結び付いていることによって、その高度な形態の活動に参加することができる。反対に、人々が社会から切り離されていると感じれば感じるほど、自分の存在根拠や目的にしている社会を欠いているので、生から切り離されていくことになる（Durkheim 1897:227＝一九八五：二五二－二五三）。換言すれば、社会の権威が失墜したと感じた時から、その所産であるわれわれが何の役にも立たないと感じずにはいられなくなるのである。こうして、消沈と幻滅の潮流がつくられる。

デュルケームは統合の危機としての自己本位的自殺を説明するために、宗教的社会関係、家族的社会関係、政治的社会関係の三点から、道徳の源泉たる社会（および集団）の権威の失墜について触れている。宗教的社会の権威の失墜とは近代化の一面である「伝統からの解放」である。実際、第三共和政は教会勢力と激しい攻防を繰り広げていた。そして、教会の権力は政治だけでなく教育の場からも排除された。このことはとりもなおさず「神」という名のもとでの教育が力を失ったことを意味し、人々は真実を探るようになったことを意味する。教会の権力が失墜し、伝統から解放された結果、人々に自由検討が許されたのである。人々が知識を学んだり自殺を計ったりするのは、彼らの属している宗教社会が凝集性を失ってしまったからである。知識を得たことが宗教を崩壊に導いたのではなく、むしろ、宗教の崩壊が人々の知識への要求を目覚めさせたのである（Durkheim 1897:171＝一九八五：一九四‐一九五）。彼は「一般的にいって、人間はもっぱら伝統のくびきから解放されるのに応じて、知識を獲得したいと望むようになる」と述べている（Durkheim 1897:162＝一九八五：一八六）。

この結果、知識の増大を招き、庶民においては自由検討の機会が増え、個人主義への傾向がみられるようになったのである。「人々の意識を切り離し、互いによそよそしくさせているこの空隙は、まさに社会組織の弛緩の招いた結果に他ならない。加えて、自己本位的自殺が必ず知識と反省された知性のめざましい発達に伴って発生することを思い出すならば、この種の自殺の知的・思索的性格はたやすく理解される」（Durkheim 1897:317＝一九八五：三五二）。信者に疑問が芽生えてくるのに応じて、属している宗派への連帯感を弱め、それから離れるようになると、自分の属していた家族や地域がよそよそしいものになってくる。その結果、彼らは自分自身がよくわからなくなり、苛立ち、苦悶し、「一体、何のために」と自問せざるを得なくなる。自己本位主義は、社会があらゆる部分において十分に統合されていないためにすべての成員の拠り所となることができないところから発生する。したがって、自己本位的自殺の場合、人々を生に結び付けていた絆や彼らを社会に結び付けていた絆そのものが弛緩してしまったために生じ、この自殺の増加は社会の混乱と衰弱、そして社会の影響下からあまりに多くの人間を完全に逸脱するままにまかせていたことを意味する。

機械的連帯から有機的連帯への変動は、個人意識における共有要素と個性的要素の比率の逆転である。近代化は機械的連帯から有機的連帯への社会変動であり、二元論の「社会的なもの」の減少と「個人的なもの」の増大の過程だといえる。近代産業社会においては社会の全成員に共通する要素は非常に少ないので集合意識は弱体化し、各個人において自由が許されるようになる。そこでは個人は自由になり、集団に埋没することはないが、社会を統合する力も弱くなる。このことから、ポッジは個性的要素が共有された諸要素を凌駕するようになった時、社会連帯の問題がもはや個人意識を集合意識に吸収させるという解決を求めることはできないと考える。個人はもはや直接的に社会に結びつかないので、連帯の本質的な結合は個人主義化され、分化した意識の媒介を通じて、さらに諸個人間で達成される結合を準じて打ち立てられなければならない、と彼は「差異による連帯」を解釈するのである。しかし、個人的なものだけによる統合をデュルケームが考えていたとするならば、なぜその一方で、職業的に専門分化した諸個人の相互依存による新しい集合意識の必要性を訴えたのだろうか。

確かにデュルケームは共通意識の減少と差異による連帯を述べているが、私はデュルケームにおけるこの連帯を、分業による役割期待と役割遂行という契約的な側面だったと考える。そして、彼が同業組合や道徳教育によって新しい道徳の必要を訴えたのも、個人主義化を抑制するためであり、新たな共通意識を復活させようとしていたと解釈する。つまり、差異に基づく連帯にも共通意識は必要である。社会的分業と有機的連帯をこのように結び付けることにより、近代社会において個人の自立と社会への依存が同時に可能となり、表面上のパラドックスは解決される。しかし、分業の異常な速さのために、新しい共通意識を生むことができなかった。そして、フランスの近代社会は、アノミー的分業と強制的分業という二つの異常形態に陥ってしまったのである。当時の統合の危機の理由は、個人に安心を与える社会の欠如と個人主義化にあったのである。

## （三） 秩序の動揺とアノミー

規制の理論はデュルケームの社会実在論の立場に関連する。社会実在論とは、簡単にいえば、社会や集団はそれを構成する個人には還元できず、社会が個人を超越する存在だと考えることである。デュルケームは『自殺論』において、まず社会の役割が個人の感情や活動を引きつけること（統合）にあったことを指摘した。そして、彼は社会がその諸部分の総和よりも大きな一つの存在であるとするところから、もう一つの社会の役割を指摘している。つまり、それは個人に対する規制という役割である。これはモラリストとしても、社会学者としても、デュルケームにとって最も重要な概念の一つであった。なぜなら、当時の功利主義的個人主義の思想および行動に対し、個人を規制することなしに社会秩序が保たれるはずがないと考えたからである。また、実際に起きている危機の原因をこの功利主義的個人主義に見ていたことから、これを批判し、人々に必要な規制を施すことがデュルケームの課題であった。

精神的欲求に対して規制を行なうには道徳的な権威が必要である。義務や強制の観念を個人に強要することができるのは個人に優越した社会だけである。しかし、社会の利益を優先することや社会の維持に貢献することは、極めて道徳的であり、公正さ、正当性を持つものである。それゆえに、集合的秩序を各個人に課するためには道徳的権威が必要だとはいえ、暴力が秩序を確立する唯一の手段だとはいっていないことをデュルケームは繰り返し強調する。その規制は個人的諸情念を抑制することを目的とするので、個人を支配する力を必要としているのは確かだが、しかしその力への服従は恐怖からではなく、尊敬の念からなされることが同様に必要なのである（Durkheim 1897:279＝一九八五：三〇九）。

デュルケームは、社会の行使するその規制作用の様式と社会的自殺率の間には、ある種の関係が存在することを認め、無規制（アノミー）から生じる自殺をアノミー的自殺、強力な規制から生じる自殺を宿命的自殺と名付けた。アノミー的自殺は、人の活動が規制されなくなり、それによって彼らが苦悩を負わされているところから生じる。アノミーは、近代社会における自殺の恒常的かつ特殊な要因の一つであり、年々の自殺率を現状のごとく維持している源泉の一つであるが、それは産業・商業活動が高度な発展を遂げている特殊な地点に限られている。またそれは社会生活を規制する集団の欠如が生じたときに生まれるので、自己本位主義的潮流の発する社会の解体現象に一部由来している。「人は、なにものによっても抑止されないときは、自分の力でとどまることはできないであろう。（そうなると）みずから享楽した快楽のかなたに、さらに他の快楽を想い描き、それを追い求める。すなわち、可能な快楽の範囲をほとんどのこりくまなくめぐりつくしてしまうと、人は、今度は不可能なものを夢見るようになり、実在しないものにまで欲望をはせることになる。この果てるところを知らない追求の中では、感性の苛立ちの起こらないはずがない。（中略）（そこでの）生活は、絶えず新たにわきあがる希望であり、また絶えずあざむかれる希望であって、あとには倦怠と幻滅の心象を残していく。（中略）ゆく末のさだかでない未来が、自身の躊躇、優柔不断と一緒になって、彼を果てしもない動揺へ陥れる。以上のことがすべて原因となって、必然的に自殺の機会を増大させる不安、動揺、不満の状態を引き起こすのである」（Durkheim 1897:304-305＝一九八五：三三七‐三三八）。これは既に見た世紀末の状況である。

デュルケームの集合意識論からすれば、このような状況は歴史上、必然的に現れるものであり、それゆえに解決が可能とされるものであった。伝統的諸規制体系の崩壊に応じて、新しく情念を抑えるための諸規制体系が産出されていないことがアノミーという病理の原因であったのである。彼は無規制状態を生じさせた理由の一つに、経済変動による危機を挙げている。

近代化の一面である産業化は、十九世紀の初頭以来、産業上の諸関係をあらゆる規制から解き放つことを通じて進められてきたのである。この結果、商工業の世界においてはアノミーの慢性的状態が存在するようになった。近年まで、すべての道徳的権威の体系（宗教、世俗的権力、同業組合など）は、産業上の諸関係に規制を加えることを任務としていた。産業によってあおりたてられた欲望は、それを規制してきたあらゆる権威から身を解放した。この欲望を妨げることは冒涜であるかのようにさえ思われ、欲望の解放は、産業の発展と市場のほとんどとどまることを知らない拡大によって、いっそう拍車をかけられた。つまり、資本主義社会の経済状態の特徴である無秩序は、元来、危険を含んでいたのである。経済的危機は自殺傾向に促進的な影響を及ぼす。その経済生活の変化を示すバロメーターとしてデュルケームは、破産件数を考えている。破産が急に増えるときには、何か重大な経済的混乱が生じたと考えられ、実際自殺も増加している。しかし、「一国の繁栄を急激にもたらすような歓迎すべき危機でさえ、経済的破綻とまったく変わりのない影響を自殺に及ぼすことになる」（Durkheim 1897:267＝一九八五：二九五）。「産業上あるいは金融上の危機が自殺を増加させるといっても、それらが、生活の窮迫を促すためではない。なぜなら、繁栄という危機も、それと変わらない結果をもたらすからである。真の理由は、それらの危機が危機であるから、つまり、集合秩序を揺るがすものであるからなのだ。なんであれ、均衡が破壊されると、たとえそこから大いに豊かな生活が生まれ、また一般の活動力が高められるときでも、自殺は促進される。社会集団の中に何か重大な再編が生じるときには、たとえそれが突然の発展的な運動であろうと、決まって人は自殺に走りやすくなる」

（Durkheim 1897:271＝一九八五：二九八‐三〇〇）。規制の衰弱あるいは欠如というものは、個人において無規制な欲望や羨望として現れる。実際、当時の財力の象徴である万国博覧会のときですら自殺が増加する。フランスの経済が停滞的だったとはいえ、その物質的繁栄はヨーロッパで第二位だったことは否定できない(16)。そして貧困が自殺を抑止し、豊かさが自殺を増大させていることから、「あらゆる豊かさの増大から生じる道徳的な危険は、（中略）見逃されてよいものではない」（Durkheim 1897:282＝一九八五：三一三）と物質の繁栄に対してデュルケームが警鐘を鳴らしていることにも注意を払う必要がある。

ところで、自己本位的自殺は、愛着の対象となる集団の欠如、頻繁に相互作用することがなくなった社会生活、そして個人主義化にその原因を求めることができるが、それに対してアノミー的自殺は規制を与える社会の欠如、経済変動などによる秩序の動揺、そして経済システムそのものに内在する自由主義と個人主義にその原因が存在する。両者を比較するとき、共に社会の欠如という共通の要因を持っていることに気づく。そこで、両者の相違と関連を明確にすることが重要となる。以下において、デュルケームによる両者の類似点と相違点をまとめることにする。

自己本位的自殺とアノミー的自殺は、同じ社会的状態（当時では文明の異常な発達）の二つの異なった側面にすぎないし、社会が個人の中に十分存在していないという理由から発生している。それゆえに、この二つのタイプによる自殺者は、「無限」という病によって苛まれている。しかし、この二種の自殺がそれぞれ主要なお得意先をつかむのは、異なった社会的環境においてであり、つまり、自己本位的自殺は知的職業（思惟する人々の世界）、アノミー的自殺は工業あるいは商業の世界に存在する。しかしながら、この二つの自殺の要因は、特に類縁性が深いので、これらが同一の個人の中に見出されることもある。自己本位的自殺とアノミー的自殺が混合した自殺は動揺と無気力、活動と夢想を繰り返すのである。これがまさに「デカダンス」であったことはいうまでもない。

このように統合と規制の理論から当時の危機をデュルケームがどのように把握したのかを明確にしたが、以下においては別の視点からアプローチする。

## 三．社会類型と近代化

デュルケームは、三つの自殺の関連を以下のように述べている。「社会によって、その比重の大小はあっても、自己本位主義、集団本位主義、そしてある程度のアノミーと結びつかないような道徳的理想は存在しない」し、「それらが互いにやわらげあっているようなところでは、道徳的存在としての人間はある均衡のとれた状態」にある（Durkheim 1897:363＝一九八五：四〇五）。また不安や苦悩などの集合的悲哀の様々な潮流は、自己本位主義、集団本位主義、そしてアノミーという三つの精神的状態から派生し、それらはそれ自身では病理的ではない。それらが過大な位置を占める時に病理的になるのである。また、デュルケームは自己本位主義とアノミーの複合、アノミーと集団本位主義の複合についても述べているので、これらを考慮して私は図3・2を考え、当時の傾向（近代化の傾向）およびデュルケームにおける正常・異常の概念を明確にする。

Ａ・Ｍ、Ｂ・Ｎ、Ｃ・Ｏ、Ｄ・Ｐは、それぞれ純粋なアノミー的、集団本位的、宿命的、自己本位的状態である。それらは本来、互いに相殺し合うことで正常を維持できるならば、破線の内部（Ａ～Ｌ）は正常な社会であるといえる。逆に何らかの作用、例えば近代化などの社会変動が生じるとその社会は座標を変えることになる。そして、急激な変動は自己本位主義、集団本位主義、アノミーという三つの潮流が相殺し合うことができずにいずれかの傾向が強まり、破線から外へ出ることになる。そして、破線外に出た社会（M〜X）は異常な社会ということになる。

デュルケームにとって重要な「人間の二元性」を考える時、両者は一見矛盾するように思われても、共存しなければならない。ゆえに全体を一〇とするならば、集団本位主義：自己本位主義＝四：六という具合に両者は存在し、中心に近いほど両者の割合は同じ程度で、右にいくほど自己本位主義の割合が増え、集団本位主義の割合が減る。左に移行する場合はその反対である。なお、破線内に社会が位置付けられるかぎり、人間の二元性は矛盾なく併存することができるが、破線外の領域においては二つの存在は矛盾し、反発し合うことになる。

他方、縦軸に関しては規制の強弱を表している。上にいくほど規制は弱くなり、下にいくほど強くなる。規制が全くないとするならば、その座標は限りなく上に位置する。しかしながら、デュルケームが宿命的自殺がもはや見られないと述べていることから、本論文ではU、I、V、J、O、C、W、K、X、Lの領域は考えないことにする。

そして、自己本位主義とアノミーが当時の問題であるとするならば、当時のフランスの状態は、A・M、F・R、E・Q、D・Pの領域のいずれかに位置していたと考えられる。自己本位主義にアノミー的傾向が入ったものは、E・Qの領域である。逆にアノミーに

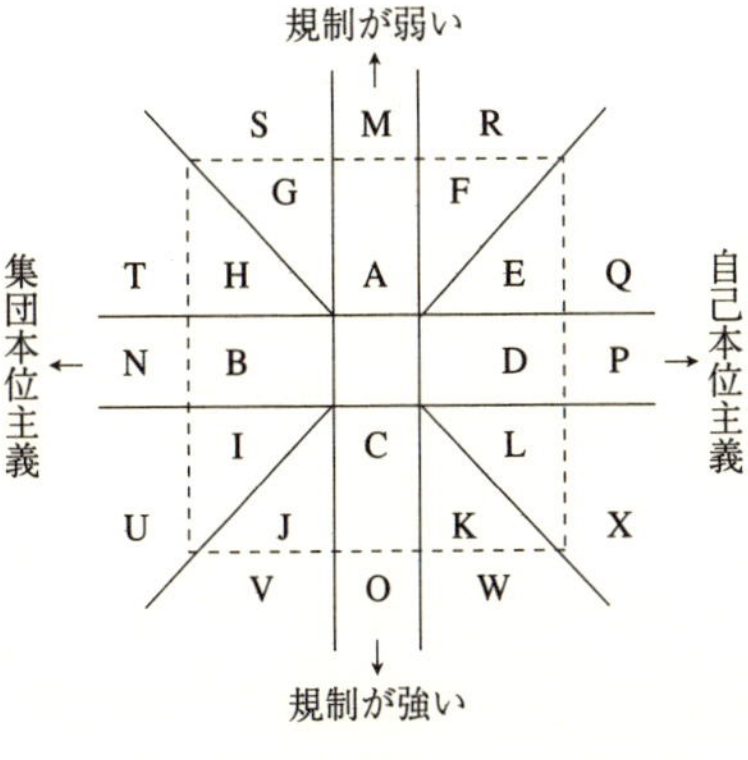


図3・2　統合と規制による社会の位置

自己本位主義が混じったものはF・Rの領域に位置することになる。その中でも、デュルケームが当時の社会を病理的だと診断している社会（商工業の世界など）は、P、Q、R、Mに属することになる。

　また、近代化の一面である資本主義化は、明確に諸社会をそれらの領域に位置付けたと考えられる。さらに他の一面である「伝統からの解放」もまた同様のことがいえる。なぜなら、資本主義は「自由主義」と「個人主義」を前提としていたからであり、伝統からの解放は道徳規範の源泉である社会を欠如させるからである。また、デュルケームは、社会現象の正常・異常の判断基準となる「不安」や「苦悩」というものをこの個人的なものと社会的なものの不釣り合いから引き出したのである。結局この二存在は、どちらかに偏っていても同程度であっても社会による拘束（規制）を必要とするのである。

　では、なぜこの二存在が同程度でも病理的になり、人々に不安を与えるのだろうか。これに関しては、自己本位主義と集団本位主義が矛盾し合うことなく結び付いた状況を考えなければならない。人々が不安を感じる状態は、座標軸ではMの領域に位置する。つまり、彼が依存する社会は彼の頭の中で創造されたものであるがために、規制を持つことができない。ゆえに病理的範疇に入るのである。しかしながら、縦の軸より左に位置するアノミーも存在することも明記しなければならない。フランスの近代社会は確かに前記した四つの領域のいずれかに位置するとはいえ、現代においては目標を見出せないのは外在的に拘束する社会が存在しないからだけではないからである。デュルケーム自身も、集団本位主義とアノミーの複合を考えていた。これは現代によく見られる状況である。それは社会というものを指向しながらもそこで目標を見出せないケースである。つまり、「私は社会のために役に立ちたい。でも、何をしたらいいのかわからない」と人々が感じる場合である。とにかく、社会というものが個人にとって多重構造になった今日、一元的なこの座標軸では不十分ではあるが、とりあえず個人と社会の関連を捉えるときにこの座標軸は重要な分析点になると考える。

## おわりに(17)

以上、「危機の時代」を「近代化の過渡期」、つまり「世紀末」としてデュルケームの社会学との関連を明確にしたつもりである。最後にデュルケームの統合と規制の理論が現代に有効なものであることを簡潔に述べることにする。その理由の一つは、現代が未だ近代化の過程から離れていないということである。ここでポストモダンについて触れることはできないが、私がその拠り所の一つとしているのは、経済第一主義の過程から逃れていないという事実である。功利主義的な考えは、人々の内部に入り込み、新しい価値になった。その結果、貨幣的な価値が人の行動を正当化することが多くなっている。中高生を中心にした市場経済は、現代において明確な目標が喪失されていることを意味している。また、中学における自殺やいじめの問題についても同様のことがいえよう。

また、旧ソヴィエト連邦の崩壊によって冷戦は終結し、「資本主義の凱旋」がアメリカを中心に叫ばれている。しかし、資本主義は本当にすばらしいものなのだろうか。日本の資本主義はもともと、産業革命・市民革命によって発展したヨーロッパの文化を取り入れたものである。そして、当時の資本主義経済がどれほど多くの問題を抱えていたのかは本章の至るところで述べてきた通りである。現在の日本は、百年前のフランスの状況に似た側面を多く持っている。私は世紀末現象がある程度の経済発展を必要としていたことを述べたが、日本においては戦後の復興がそれに当たり、現代の病理的状況は、その意味からも「世紀末」を迎えているといえる。

現代はコンピューターの普及などによって情報が氾濫し、社会構造はいよいよ加速して変化を続けている。しかし、その反面で「人と人」あるいは「人と社会」という社会学の第一の視点がより重要なことになってきているように思われる。近代社会においてデュルケームが認めていた個人主義とアノミーの傾向は、現代においてますます深刻な問題となり、その解決が早急に必要とされているのは自明のことである。また、経済的な視点（功利主義的な意味での）は環境を破壊し、来る二十一世紀以降における人間の生存すらも怪しくしている。社会学がどのようにこれらの問題の解決に貢献できるのかは未知の領域である。しかし、他の学問は社会学的な視点を取り入れねばならないし、社会学も早急に真剣に取り組まねばならないだろう。最後に付言すれば、私はデュルケームの訴えた解決策（同業組合によるもの）が現代に適用できるとは思わない。しかし、彼が示した統合・規制の理論は、現代社会の問題を分析するうえで非常に重要であることを本章において訴えたかったのである。

（1）Durkheim 1897: 171-172＝一九八五：一九五 - 一九六。
（2）北川忠明、コーザー他。
（3）ただし、マルクスが考え、また歴史上数回生じた革命はこの急激な変動であるが、デュルケーム自身は緩慢な変動の方が良いと考えていた。
（4）世紀末現象は、十九世紀の終わりに突然現れたのではなく、十九世紀を通じて潜在的であったものが表面化したものである。
（5）詳しくは夏刈康男『社会学者の誕生』の第一章を参照していただきたい。
（6）ナポレオン三世の意向を受けたサン・シモン派で、セーヌ県知事のオースマンは、巨額の資金を投じてパリの都市改造に着手した。この結果、アヴニューやブルヴァールと呼ばれる幅広い直線道路が放射線状、あるいは縦横に貫通した。パリの中心部を貫くリヴォリ街や公設市場、ルーブル宮とルーブルを取り巻くホテルや商店街の建設のために用地の買収、古い建物の取り壊しなどが行なわれた。こうしたオースマンの努力の結果、パリ市内の貧しいアパートに住んでいた労働者達は郊外に追い出されることになったのである。

(7) カトリックの聖職者たちは、政治的には共和主義を受け入れたけれども精神的には貴族主義的・権威主義的であった。彼らはドレフュス事件の時には右翼的・反動的立場を取り、共和主義に敵対した。そして、共和政や議会制民主主義の諸制度は、共和主義や民主主義を支える人々を養成しなければならなかった。しかし、フランスは古くからカトリックの影響を受けており、出生から死亡までのあらゆる過程に教会や司祭が関与した。そこで、公立学校の普及に努め、二十世紀になると、フランス国内では、いかなる宗教団体も教育に関与することができなくなり、教育の世俗化、国家と教会の分離が決定的となったのである。

(8) ブーランジェ事件とは、ブーランジェ将軍をフランスの民衆がドイツに報復する力をもった英雄だと見たところから生じた。彼を報復将軍に仕立て上げることによって、ナショナリズムの風潮を高め、自分たちの勢力回復の機会にしようとしたのである。実際には、何も起こらなかったのであるが、人々の不満のはけ口とされた事件だったのである。

(9) 二月革命は、一八四八年の革命とも表現される。一八四八年二月二十二日、パリで開かれる予定の全国大会が弾圧されたときに、パリの民衆は蜂起した。三日間の市街戦の後に民主側が勝利し、ルイ・フイリップはイギリスに亡命し、第二共和政が成立したのである。実際この革命を準備したものは、一八四五年から四六年にかけての農産物の不作による食料品の高騰、労働者の生活の悪化、小企業の倒産、失業の増加といった経済危機であった。

(10) 炭鉱の労働争議を主題とした小説である。会社の不当な待遇や労働の過酷な実態に目覚め、組合をおこして会社と交渉する。しかし、事態は悪化するばかり。長引くストライキから労働者の飢餓が始まり、デモは暴力化する。結局、ストライキは失敗に終わる。実験小説を売りとするゾラの模写はデュルケームが生きていた時代を浮き彫りにしている。

(11) ゾラが『〔女の幸福〕百貨店』（一八八三）で書いているように、パリには一八六二年に「ボン・マルシェ」という世界で最初のデパートが出現した。

(12) 「政権担当者の交代はきわめて頻繁で、一年ほぼ二回も内閣が交代し、〔七〇年間で〕約百の内閣が現れては消えていった」（河野健二『フランス現代史』山川出版社、一九七七年、一三五頁）。

(13) (12)で述べたように、議会を構成する議員が小党分立の状態だったために、内閣が短命であり、政治的に非常に混乱していた。それゆえに、この時起きた、ドレフュス事件、ブーランジェ事件、国家と教会の分離もまた政治的混乱を象徴している。

(14) さらに付言すれば、デュルケームにとって、単に複数の人が一緒にいるだけでは統合の役割を果たしているとはいえないのである。

(15) ここで用いている統合の欠如とは、連帯感の欠如という意味においてである。

(16) 実際には、このあとすぐにドイツに抜かれる。

(17) 本章は一九九七年に『創価大学大学院紀要』第十九集に掲載された論文を基本としており、「おわりに」の内容に関しては二十世紀末に述べられたのでやや時間にずれを感じるが、内容を書き換えず、敢えてそのままのせることにした。

# 第四章　デュルケームにおける認識とシンボル

## はじめに

デュルケームの社会学においては、集団への所属を強調する「統合論」と共に、初期の頃から強調された主張として「社会学における客観性」の問題がある。客観的な科学としての「社会学」を確立するために、ボルドー時代に『社会学的方法の規準』を執筆し、その二年後には個人の主観が介入する余地のないように「自殺率」に注目した『自殺論』を出版した。他方、ソルボンヌ時代に書かれた『宗教生活の原初形態』では一見、客観的社会学との乖離が存在するかのように思われる。つまり、そこには現実と観念という問題が横たわっているというのである。

しかしながら、晩年のデュルケーム(1)に注目し、そこからデュルケーム社会学の全体を眺め直すとき、今まで見過ごされてきたデュルケームの新しい一端が確認される。つまり、彼の社会観には、悟性が認識できるのは現象だけであり、決して物自体の世界を認識することはできないというカントの認識論が深く刻み込まれている。換言すれば、経験（行為）する主体における概念カテゴリーは現象を認識するだけであるというその視点から、デュルケームは社会学方法論の構築および現実の人間による認識行為がどのようなものであるのかという二つの面の理論構築において重要な示唆を得ており、前者が彼の客観性に関わる方法論であり、後者が道徳論、宗教論そして人間論に関わっている。なぜ彼の社会学は個々人の主観に頼ってはならなかったのか。そしてなぜ晩年のデュルケームは主意主義の重要さを指摘するに至ったのかという議論はカントの批判哲学に関連しており、そこで重要なキー・ポイントとなるのが彼の二つの真理論および、真理を真理たらしめるシンボル論なのである。

デュルケーム自身が認めているように、『規準』は一八九五年の時点における客観的な社会学を確立するための最低条件を表明したにすぎなかった。それゆえに、彼の社会学は『規準』をもとにしながら、徐々に豊かになっていったといっても過言ではないだろう。デュルケームの四大著作の一つである『原初形態』が他の三著作（『分業論』、『規準』、『自殺論』）と比べて違和感があるということから、デュルケーム社会学における断絶を主張するものは、そのことを理解していないからであろう(2)。

個人は社会によって拘束された「自動人間」ではない。人間は明確に意思と自由を有している。デュルケーム自身、自由のために闘う知識人であった。その彼が社会による個人の拘束を主張したとしても、それが人間の能動性の否定を意味するはずがない。デュルケームの社会学は科学の発展とともに徐々に精緻化され拡充された。『規準』や『自殺論』だけでは彼の目指した本当の社会学を理解することはできない。

本章では、カントの批判哲学を社会学的に超克し、シンボリズムによる認識論を展開した晩年のデュルケームにおいては、「社会」と同じくらい「個人」が重要な位置を占めていたという新しいデュルケーム像の一端を確認する。

## 一・デュルケームにおける認識論—仮象（apparence）と物自体—

デュルケームにおける認識論を明確にするためには、カントの「現象と物自体」という二元性およびデュルケームにおける二つのシンボルについて触れなければならない。

カントの批判哲学を極めて簡単に述べれば、『純粋理性批判』（一七八一）のテーマは、「人は何を、どのように知ることができるか」というもので、理論的・科学的に認識できるものが問題となっている。カントによると、認識が成立するためには、まず感性によって対象が直観として与えられ、悟性がそれを思惟するということが必要である。感性による対象の直観がなければ認識は成立しないことは当然であるが、また単なる直観のみでも認識は成り立たない。直観によって与えられた対象について悟性が概念的思惟を加えることによって初めて認識が生じる。つまり、認識が成り立つためには、何かわれわれの視覚や触覚などの外から刺激するものと、それを受け取るわれわれの内なる作用がなければならないのである。そして、ここに外なる刺激の原因をなす「物自体」と内なる受容的な「感性」との対応が説かれる。この感性は与えられた刺激を「空間」「時間」という形式に従って経験的直観にまとめる。しかしながら、この経験的直観はまだ雑多なままであるから、これに「悟性」が自発的に「量」「質」「関係」「様相」というカテゴリーを適用してこれを経験概念へと構成し、さらに概念と概念を結合した認識に至るのである。カントは感性と悟性の両者にア・プリオリな形式が存在すると考え、前者を直観形式、後者を先天的悟性概念カテゴリーとした。

ところで、この認識論において重要なのが「コペルニクス的転回」と称されるほど重要な認識論的転回である。カントによると、われわれの認識する対象はすでにわれわれの主観的な認識形式によって構成されている以上、それは「物自体」ではなく、「現象」にすぎないというのである。すなわち、「悟性は、そのア・プリオリな諸原則はもとより、その概念〔カテゴリー〕すらも、すべて経験的に使用し得るだけであって、決してこれらのものを先験的に使用することはできない。（中略）概念の先験的使用とは、この概念が物一般即ち物自体に適用されることであり、また経験的使用とは、この概念が現象だけに適用されることである。しかし悟性概念に関しては一般に経験的使用だけしかあり得ない」（カント＝一九六一〔上〕：三三二）。しかし、『実践理性批判』（一七八八）では、認識できないとはいえ、断固として内から命令してくる道徳を否定できないカントは、物自体の世界を理論的に認識することはできないが、しかし実践的にわれわれの道徳意識を通して物自体の世界の存在を確証できると考えたのである(3)。

それでは、カントの「物自体」と「現象」という二元性はどのようにデュルケームの社会学に関わるのだろうか。ここでまず、カントが「現象と仮象とは同一視されてはならない」(カント＝一九六一［中］：一二)と述べ、両者を明確に区別していたことに留意しなければならない(4)。つまり、カント自身は、現象とは経験的実在を有するものであるのに対し、仮象は全く主観的な表象に基づくものであるとして、厳密に区別している。そして、デュルケームもまた、『原初形態』(一九一二)や「プラグマティズム」に関する講義(一九一三‐一九一四)の中で、現象(phénomène)ではなく、仮象(apparence)という単語を用いている。つまり、デュルケームは主観的な表象に基づく仮象、つまり、悟性概念カテゴリーによって構成された仮象を物自体に対置させて考えていることが確認される。

それでは、人々が仮象しか認識できないという事実は何を意味するのだろうか。デュルケームは「社会的事実」をもののように考察するために、『社会分業論』(一八九三)では「法」、また『自殺論』(一八九七)では「自殺率」という個人から独立的かつ外在的に存在する可視的な「シンボル」を通して社会学的に(科学的・客観的に)アプローチすることを試みたのである。「社会的連帯はまったく道徳的な現象であるから(中略)、その分類と比較を行うためには、われわれの見落としがちな内在的事実に代わって、これを象徴する(symboliser)外在的事実をおき、後者をとおして前者を研究しなければならない。この目に見えるシンボル(symbole visible)とは法である」(Durkheim 1893:28＝一九八九［上］：六五)と『分業論』では述べている(5)。

シンボルには多くの意味があるが、一義的には、記号や目印の背後に何ものかを指示する意味形象がなされることといえよう。そして、社会学的方法論におけるシンボルとは、目に見えない社会的連帯や社会的事実を象徴している法や統計という「外部的シーニュ」によって分析しようという社会学の客観性を確保するための条件の一つが提示されているのである。そして、そこには、シンボルを通して理解しなければならない重要な理由が存在しているのである。つまり、デュルケームは『社会学的方法の規準』（一八九五）の中で以下のように述べている。社会についての科学は世俗的な考察とは異なった様式で諸事物を考察しなければならない。なぜなら、科学は発見を目的としており、かつ発見されたすべては既知の諸々の見解を混乱させるからである。われわれは「常識による諸暗示により解決することに慣れすぎているため社会学的諸論議から常識を容易に遠ざけることができない。自分では常識から解放されたと信じているときですら、知らぬ間に常識はその判断をわれわれに押しつける」（Durkheim 1895:vii=一九七九：一）と。

客観的方法によって、実在としての社会にたどりつくために、常識という諸々の暗示を排していかなければならないとデュルケームは主張する。というのも、主観的意識は常識という「誤謬」に満ちており、それゆえに主観を排除することが社会学者において最重要な課題となるからである。「もっとも普通にみられる思考様式が社会諸現象の科学的研究にとって好ましいものであるどころか、むしろその逆であるということを」忘れないで欲しい（Durkheim 1895:vii=一九七九：一‐二）。それゆえに、それらの研究にあたっては、「もっとも綿密な内省によってすら発見することができないということを原則として採用する」（Durkheim 1895: xii - xiii = 一九七九：七）。つまり、生活過程において人が有している諸表象は、何ら批判を受けることもなくつくられている以上、科学的価値を欠如しており、それゆえに、デュルケームは、「誤謬」としての常識を有する個人の中に「社会」を求めることはできなかったのである。とはいえ、ここでデュルケームが社会学によって捉えようとしているものがカントのいう「物自体」であったとは決していい切れないが[6]、少なくとも彼が常識という悟性によって認識される「仮象」を意識していたというのは事実であり、「常識」という「誤謬」の奥に存在する一つの「真理」＝実在を社会学によって把握できるという観念があったことは確かであろう。

こうして、デュルケームに従えば、人々の心の中を探るという内省的心理学では常識による仮象に行き着くだけで「物自体」には到達することはできない以上、真の社会を知るには外部的指標を探る客観的な社会学でなければならないということになる[8]。社会学構築時期における彼の社会学とは、科学的真理を追究するものであり、まさに誤謬としての仮象の奥にある「実在＝真理」を理解することにあったといえるだろう。

## 二．デュルケームにおける二つの真理論

カントは『純粋理性批判』の中で仮象と（一定不変の）真理の国という対比を行なっている箇所があるが（カント＝一九六一［上］：三一九）、デュルケームもまた社会学によって「常識」という「誤謬」の先に、一つの「真理」＝実在を把握できるという観念があったことは確かである。すなわち「科学の目的はまさしく、あたかも事物が全く客観的な悟性（**un entendement purement objectif**）によって見られたかのように、諸事物を心に描くことである」（**Durkheim 1955:181**）とデュルケームは述べている。

ここでデュルケームの考えを整理すると、人々が一般に常識によってすべてを把握していると思われているものは、実は仮象にすぎないので、この常識を破るために、社会学が必要であると考えていたということであり、内省的心理学では仮象の世界観しか認識できないために、社会を知るには社会学でなければならないというのである。

デュルケームは、（後述するように）真理とは実在との一致であると述べているが、社会学構築時期における彼の真理とは、まさに誤謬としての仮象の奥にある「実在＝真理」を理解することにあったといえるだろう。

しかしながら、『宗教生活の原初形態』（一九一二）においては若干趣を異にして、彼はすべての宗教は真理であるとする「多元的真理」の概念を追加している。しかし、このことは彼の社会学の断絶を示しているとはいえない。それは、デュルケームが「仮象」の奥に存在する実在だけを真理とするのではなく、「仮象」を眺め生活する社会における実在をも真理と認めるに至ったということである。

そして、それは、一八九五年の「啓示」が示しているように（Durkheim 1975a:404）、社会における宗教の機能を改めて感じたデュルケームが、いっそう、宗教の社会学的考察を重視したことに由来する。彼は『原初形態』において、宗教信念は世界についての観念体系であり、それは幻覚や空想ではなく、否定することのできない「力」を明確に有しているがゆえに真理であると述べている。

概念をカントのようにア・プリオリなものと考えず、時代や地域に応じた特有の社会に由来する概念の存在を強調したデュルケームは、たとえある意味で誤謬であるとしても明確に力を有している宗教を幻想にすぎないと述べることはできなかった。しかし、デュルケームにおける二つの誤謬、つまり、「誤謬＝偽」と「誤謬＝真実」という相反する概念、つまり誤謬ゆえに偽りであると述べるときと、視点を変えることによって誤謬は真実ともいい得るという考え方の違いをしっかり理解しなければならない。

そしてこれを整理するために、『原初形態』発刊の一年後にソルボンヌで行なった講義における「神話的真理」と「科学的真理」を押さえなければなるまい。「人間の思考の歴史において、互いに対立する真理の二つのタイプが存在する」（Durkheim 1955:157）とデュルケームが述べているように、二つの真理は歴史上対立している。前者は「仮象」界における真理、後者が（先に限定した本章の意味での）「物自体」における真理を意味しているといえるだろう。

そもそもデュルケームにおいて真理とは何であろうか。「表象が実在を表現しているとき、表象は真実として見なされる」（Durkheim 1955:173）。われわれがある観念を信じるのは誤りであるということはあり得る。また諸観念が真実として求められるのは他の理由によるということもあり得る。しかし、そんなことはあまり重要なことではない。重要なことは、ある一つの観念が真理であると人々が信じるとき、現実にふさわしいものとして人々がその観念をみなしているということである、と彼はいう（Durkheim 1955:173）。

一般に、現代では、人々が「真理」について話すとき、何よりも科学的真理のことを考える。しかし、デュルケームは科学より先に真理が存在していたと指摘する。「それは神話である。ところで、神話とは何であったのか？実在、つまり世界を表現しているものと人々がみなすのは、真理体系であったし、それはまた道徳的真理と同じくらい明らかで、また同じくらい強力な義務的性質を伴うことが人々にとって必要であった」（Durkheim 1955:172）と。

そして、デュルケームは、何が神話的信念を真実としてみなすよう人間を仕向けるのかと問い、神話的真理においては、実在と一致するから真実なのではなく、創造的力が実在との一致を生じさせる結果、真実になると答えている。すなわち、「神話的観念は客観的実在の上に基礎をおかれたので真実とみなされなかったが、逆に思考の対象にそれらの実在を付与しているのが、われわれの観念、つまりわれわれの信仰なのである。だから、実在への一致を理由とするのではなく、その創造的力（pouvoir）を理由として、観念は真実なのである」（Durkheim 1955:173）。また、神話的システムに内在するすべての宇宙論は、互いに異なっているとはいえ、それらの宇宙論は、それを信じる人々との関連で同じ諸機能を果たし、同じ社会的役割を持っているから、これらの異なった宇宙論は当然等しく真理であると表現することができると述べている（Durkheim 1955:178）。

他方、デュルケームは以下のように述べている。神話的タイプの真理は、「すべての真理は検閲（contrôle）なしに承認された諸命題の集合体」であり、「立証や証明に従わせるというわれわれの科学的真理に反している」（Durkheim 1955:175）。つまり「神話的諸表象は社会が社会そのものについて自分のために作る観念を表現しているのに対し、科学的諸真理は今のままの世界を表現する。特に社会科学は、（中略）社会を思考する主体の目にうつった社会を表現するのではない」（Durkheim 1955:178、傍点著者）と[8]。

さらにデュルケームは、「非常に世俗的形式のもとにおそらく表現されるだろうが、しかしやはり神話的で宗教的土台を持つであろう真理の一形式のための場所が今後も常に存在するだろう。（中略）そして、それは社会学の進歩を遅らせる大きな障害物の一つである」（Durkheim 1955:184）と、神話的真理が社会学において重要である反面で、社会学の発展に関しては障害物になるという両面性を述べている。

こうして、デュルケームにおける二つの真理論から二つの認識論が見出すことができる。一つには、社会学の客観性を確保するための認識論（方法論に関連）であり、もう一つには、現実社会における行為主体を重視した認識論（特に宗教論・人間論に関連）である。換言すれば、デュルケームは、客観的確実性を有しなければならない社会学的方法論としての認識論と、他方では、たとえそれが「任意的」という意味で客観的には「誤謬」にすぎないとしても、シンボリズムとして現実に、思惟や行為に影響を及ぼしている現実社会（より正確には、仮象界）における認識論を同時に有していたといえる。そして、これらの認識論の奥にはカントが提示していた「仮象」と「物自体」という二元性が横たわっている。

なお、こうした二つの認識論は、不可視の社会を外的シーニュによって把握するというシンボル論とは別のシンボル論、つまり、人々が宗教信念という社会観によって社会を眺めさせられているというシンボル論に発展するのである。

## 三．『原初形態』におけるシンボリズム

ここまで、私はデュルケームにおける二つの真理論について、カントの仮象と物自体という二元性を通して明らかにしてきた。ところで、デュルケームとカントの大きな違いとは、まさにカントが悟性・概念・カテゴリーがア・プリオリなものであるとしたのに対し、デュルケームは概念や理性だけでなく感性も含めて社会に由来し、それゆえに社会観をはじめとするものの考え方が社会によって異なっている（しかも時間の経過とともに同一社会においても差異が生じる）と考えたことである。つまり、人の思考（ものの見方・欲望）などすべてが社会に由来しているというのである。

「宗教とは単なる行事の体系ではない。それは世界を説明することを目的とする観念の体系でもある」（Durkheim 1912:611＝一九四一［下］：三四四）とは、つまり、各社会に応じた悟性としての宗教観念体系によって「世界はかくかくのものである」というように仮象界として与えられ、人はそこから抜け出すことができないということである(9)。

ところで、デュルケーム自身、神話的真理が社会学の発展の障害物となると述べる一方で、彼の社会学において非常に重要な概念であることを否定することはできなかった。なぜなら、神話的真理が歴史上（現代も含めて）現実社会において重要な役割を有しているからである。さらに科学的集合表象の役割を説明するうえで神話的集合表

象の役割を明確にすることが必要であり、そこには神話（宗教）と科学が共通基盤の上に打ち立てられているとデュルケームが考えていたことが挙げられる。

宗教は決して幻覚や空想などではなく、実際に力を有しているということをデュルケームは強調する。それは宗教の起源を人々の恐れなどに帰する解釈を否定する重要な論拠となっている。そして、宗教力を有しているがために、すべての宗教は真理であり、また宗教力はシンボルを通じてのみ力を発揮することができるのである。すなわち「力の観念は宗教的起源のものである。（中略）シンボルがどんなに不完全かもしれないとしても、シンボルの力を借りて考えられる宗教的諸力は実在するということをわれわれは示そうとしている」（Durkheim 1912:292＝一九四一［上］：三七〇）。

それでは、『原初形態』におけるシンボルとはどのようなものであろうか。第一に、記号や目印の背後に何物かを指示する意味形象を行なうという役割を有するシンボル論が挙げられる。換言すれば、ある対象にはある特定の意味が付与されているということである。そして、意味形象としてのトーテム・シンボルは、厳密にいえば、さらに二つの意味を有している。「トーテムは、何にもまして、他の何物かの象徴であり、具体的表現である。では何のシンボルであろうか。（中略）一方では、それはわれわれがトーテム的原理またはトーテム神と呼んだものの感性的な外的形態であり、他方では、氏族と呼ばれるこの一定社会の象徴でもある」（Durkheim 1912:294＝一九四一［上］：三七二）。つまり、「社会記号」としての「エンブレム」あるいは「シーニュ」と、「聖なる存在」としての社会を象徴する「シンボル」である[10]。前者はただ単に、ある社会と他の社会の差異を示す名前にすぎないのに対し、後者においては「トーテム＝社会＝聖なる存在」という意味連関を成していることから、タブーなどの価値判断に影響を及ぼすのである[11]。

第二に、人間の悟性カテゴリーの役目を果たすシンボルである。宗教は世界観に関する観念体系である、あるいは社会界では「理念が実在をつくっている」(Durkheim 1912:326＝一九四一［上］：四二六)との文章から明白なように、ある社会は自らを「仮象」としてしか見えないように人々に働きかけているというのである。すなわち、宗教が思考に対して成した偉大な奉仕とは「精神を感性的仮象(apparences sensibles)に隷属させることではなく、反対に感性的仮象を支配することおよび諸感覚が分離したものを結びつけることを教えたことにある」(Durkheim 1912:340＝一九四一［上］：四二七)とデュルケームは述べている。

なお、デュルケームは他者とのコミュニケーションを図るために、言語などの媒介手段だけでなく、ある対象を見たときの感覚や理解が同じである必要があることを指摘している。(12) つまり、ある一つの対象を見たときに、各人がそれぞれ全く別の観念、使用法を思い浮かべるのでは、集団内における相互コミュニケーションははかれない。それゆえに、一方では外部的シーニュには、所属する社会成員にのみ限定される何らかの意味が付与されるというシンボルの役割と、他方では、そうした外部的シンボルを見たときに人々の心に同じ感覚や意識を生じさせる色眼鏡としての個人の主観(悟性)におけるシンボルが相補的に働いているのである。それゆえに、これら二つのシンボルの役割とは、同一社会に所属する諸個人に対して同じ思考様式を与えることを目的としていることに他ならないのである。

まず、第一の意味形象、つまり価値判断に関わるシンボルについて考えることにする。「ある事物によってわれわれの中で目覚めた感情は、この事物を表象しているシンボルと自然に交渉を持つことは周知の法則である」(Durkheim 1912:314＝一九四一［上］：三九六)と述べるデュルケームは、「黒色」がわれわれにとって「喪のシーニュ」であるので、それは悲しい印象と観念を示唆しているということを取り上げる。「この感情(sentiments)

の転移（transfert）は、ただ事物の観念とそのシンボルの観念とがわれわれの精神において密接に結合していることに起因している」（Durkheim 1912:314＝一九四一［上］：三九六）。われわれは具体的対象と実在を関連させることによってしか、悲しみなどの感情を自分自身説明することはできないのである。つまり、諸々の印象を生み出したのは事物であるとはいえ、事物は実在とのつながりを持たないかぎり、感知された印象の接合点とはなり得ない。まさにその役目を果たすのがシーニュなのである。「人は事物が生じさせる情緒（émotions）をシーニュの上に移している」（Durkheim 1912:315＝一九四一［上］：三九七）とデュルケームは述べている。

そして、彼は社会を表現するシンボルの例として「軍旗」を挙げている。軍旗は布きれであるにもかかわらず、兵士はその軍旗を救うために死を顧みないのである。軍旗は祖国を象徴している（兵士の意識内では軍旗＝祖国と考えられている）ので、軍旗のために死ぬ兵士は祖国のために死ぬのである。しかし、「一つぐらい旗が敵の手に渡っていようがいまいが、祖国がそのために失われることはない。にもかかわらず、兵士はそれを奪い返すために殺されることをも厭わない。彼は旗がシーニュにすぎないこと、それ自体は価値を持たず、ただそれが表象する実在を想起させるだけであることを見誤ってしまい、あたかもそれが実在そのものであるかのように遇するのである」（Durkheim 1912:315＝一九四一［上］：三九七）。

布きれの中をどんなに探ってみても、人の命と同等な価値を有するような神聖なものを見つけることはできない。他方、原初的宗教において人は最も不要なもの、あるいは徳の最も乏しい動物をも崇拝している。それは、人が「感覚によってわれわれに示される世界の代わりに、思惟が構築した理想の投影に他ならないまったく異なった世界をおく」（Durkheim 1924:119＝一九八五：一二九）からであると指摘するデュルケームは、トーテミズムの研究によって、宗教力や聖なるものの源泉がどこに存在するのかを問うている。そして集合的沸騰という聖なる世界と俗なる世界を契機とする社会変動論に着目する。

デュルケームによれば、集合的沸騰によって人は忘我状態になり、非日常的世界である聖の世界を経験することによって聖なる世界を内面化し、そして日常生活においても聖なる形式を有することが可能になるという。『原初形態』では、儀礼における集合的沸騰は、日常生活（俗なる世界）に戻ることによって聖なるものの効果が薄れることを避けるために定期的に聖なる世界を経験することが述べられている。

そのために、一見、聖なる世界と俗なる世界における循環的な社会変動論が考えられてしまうが、集合的沸騰には聖なる世界観を強化する、つまり現在の価値を強化するという側面とは異なるもう一つの重要な考え方が存在している。

それは「革命的または創造的時代の特質」である。すなわち、「（人々が）神々を創造する傾向をフランス革命の初年においてほど明らかに見られるところはない。事実、このときには、全般的昂揚（enthousiasme）[13]の影響のもと、性質上はまったく世俗的な事物が世論によって聖なるものに変換された。変換されたものとは、すなわち、祖国、自由、理性である」（Durkheim 1912:305-306＝一九四一［上］：三八五）。

集合的沸騰を契機として聖なるものと俗なるものの状況に変化が生じるということは、つまり価値が変化することを意味している。「今日真実として認められているものが、明日には偽として扱われるかもしれない」（Durkheim 1955:173）という神話的真理における可変性はここに由来する。そして、デュルケームにおいては、可変的で任意の真理を強化する場合も、また新しく社会によって承認された真理を定着させるにも「社会」という実在を象徴するシーニュが重要となり、それゆえに、「神話的諸表象は事物との関連で偽となるが、しかしそれらはそれを思考する主体との関係で真となるのである」（Durkheim 1955:177）。

続いて第二の「ある世界」を見せる悟性カテゴリーとしての「シンボル」について考えることにしたい。「社会生活はシンボリズムによってしか可能でない」（Durkheim 1912:331＝一九四一［上］：四一七）と述べているデュルケームは、先の「黒色」の例で見たように、感情や情緒ですら社会によって誘導されていることを明らかにした。そして、そのことは、宗教が感覚の知覚するままの世界を認めず、全く異なった世界を押しつけているということを意味している。

そして、ここに彼の重要な概念である「人間性の二元性」が認識論において重要な意味を有するのである。人間は「人体（organisme）に基礎をおき、これによって活動の範囲が狭く限定されている個人的意識と、知的道徳的方面における最高の実在をわれわれの心中で表象し、これを観察によって知ることのできる社会的存在」（Durkheim 1912:23＝一九四一［上］：四二）という二重の存在を有しているのである。社会的存在として個人の動機付けを行なうものが集合表象であり、それは空間だけでなく時間にまでも拡がっている広大な協同の所産であり、これをつくるために様々な精神の一群が観念と感情とを連合し、混淆し、結合している。また『原初形態』の別の箇所でデュルケームは以下のように述べている。「われわれの意識内に別個に分離された心意状態の二つの圏を形成する。（中略）すなわち、一方は俗なるものの世界、他方は聖なるものの世界である」（Durkheim 1912:304＝一九四一［上］：三八三－三八四）と。

デュルケーム自身、人間における個人的なものと社会的なものを説明するために、様々な要素を付け加えている。すなわち、個人的なものと非個人的なもの、個人的・功利的意識と集合的・道徳的意識、個人表象と集合表象、俗なる世界と聖なる世界、感情やイマージュと概念カテゴリー、などの説明がそれである。その結果、それらの説明を関連させながら理解することが多少困難なように思われる。つまり、一つの意識の中に相反する意識が互いに存在するということはあり得ないという批判が当然のことながら生じている。

しかしながら、デュルケームにおける認識論と集合的沸騰を理解するとき、単なる功利主義的な意識に対する道徳的意識という対立ではなく、感情や情緒などの個人的意識と聖なる世界を表象する悟性概念カテゴリーという認識レベルから理解するとき、そこにはなんら矛盾する奇妙な点はないといえよう。

デュルケームは「人だけが理想を認識する能力と現実に何ものかを付け加える能力を持っている」(Durkheim 1912:602＝一九四一［下］:三三二)と述べ、概念的思考を行なうことのできる二元性を有する人間こそ現実に存在する人間であると述べている。(14)

## おわりに

一般に、すべての色を構成していると考えられている三原色は、実はこの三色しか人間の視覚を刺激しないからであり、それ以上に客観的な根拠を有していないという。犬の目は色を認識しないから、犬にとってこの世界は無色の世界となっているという。人間に限らず、すべての動物は自分の見た世界がすべてだと信じて疑わないだろう。そうであるならば、どうして人間だけが完全にありのままの世界を捉えていることを保証できるのだろうか。また認識には個人差がある。誰が自分と他人の見ている世界が同じだと保証できるのだろうか。

デュルケームは、この問いに対してカントから多くの影響を受けつつ、一つの確実な答えを提示した。どうして人間は同一社会を見ることができるのか? それは所属する社会によってである、と。デュルケームに従えば、個々の文明は所属する人々に対して、他者とのコミュニケーションを可能にする言語などの媒介物を提供するにとどまらず、行為主体における感情や欲望、そして理性などを含んだ思考のすべてが社会によって方向付けられていることが同一の社会を眺める前提条件であることを明らかにした。

しかしながら、他方で彼は、概念を不完全にしか内面化できないことを認めており（そこから個人差が生じる）、意識は不明瞭な計画図しか示すことができない以上、明確かつ確実な行為を知ることのできない「自覚的な人間」は、実践の結果、社会（＝現実）との一致、不一致によって反省を促されるのである。デュルケームは「現実の人間」をこうした二面から捉えている。

そもそも、デュルケームが「プラグマティズムと社会学」について講義した理由から、彼が「真理論」、社会学における「生活と行為の感覚」、そして「理性」を重視していたことが確認される。彼は理性や合理主義を批判するプラグマティズムを完全に否定していたのではない。むしろ、プラグマティズムによる事実認識には非常に好意的ですらあった。ただし彼が絶対に受け入れられなかったのは、最終的に理性批判に至る事実解釈そのものである。

本章において、私は前記のうちの真理論と行為の感覚という二つについて明らかにしてきた。そこで、最後にデュルケームにおける立場、すなわち、ネオ合理主義者としての彼の立場を明らかにする必要があろう。

彼はプラグマティスト達が否定したように、独断的な合理主義に対しては『規準』執筆当時から批判的であった。そして、「プラグマティズム」に関する講義の中で、デュルケームの主張する合理主義が明らかにされている。そして、経験主義と合理主義はあまり相違していないと指摘するに至る。「経験主義は事物の中に基礎を置き、合理主義は理性そのものの中、つまり思考の中に基礎を置いている。しかし、二つの側面からわれわれはある種の真理の必然的で強制的な性質を認めており、この根本的な点からすれば、これら二つの違いはあまり重要でない」（Durkheim 1955:171）。

それはどういうことだろうか。例えば、ここに一個のコップがあったときに、これをコップと呼びましょうと社会によってルール化されているというのがデュルケームの主張であった。それに対し、自分の思うまま勝手に呼べばいいじゃないか、そのうちに一つの真理に行き着くというのが（デュルケームの理解した）プラグマティズムの主張であったといえよう。果たして後者の考え方は正しいのか。デュルケームに従えば、歴史に照らし合わせて、そのような事実はなかった。神話の時代も現代も、ある固有の社会がシンボリズムによって人々に固有の真理を提示している。能動的な行為者は、実践によってそれを認識するのみである。つまり、実在（事物）と理性は社会を媒介としてつながっている。そのように考えたからこそ、デュルケームは経験主義も合理主義も理性の捉え方の違いにすぎないという結論に達したのであろう。

デュルケームは、認識する主体としての二元性を有する人間、あるいは自覚的な人間、独創性および自由を持つパーソナリティについて述べていたとはいえ、以上の論点から明らかなように、デュルケームの社会学とは、社会に依存することによってのみ個人の自律も可能となるというものであったことが改めて確認された。この意味を踏まえたうえで、デュルケームが至るところで述べている、個人によってのみ社会は存在する、あるいは社会によってのみ個人は存在するという、対概念を理解することが重要であろう。

（1）『宗教生活の原初形態』発刊前後以降没までの約五年間を指す。
（2）重要なことなので繰り返すが、デュルケームは常に外在的な「社会的事実」による個人への拘束を意識していた。しかし、『規準』の中でも述べられているように、社会的事実には他の機能（あるいは特徴）が存在している。それゆえに、（後述するように）社会は個人によってのみ存在するとデュルケームが述べたとしても何ら矛盾するものではないのである。
（3）「ノウーメノン［物自体としての対象］に適用されたカテゴリーの客観的実在性が、理論的認識においては否定されたにも関わらず、実践的認識においては主張された」（カント＝一九七九：二二二）。
（4）カントにおいて、現象界とは悟性によって構成された世界という意味を持ち、そこから物自体と現象界という二元性が生じている。他方、デュルケームは概念によって構成されたものに対してapparence［仮象］という単語を使用している。実際、仮象は物自体としての実在に対応するものとして現象と同義的に用いられる場合が多いが、カント自身は、現象とは経験的実在を有するものであるのに対し、仮象は全く主観的な表象に基づくものであるとして厳密に区別されている。そこで、本章ではデュルケームが物自体に対する世界として「仮象界」と述べていることに注意を払いながら論を進めることにする。

（5）なお、『社会分業論』に限らず、本論文において引用されているその他のデュルケームの著作においても、適時著者によって引用文は翻訳し直されているので、（訳書の頁を明記しているとはいえ）訳書を忠実に引用していないところもあることを明記しておく。また『プラグマティズムと社会学』の訳書は正確さに欠けており、すべて著者が翻訳したものであるので、該当する訳書頁の掲載も控えることにした。

（6）晩年のデュルケームが「科学の目的はまさしく、あたかも事物が全く客観的な悟性（un entendement purement objectif）によって見られたかのように、諸事物を心に描くことである」（Durkheim, 1955:181）と述べていることから、彼は科学による客観的な悟性すらも物自体には到達できないと考えていたかもしれない。しかし、ここでは常識という悟性によって見させられている仮象とは異なる実在をデュルケームが見ていたという意味で、社会学による物自体へのアプローチと意味を限定することにする。

（7）デュルケーム自身、「格率」という表現を多分に用いている。カントは道徳的実践によって「物自体」の存在を証明できるとしたが、デュルケームの社会学も道徳を重視していることから、同様に考えていた可能性もあるが、本論文の主旨から外れるのでこれ以上の言及は避けることにする。

（8）なお、『規準』で以下のように述べている。「生活過程においてひとがそれについて作りえた諸表象はなんらかの方法も、なんらかの批判もなしに作られたものであるから、科学的価値を欠如し、しがたって忌避されるべきものだからである。（中略）。実際、個人心理学上の諸事実は、もともとそれがわれわれにとって内面的なものであるにせよ、われわれがそれについて抱く意識は、これらの事実の内面的性質も発生もわれわれに示さない」（Durkheim 1895:xiii＝一九七九：八）。この文章との関連からも、神話的真理と常識に関する晩年のデュルケームにおける二つの認識論の交差が確認できよう。

（9）とりわけ、社会学の力を借りなければ、という限定条件をつけることはできるだろう。

（10）大野道邦氏や中久郎氏が指摘しているように（大野 一九七一、中 一九七九）、デュルケーム自身、シンボル論を精緻化するに至っていないために、記号とシンボルを明確に区別しておらず、embléme, signe, symboleをやや使い分けているだけである。

（11）なお、本章では単なる差異を示すシーニュではなく、価値判断を含む後者のシンボルを重要視する。

（12）とはいえ、個人差があることもデュルケームは認めており、あくまでも最低限保証されている共通性が相互理解、相互コミュニケーションにおいて重要であるという意味である。

（13）enthousiasme は、昂揚の他に、熱狂、狂喜、そして忘我の境という意味を有している。
（14）デュルケームにおける「認識する行為主体」に関しては第六章参照のこと。

# 第三編　心理学との対峙

「人間諸科学の中心的な認識論的困難は、人間自体が研究の主体でもあり、客体でもあって、しかもこの客体が意識する主体であるという事実によって、さらにいっそう困難の度を加えている。この意識主体としての客体はパロールをもち、また様々なシンボリズムを備えている。人間研究の客観性と、それを可能にする大前提としての脱中心化は、それだけ困難になるし、行い得た場合でも限定されたものにならざるを得ない」。

ピアジェ『人間科学序説』(1)

# 第五章　デュルケームにおける客観性と心理学

## はじめに

「現象学」の定義が多様であるとはいえ、現象学的社会学の立場に立つときには、デュルケームの「客観的社会学」は、一見、成立基盤そのものを崩されるかのように思われる。

実際、フランスでは現象学的社会学者ギュルヴィッチの登場(2)は、フランス社会学における実証主義的伝統への反抗と解釈されてもいたしかたないように見える。宮島喬はギュルヴィッチが迎えられたという事実について「フランス社会学界がそれなりに伝統を脱して、心理学やあらたな哲学にたいして開かれた姿勢を示しはじめたことを暗示するもの」（宮島 一九七七b：一四八）と述べている。ここで彼は、デュルケームの『社会学的方法の規準』出版以降のフランスにおける伝統、すなわち実証主義の方法的特質として以下の三点を挙げている（宮島 一九七七b：一四六‐一四七）。つまり、第一に、社会を「事物のように」捉える客観主義あるいは自然主義の傾向は、社会的現実を「意味」あるいは「意味の体系」として把握する道を閉ざすこと。第二に、社会的事実の「事物」性の主張は社会的なものを個人の心理や行為から切り離すことを強調し、個人的事実と社会的事実の間における移行も転化も不可能とすること。そして、第三に、素朴な因果的思考法から脱することができず、因果の相互転化性、内在性、両義性という現象の複雑な現れ方を認識することができないこと、という三点である。この是非に関しては割愛するが、第二次大戦後のサルトルの実存主義や心理学の発展により、社会を対象としてみるというよりも

「個人」をその対象にするという傾向が強まったというのは事実であるといえよう[3]。

そして、ギュルヴィッチがフランスの教壇に立ったとき、デュルケームの弟子であったキュヴィリエは（独自の社会学を展開しながらも）、デュルケーム社会学を擁護し、また喪失したデュルケームの「社会学とプラグマティズム」に関する講義録を編纂している（一九五五年）。それはデュルケームに対する三つの批判[4]が間違いであることを示すためでもあったと考えられる。

実際、デュルケームには、「意味」に関わる「仮象論」としての「現象学」が存在している。残念ながら、内容および方法論においては「現象学」とは異なっている[5]。しかしながら、デュルケームは、「個人」における「意味」世界が存在することを否定していない。ここで重要なカギ概念となるのが、個人表象と集合表象であり、デュルケームにおける個人表象の位置付けを明確にすることは非常に重要であろう。

デュルケームにおける「主観」の扱いを明確にするにあたり、第一に、心理学との関わりの探求、第二に、現象学との比較という二つの方法が必要と思われる。そこで本章では、前者について考察する。すなわち、本章の目的は、デュルケームにおける「客観性」と「個人の心理」の関係を探ることにある。まず、デュルケームにおける心理学評価を整理し、続いてデュルケーム社会学における「心理学的要素」を明らかにする。そして、最後に客観的科学としての社会学と個人表象の関係を探っていく。本章において重要なことは、（a）社会的事実の事象性、（b）集合表象と個人表象の相違、（c）合理主義と経験主義の同一性というデュルケームの重要な三つの概念の関係を再検討することであるといえよう。

## 一．デュルケームにおける心理学評価

### （一）デュルケームにおける「心理学」への関心の高さ

十九世紀後半から二十世紀初頭における心理学について述べることは割愛するが、デュルケームがボルドーやソルボンヌで講義をしているとき、心理学もまた社会学よりやや早くに生じて発展している最中であった。例えば、一八八六年にデュルケームがドイツに留学したときに、彼は当時フランスで人気が高かった実験心理学のヴントの研究所も訪れている。「哲学教育を仕上げるためにドイツにやってくる外国人が好んで赴くのは、ライプツィヒ大学である。こうした変わらぬ人気を支えているのは、ヴントと彼の授業である。われわれ自身ライプツィヒ大学に惹かれ、他のどこよりも長くそこに留まったのは、同じ理由からである」（Durkheim 1875c:438 = デュルケーム 一九九三：一六四）とドイツ留学について述べている。また彼はヴントの評価について、「ドイツにおいて、ヴントは形而上学とのつながりをほとんど断ち切った最初の心理学者である。しかしドイツの人々は彼のやりかたを容易に認めることができず、彼の努力はほとんど孤立した状況に置かれたままである」（Durkheim 1875c:457 = デュルケーム 一九九三：一八三）と述べ、実験的・経験的方法を高く評価している一方で、他方では、ヴントにおけるその不十分さも指摘している。すなわち、「ヴントは、道徳を相互に未知の関係にある無数の独立学科に細分化する分散的傾向に対して反対しようと試み、これらの特殊研究すべての紐帯を明らかにし、この極端な特殊化によって忘れられたり、危険にさらされる実践的活動の統一性を、最後に復元しようと試みるのである。彼はそうした企図の困難さを率直に認め、前もってこの試みが必然的に不完全なものとなることを認めている。しかし彼は、それ

でもそれを試みることが必要であると信じている」（Durkheim 1975a:299 ＝ デュルケーム 一九九三：一一二）と。そして、「もちろん、十分事実を確かめもせずに心理学的観察は不十分であろうと決定する権利はない。そしてこうした不十分さが自然にはっきりし、別の方法を用いる必要が感じられるまでに学問が進んだ時期が到来するまでは、賢明に慎重を期して、完全に公平を期するようにすべきではある」（Durkheim 1975a:299 ＝ デュルケーム 一九九三：一一三）と付言している。

デュルケームの本報告書の目的は「道徳の実証的研究」に関するものを明らかにすることにあるので、彼は心理学におけるヴントの実証的方法を高く評価する一方で、道徳研究における心理学の無力さを表明している。すなわち、「道徳に関する思想がどのようにして形成され、発達してきたかをわれわれに教えることができるのは、心理学ではない。心理学はそれについては何も知らないからである。道徳は、その根底においては社会的事実なのである。もちろん、道徳は個人の心の中に根をおろしているが、その根を発見しようと思えば、その最も高く聳えた枝を観察し、いろいろ曲折した経路をたどって、それらの枝がどこで、どのようにして幹から分かれてきたかを調べ、それから徐々にこの幹をたどって下り、この植物の全体がそこからはえているむき出しの単一の根を見出すところまでいかなければならない。それとは別の方法をとること、つまりただ心理学的な観察だけで満足することは、道徳がもつ特有のものに対して故意に眼を閉じることになる。それは道徳の特性を個人的意識の出来事にすぎないものとしてしまうことであり、最初から個人主義を宣告することである。集合的現象を認識するには一つの方法しかない。（中略）道徳学者にその必要とする資料を提供するのは民族心理学（Völkerpsychologie）である」（Durkheim 1975a:300-301 ＝ デュルケーム 一九九三：一一四）。

ところで、このドイツ留学のための推薦状を書いてくれたのは、『哲学雑誌（Revue philosophique）』の創刊者で、一八八五年にパリ大学の教授になった心理学者リボー[6]（一八三九‐一九一六）であった。彼はフランスにおける科学的心理学の祖と称され、心理学を哲学から分離し、独立科学としての心理学の確立に尽力した人物である。デュルケームはリボーを通して、学生時代から科学的心理学に強い関心を持って研究をしていた[7]。つまり、デュルケーム自身、そうした心理学への関心が高かったからこそ、ドイツ留学においてヴントのもとで学ぶことにつながったと考えられる。一九一三‐一九一四年に行なわれた「プラグマティズム講義」では「注意の心理学者」リボーの学説を参照している。さらに、デュルケームが通った高等師範学校の一つ上の学年に「ヒステリー研究」のピエール・ジャネ[8]（一八五九‐一九四七）がいたこともデュルケームの心理学に対する関心を高めていた理由の一つとして挙げられよう。とはいえ、一八八七年の段階では、デュルケームは「心理学がこの約二十年間に成し遂げたおそらく最大の進歩は、心理学がまだ幼児期にあることを認めたことであった」（Durkheim 1975a:342 ＝ デュルケーム 一九九三：一五八）と述べており、その未発達な科学をかなり批判的に捉えている[9]。

実際、デュルケームが心理学を評価するうえでどのような学者を評価の対象としていたかは定かではない。人間関係および文献からリボー、ジャネ、ビネ、ル・ボンの他に、心理学的社会学を提唱するタルドがおり、またプラグマティストのジェイムズが『心理学』を刊行している。他方、心理学の定義もかなり広範な意味を含んでおり、リボーから影響を受けたデュルケームが社会学と心理学は哲学から生まれたと考えていることから、彼が哲学的な要素を多分に含んでいるものから実験的な心理学まで幅広く意識していたと考えられる。さらに、当時は催眠術を重視した心理学がパリで流行しており、一九〇二年の講義では心理学者ギュイヨーによる催眠術の暗示を参照している。これは当時のパリで流行した心理学療法であり、フロイトもこれを学習するためにパリを訪れている。結局、デュルケームの交友関係、文献および当時の状況から判断するしかないとはいえ、彼が一貫して心理学に対して有していた「像」を確認することは有益であろう。そして、デュルケームにおける心理学の役割を明確にするためには、心理学の捉え方および教育論に触れなければならない。

## （二）社会学と集団心理学

デュルケームは『自殺論』（一八九七年）の中で、「もしも、社会心理は個人心理の法則と異なった固有の法則をもっているということを細心に言い添えるならば、社会学は一種の心理学であるといったところで、なんら不都合はない」（Durkheim 1897: 352＝一九八五：三九二）とまでいい切っている。ここで、『社会学的方法の規準』（一八九五）「第二版序文」（一九〇一）を確認しておきたい。「意識は、それが個人的なものであれ社会的なものであれ、なんら『実体的』なものではなく、『特殊な諸現象』の多少とも組織化された一つの『総体』にすぎない（中略）。（また）社会生活は全面的に諸表象から作られている」（Durkheim 1895: XI＝一九七一：五）。とはいえ、「個人心理学上の諸事実は、もともとそれが、われわれにとって内面的なものであるにせよ、われわれがそれについて抱く意識は、これらの事実の内面的性質も発生もわれわれに示さない。（中略）（それゆえに）心理的事実を外部から、すなわち諸事物として研究することを根本的規準とする一つの客観的心理学が今世紀に至って基礎付けられた」（Durkheim 1895:XIII＝一九七一：八）[10]のである。そして、デュルケームは別言して、集合的諸慣行についての観念は「われわれ各人のいずれのうちにも存しないのであるから、単なる内面的観察によっては知ることができない。それゆえ、それを知覚せしめるような若干の外在的諸表示を発見することが必要である」（Durkheim 1895: XV＝一九七一：一〇‐一一）と述べている。

また、彼は個人生活と集団生活がある程度異質であるという事実から、「心的個人に関する科学と社会学との間にかって設けた区分を正当視する。社会諸事実は、ともかくも質的には心理的諸事実と異ならない（中略）。社会諸事実はすべて思考もしくは行動の仕方だから（中略）社会諸事実がある様式の心理的諸事実であることを否定するものではない（中略）。（しかしながら）諸集団の心性は諸個人の心性ではない。諸集団の心性は、それ固有の諸法則を有している。それゆえ、心理学と社会学とが他の面では両者の間に、ある諸関係が存し得たとしても、判然と区別されるのである」Durkheim 1895: XVII＝一九七一：一三）（傍点著者）と述べている。そうして、デュルケームに従えば、社会生活の内容は個人意識の諸状態によっては説明され得ないということになる。そして、集合表象に関わる集合的観念作用の諸「法則の確定をその任務としなければならない社会心理学は、ただ名ばかりで」あり、「それゆえ、まず必要なことは諸神話的主題、諸伝説、諸民間伝承、諸言語等を比較することによって社会諸表象が互いに引き合ったり、しりぞけあったりする仕方、また互いに融合したり分離したりする仕方等々を研究しなければならないのである（Durkheim 1895:XVIII - XIX＝一九七一：一五）。

### （三）教育学における社会学と心理学の役割

心理学において、発達理論はどのような法則によって発達という現象を説明するのかによっていくつかの立場が存在し、そのうちの一つに個体内と個体外の条件との関わりから分類するというものがある。つまり、発達という現象が個体内に生得的（遺伝的）にそなわっている機構によって生じるというものと、他方では個体外の条件との関わり（経験など）によって生じるというものである。前者においては生得的・遺伝的機構に基づいて年齢変化と必然的に対応することになる。人間には何らかのものが生まれながらにして潜在的にそなわっており、そうした自然的本性に対して人為的な加工を行なうことを「教育」と考えるのは、まさにこの立場にあるといえる。そして、この視点を逆から捉えると、人為的に後から付け加えられたものをはぎとることによって本来の「人間の本性」が現れるということになる。こうして、人間の本性を明らかにする心理学とそれに基づいて実践を行なう教育学という考え方が生じるのである。しかしながら、デュルケームは前記のように心理学および教育学を考えていない。つまり、後者の個体外の条件との関わりによって発達するというのがデュルケームの立場なのである。以下において彼の論旨をまとめることにする。

一部の例外を除いて、カント、ミル、ヘルバルト、スペンサーなどに見るように、近年まで近代教育学者は教育を個人的事象と考え、教育学を心理学のみから直接導かれるという考えで一致していた。彼らにとって、教育とは人間の生得的属性を各個人において実現し、可能な限り高度の完成域に伸ばすことを第一の目的とするものであった。彼らは教育がただ一つで、歴史的、社会的条件にかかわらず、あらゆる人間に無差別に適合するということを自明の真理として措定していた。出生に始まり成熟期まで漸進的に達するという緩慢な生成過程を経てしか人間は成長しないことは明白である以上、誰も生まれるやいなや、簡単にそのような状況に達せられるとは考えてはいない。しかし、人はこのような生成が潜在能力を現実化させること、すなわち子どもの肉体的および精神的有機体に予め形成されて存在している潜在的エネルギーを顕現させることに他ならないという仮定の上に立っていた。したがって教育者は自然の制作に対して付加すべき何物をも有しない。教育者は新しい何物をも創造するものではない。彼の役割は、かかる既存の潜在能力が無為によって萎縮したり、正常な方向から逸脱したり、あるいはまた、あまりにも発達が遅れることを防止したりすることだけに限定されるというのである。

とはいえ、歴史的観点に立つ時、このような考えは誤りであることが証明され、教育は社会的存在を個人の中に創造することであることをデュルケームは強調している。さらに一九一一年の論文の中で彼は、本能すらも社会的なものではないかと述べている。すなわち「実際、外在的原因の作用にほとんど余地を与えない決定的、不変的性向の典型がいわゆる本能である。ところが固有の意味での唯一の本能なるものが、はたして人間に存在するだろうか。人は往々にして保存本能という語を使う。しかし、かかる表現は不適切である。なぜなら本能とは、ひとたび感覚によって始動されると省察が全く介在することなしに自然の終結をまってやむ、相互に自動的に連結している、常に一様な確定的運動の一系列だからである。ところが、われわれの生命が危険にさらされたときにわれわれがとる行動は、かかる確定性や自動的普遍性を少しも持っていない。（中略）かかる行動はいくら迅速なものであっても一定の意識的選択なしには起こり得ないのである。人が保存本能と呼ぶところのものは、要するに死を免れようとする一つの一般的衝動にすぎない（中略）。このことは人が往々同様の曖昧さをもって呼ぶところの母性本能、父性本能、また性本能すらについてもいうことができる」（Durkheim 1922: 62＝一九七六：七四）と。そして、このように本能を捉えているデュルケームは、「要するに、本能なるものは一定の方向への圧力であって、ただ、この圧力が実現される手段は人と場所によって相違する。したがって個人的模索、応化、またしたがって生後にしかその影響を感じさせ得ない原因の作用に多くの余地が留保されている」（Durkheim 1922:62 ＝ 一九七六：七四）と付言している。

実際、一七九九年にフランスのアヴェロンの森で発見された少年（野生児）の例は、人間社会が歴史的に蓄積した文化の影響を受けない外的環境のもとで成長した貴重な資料となっており、ヒトとして生まれただけでは「人間」に成長できないことを示している。つまり、人間の生得的と考えられている発達が、外的文化環境によって形成されたものであり、環境が異なることによって人間の発達の仕方が多様化すること、そして人間の発達と教育が不可分であることを示唆している。具体的には、この少年には人間が社会化される以前にそなえていると考えられている、進化論における人間の二足歩行、喜びや悲しみ（笑いや泣くこと）などの人間的感情といった最も基本的な性質すら有していなかったというのである。

人間は植物と異なり、種をまいたら勝手に花が咲くようにはなっていない。また動物のように、自然的な身体的発達による成長だけでは社会で生きていけない。デュルケーム自身、人間と動物を比較しつつ社会を説明している箇所が多々見受けられる。前記の例は、デュルケームが本能について記述したことにつながっており、それゆえに、彼の人間の二元性概念の説明と合致するように思われる。そして、デュルケームが繰り返し強調したように、唯一の定められた「人間の本性」は存在せず、それゆえに教育はそれを発達させる手段であるという考え方は間違っているといえる。

デュルケームは、時間と空間によって理想は異なり、唯一の教育学的理想は存在しない以上、教育学および心理学の捉え方も変わらなければならないと述べている。一九〇二年には「個人意識がわれわれにとってもはや神秘的でなくなったときですら、すなわち心理学が完成された科学となったときでさえ、心理学のみでは教育者が追求すべき目標を教育者に対して教えることはできない。ただ社会学のみがこの目的を理解し得るように援助することができる」（Durkheim 1922:107＝一九七六：一三四）。また「教育史と教育学史のみが時代の各時期に教育が追求すべき目的を決定することを可能ならしめる。そして、かかる目的の実現にとって必要な手段を重要視する者は、その手段を心理学的に探求しなければならない」（Durkheim 1922:88＝一九七六：一一〇）と結論付け、以下のように付言している。すなわち、「ある時代の教育学的理想は何よりもまず、その時代の社会状態を表明している。しかし、この理想が現実となるためには子どもの意識をそれに適合せしめる必要がある。ところが意識はそれ自体の法則を有しているのであるから、（中略）経験的模索をできる限り避けることを欲するなら、意識を変形し得るように意識の法則を知っていなければならない。（中略）［たとえば祖国愛や人類愛を目覚めさせる場合など］傾向、習性、欲望、情緒等々と呼ばれる現象の総体に関して、かかる現象が依存する条件に関して、かかる現象が子どもにおいて現れる形態に関して、一層完全かつ明確な観念を有すれば有するだけ、われわれは生徒の道徳的感受性を（中略）この方向あるいは他の方向に一層よく向けることができるであろう。（中略）かかる問題を解決することは心理学、なかんずく児童心理学の領域に属する。したがって目的の設定においては心理学は無力であるとしても――なぜなら目的は社会状態に応じて変化するから――心理学が方法の構成において有益な役割を演じなければならないということは疑いをいれない。また、いかなる方法もいろいろの子どもに一様に適応し得ないのであるから、知性や性格の多様性を識別し得るように、われわれを助けなければならないのもまた心理学である」（Durkheim 1922:88‐89＝一九七六：一一一‐一一二）と述べ、社会学を助ける関係として心理学を位置付けている。しかしながら、デュルケームは「知っての通り、不幸にも心理学はこの『未解決の問題』に真に解決を与えるような時期にまだ到達していない」（Durkheim 1922:89＝一九七六：一一二）と。

さらに、一九一一年には以下のように評価している。「心理学もたとえ社会科学より早く構成されたにせよ、それ自体あらゆる種類の論争の対象になっている。したがって、もっとも反対を受けているようなテーゼを心理学的問題に基づいて支持することはできない」（Durkheim 1922:80＝一九七六：一〇〇）と述べたうえで、「教育科学はまったく今後作られるべき科学であり、社会学と心理学もまだほとんど進歩していない。したがってもし待つことが許されるならば、かかる科学が確信をもって利用され得る程度に進歩するまで耐えることが賢明であり、順序立ったことであろう」（Durkheim 1922:81＝一九七六：一〇〇）と、教育学に必要な科学としての教育科学、社会学、心理学が未発達であることを認めている。だが、現実問題はすでに課されており、延期することは許されず、目的の港に向かって進まなければならないとデュルケームは述べる。そこで彼は「勇気をもって着手し、必要な変更を探求して、それを実現する以外に途はない。（中略）省察された意識のみが伝統に欠陥が生じたとき、その間隙を埋めることができる。（中略）われわれになし得ることは誤謬の機会を最小限にするために最善の努力をすること以外に、（中略）何も存しないのである」（Durkheim 1922:81＝一九七六：一〇一‐一〇二）と。つまり、今できるかぎりの教示的事実を集め（社会学）、また用い得るかぎりの方法を用いてかかる事実を説明する（心理学）ことが必要だというのである。

最後に、一九一四年の「人間性の二元性とその社会的条件」を確認しておきたい。社会学は「その探求の直接の対象である人間諸集団を、それらの究極の構成要素である個人に最終的に到達することなくしては取り扱い得ない。なぜなら、社会は諸個人意識に浸透し、その姿に似せて個人意識を加工するという条件においてしか構成され得ないからである。（中略）社会学は、社会学にとってなくてはならないものである心理学に全面的に依存する一方では、心理学に対して、重要さにおいては社会学が心理学から受け取る奉仕に匹敵し、それに優るほどの貢献を心理学にもたらすのである」（Durkheim 1970: 315＝一九八八：二五〇）。

以上、デュルケームによる心理学評価を概観してきたが、晩年におけるデュルケームの心理学評価は最も変化しており、社会学が心理学に依存し、また同程度において社会学は心理学に貢献すると述べている。デュルケームにおける言説の変化を促した根拠は現段階では定かではない。しかしながら、前記の文章においては個人と社会についての重要な示唆が含まれている。それに関しては本章第三節で扱うことにして、さきにデュルケーム社会学における心理学的なものに関して検討することにする。

## 二．デュルケームにおける心理学的要素

　これまでのデュルケームの諸言説から確認されることとは、第一に、デュルケームは個人的心理学と社会心理学を区別しているということであり、第二に、心理学と社会学の相互補完的な役割を指摘していることである。これに関し、デュルケームは、教育が追求すべき目的の決定において社会学の役割を重視しているが、手段の選択に関しては「心理学が自己の権利を取り戻すことには疑う余地がない」（Durkheim 1922: 107＝一九七六：一三五）と述べている。そしてポール・フォコネが指摘しているように、デュルケームは教育科学が大幅に心理学的領域のものであることに対しては全く否定していない。しかし、教育が伝達する文明の性質そのもの、あるいはそのために用いる用具の性質について語ることが問題となるとき、心理学は無力であり、そのために社会学が必要になるとしている。

　そうして、デュルケームにおいて、教育そのもの、あるいは教育の機能を考察する際に、人々の心理的秩序にまで踏み込んでいかなければならなくなる。「デュルケームが教育やその機能を『社会的なもの』との関係において分析するときに、心理学の用語のみならず、集団のなかの人間関係、さらには、また、集合的な価値や集合的な理想が伝達・同化される過程などに関する用語をも用いているということは、何ら驚くには当たらない。（中略）デュルケームの心理学的な考え方が、当時における心理学の発達状況や語彙の用い方から得られたものであるというのは明らかなことであるだろう」（Filloux 1994: 31＝二〇〇一：四八）とフィユーは述べている。このことは、デュルケームの人間性の二元論とフィユーのパーソナリティ概念に関わる。

　ところで、デュルケームが心理学をどのように評価していたのかという問題とは別に、デュルケームの社会学に

は後の心理学の発展によって明らかにされた法則が数多く含まれている。例えば、先の教育学と社会学の関係を論じたときに、教育学者にとって、特別の重要性を有する心理学の一特殊形態として「集合心理学」があることを指摘している。つまり、彼は学級を例に挙げ、「学級における子どもは孤立しているときとは別の様式で思考し、感得し、行動する。学級の内部においては感染、集合的志気沮喪、相互的異常興奮、有効な沸騰などの現象が発生し、かかる現象をよく識別して、あるものに対してはこれを予防もしくは阻止し、あるものに対してはこれを利用しなければならない」（Durkheim 1922: 89＝一九七六：一一二）と説明をしている。そして、集合的沸騰や危機において統合が高まるということは後にレヴィンが「場の理論」を通して心理学で証明したことである。

そこで、デュルケームの他の著作からデュルケームにおける心理学的要素を探ることにするが、デュルケームにおける「個人」を分析するうえで、H・アルパートの以下の指摘に注意を払いたい。つまり、デュルケームは独立した科学としての社会学を確立するためにタルドやスペンサーなど多くの理論を批判し、その結果、その時々に応じて「個人」の意味に相違が生じている。つまり、〈一〉生物学的個人、〈二〉心理学的個人、〈三〉孤立した有機的・精神的個人、〈四〉社会的個人、〈五〉有機的・心理的・社会的個人（現実の人間）である（Alpert 1939: 135-136＝一九七七：一一一 - 一一二）[11]。そして、デュルケームが「人間の二元性」について語るとき、それは〈五〉の現実としての人間を示しており、「社会的存在としての人間」と生物学的・心理学的個人の複合体を意味している（Alpert 1939:136＝一九七七：一一二）。そして、「現実に存在するもの」としてデュルケームが個人について語るときには、この第五の意味だけでなく第四の意味だけで語る場合もある。

フィユーもまた同様の指摘をしている。現実に存在するのは「社会化された個人」だけである。そして、デュルケームが「個人的なもの」と「社会的なもの」という二元性で論じたものをフィユーは「自然（nature）」と「保養

（nurture）」として解釈し、パーソナリティについて論じている[12]。換言すれば、「内的資質」と「後天的資質」あるいは「遺伝」と「環境」をめぐるものといえる[13]。

フィユーは、デュルケームにおいて社会心理学的テーマが、A―創造的アソシエーション（le thème de l'association créatrice）、B―集合的な心的生活（le thème de la vie psychique collective）、C―社会化（le thème de la socialization）という三つの方向に向かっていることを指摘している。以下においてその内容を要約する。

A―社会は関係のシステムであり、初めから人間は関係の中で生きている。それゆえに、デュルケームにおいては、個人的なものから社会を理解するのではなく、アソシエーションの事実から理解しなければならないのである。「人間の生活は、アソシエートの社会である。そして、この生成の中で、原因であると同時に結果として、社会化された個人としての人間を位置づけてわれわれは理解しなければならない」（Filloux 1963: 44）。基本的かつ原初的なアソシエーションの事実のことを、デュルケームは社会の基体（substrat）と呼び、生成過程の中で、ある瞬間に構成された社会組織に従って、アソシエーションは様々な形態を持っている。そして、デュルケームにとって重要なことは、人間のアソシエーションがダイナミックでまた創造的なものであることである。相互作用から引き起こされ、また相互作用の過程の側面を持っているのでダイナミックといえる。またこの過程が《現れ出る》現象の創作者であるから、創造的といえるのである。デュルケームはこの現象を小グループの観点から描いている。

B―《集合的心理生活》は、デュルケームにおいて典型的なものである。しかしその内容は明確とはいえない。《社会心理学》固有の対象である《心的生活》は、社会学の対象でもあるというこの表現をどのように理解すればいいのだろうか。デュルケームは《集合表象の心理学》を想起させる。アソシエーションを基礎にして一度形成された集合表象は、一種の自立（autonomie）を獲得し、決まり文句（formule）の中でまたは物質的なものの中で明確な形をとり、そして意識の中に社会化という間接的な方法によって実在の基盤を形成する。「デュルケームは、この自立について語ることによって、《集合的観念形成》が彼特有の決定論に従うことをいいたかったのである」（*ibid.*:45）。実際、一方では、集合表象は《物質的なもの》の中に《具現化され》、《定着し》、《明確な形をとる》のである。他方、聖なる形式のもとに外観的に定着するとき、信仰のドグマにせよ、法の掟にせよ、これらの表現は一定の決まり文句（formule）として凝縮される。**Paul Bohannan**によれば、デュルケームの集合意識は連帯の道具であり、集合意識のおかげで諸個人間の意志疎通ができるようになり、相互的期待の中で行動することができるのである。その時、集合意識は《社会的行為の文化的固有語（idiome）》である、と彼は述べる。

C―パーソナリティの社会化に関して、相互作用の過程の範囲内で生じているまたは生じた習慣、共通感覚、集合表象の獲得は教育なしに永続することはできない。さらに教育なしに構造それ自体が作用することはないというデュルケームの発言は正しい。現実の個人とは、社会化された個人であり、ある社会の一員として、有機的・心的・社会的存在である。そのような人間は、われわれがパーソナリティと呼ぶことができるものと一致しているのだろうか。個人は社会に参加することによって、自然（nature）から価値への移行が要求される。そして、参加による影響のもとでつくられた《新しい存在》はわれわれにとってもよいものを持つことになる。「パーソナリティは超個人的要素から本質的につくられた」とわれわれがいうことができるのはこの意味においてである。超個人的、なぜなら個人を超えた目的や価値、厳密にいえば文化を加えているからである。デュルケームの「非個人的なもの」、「文化的なもの」、「社会的なもの」という表現に見られるように、われわれの存在はますます《パーソナリティ》であるという結果になる。「社会化というこの特有の過程、それは心的＝社会学的過程であるが、それがないと、社会は分散する。そしてこの三番目のテーマはどのようにして社会は存在可能かということを説明する他の二つのテーマに加わる」（Filloux 1963:47）とフィユーは述べている。

さらに、フィユーの指摘を続けることにする。デュルケームによると、社会は意識の中で構成され、またパーソナリティは社会化によって構成されることから、個人と社会の間の葛藤は乗り越えられるという。彼の基本的な命題は、社会が規則を押しつけるというものであり、規則は単に社会的コンセンサスの媒介物であるだけでなく、精神的安定と個人生活の要因でもある。そして、この命題は、理性の働きの上に、あるいはむしろ次に続く心理学的事実の上に基礎を置くことになる。

個人的調和が確立されるためには、欲求が満たされていること、それゆえに、目的を見つけていること、そしてそのための道具を自由に使えることが必要である。動物の場合、調和は一人でに生じる。しかし、人間の場合は動物とは異なり、第一に、衝動は最小限の役割を果たす。次に、最も有機体に結び付いている欲求が社会化によって深く修正される。最後に、人間を行動させる欲求の大部分は、感性的欲望ではなく、集団生活によってつくられた要望となる。

そこからデュルケームの社会行為の原理が生じる。つまり、ひとたび呼び覚まされた諸欲望が、無限の要望を持っているのなら、また鎮められるや否や新しい形をとるなら、それらを満たして落ち着かせようと試みることは重要ではない。人間が幸福に生きるためにしなければならないことは、自分の境遇で満足することである。欲望を規制する制限や限界を生じるのは、社会からである。われわれは、そこに心理学的概念を見つけた。

そして、デュルケームの人間性の二元性はここに関連する。社会化は不愉快な緊張なくして進まない。社会はわれわれに自己を乗り越えることを、換言すれば文明と共に絶えず成長することを求める。個人的存在と社会的存在の間で生じる《意見の対立》は、デュルケームにとって生物学的個人と外的社会の間のコンフリクトに帰着する。

そしてフィユーは、（ここで論じたすべてのことからいえること、それは）「デュルケームの社会学概念が精神的緊張の心理学から切り離せないかのようであった。（中略）もしこれらの考察が正確なら、デュルケームの社会学主義は特殊な心理学なしに進むことはできない。（中略）一方では、社会的生成の図式は、アソシエーションの過程、意見と信念の相対的自立の現象、アソシエーションに土台を提供する決まり文句（formule）や構造の中に明確な形をとる感情的また道徳的流れ、そして最後に（教育と社会化という間接的な方法によって）社会が組み込んだ人間を強調する。他方では、（中略）個人心理学と社会心理学を推蔵している」（Filloux 1963:49 - 50）と統括している。

社会学を推蔵するのに社会学者デュルケームの目には心理学が非常に重要であった反面、個人心理学あるいは集団心理学を問わず、当時の心理学的知識を利用するにはあまりに不十分であった。そうして、彼は独自の集合的心理学の必要性を感じ、そして展開されたのが彼の社会学であったといえよう。

## 三．客観的科学と個人表象

ところで、「人間の発達」が社会に依存しており、教育の目的が総体的な社会化にあるというデュルケームの見解は、教育における社会学および心理学の役割に関わるだけでなく、デュルケームの社会学方法論そのものにも深く関与する。デュルケームは、客観的な科学としての社会学を確立するために、個人に外在しかつ拘束的である「社会的事実」をその対象として規定した。そのために、彼は特に個人表象と集合表象の相違した性質、また化合の法則を基礎においている。そして、ここからフランスの実証主義の伝統が生じてくる。

しかしながら、前述してきたデュルケームの心理学的言説から彼における「事物性」の強調が心理的なものの排除ではなかったことは明白である。そこで、デュルケームにおける客観性と個人表象の関連についてもう少し探求することにする。

そもそも、デュルケームにとって「客観的」とはどのような意味を有しているのだろうか。彼における客観性を考えるうえで「シンボリズム」が重要な位置を占めている。つまり、デュルケームは主観的な仮象（界）と物自体とを対置させて考えている。つまり、社会を起源にもつ悟性概念カテゴリーによって人は思考だけでなく、悲しみなどの感情や欲望、さらに本能すらも社会化によって同一方向に向けられている。そして、この共有性が社会内でのコミュニケーションを可能にすると考えている。換言すれば、社会化された個人は仮象界において常識という誤謬の中に生きているというのである。デュルケームは『社会学的方法の規準』（一八九五）の中で以下のように述べている。社会についての科学は世俗的な考察とは異なった様式で諸事物を考察しなければならない。なぜなら、科学は発見を目的としており、かつ発見されたすべては既知の諸々の見解を混乱させるからである。われわれは「常識による諸暗示により解決することに慣れすぎているため社会学的諸論議から常識を容易に遠ざけることができない。自分では常識から解放されたと信じているときですら、知らぬ間に常識はその判断をわれわれに押しつける」（Durkheim 1895:vii= 一九七九：一）と。

客観的方法によって、実在としての社会にたどりつくために、常識という諸々の暗示を排していかなければならないとデュルケームは主張する。というのも、主観的意識は常識という「誤謬」に満ちており、それゆえに主観を排除することが社会学者において最重要な課題となるからである。「もっとも普通にみられる思考様式が社会諸現象の科学的研究にとって好ましいものであるどころか、むしろその逆であるということを」忘れないで欲しい（Durkheim 1895, p.vii= 一九七九：一 - 一二）。それゆえに、それらの研究にあたっては、「もっとも綿密な内省によってすら発見することができないということを原則として採用する」（Durkheim 1895: xii - xiii＝一九七九：七）。つまり、生活過程において人が有している諸表象は、何ら批判を受けることもなく作られている以上、科学的価値を欠如しており、それゆえに、デュルケームは、「誤謬」としての常識を有する個人の中に「社会」を求めることはできず、また常識にとらわれた個人の内面を探っても社会の本質には至らないという態度がとられたと考えられる。さらに研究者自身も社会の影響を受け、仮象界で生きている存在であることから、デュルケームは客観的科学であるための慎重さから、個人に外在的なシンボル（法律や自殺率など）を通して社会的事実にアプローチすることを強調したのであろう。

しかしながら、すでに確認したように、彼の客観的社会学は個人の外にあるものだけを対象として研究するものではなかった。実際、個人心理と社会心理の法則が異なっていることをいい添える場合には、社会学は一種の心理学と述べることも可能であるとしている。彼は個人表象と集合表象は全く異なっているということを強調しており、それゆえにそれぞれ固有の法則を有しているというのである。

ところで、彼は『自殺論』の中で、個人的判断からなされる自殺が実際には社会によって制御されている、つまり毎年、自殺の数まで決定していることを統計によって明らかにした。つまり、個人的行為と思われる自殺が実は社会によって確率的に影響を受けていることを指摘したのである。とはいえ、当然のことながら、行為を行なうのは個人であって社会ではない。すなわち、社会は個人を外から拘束するだけでなく、実際には内側からも行為を拘束しているということになる。そこには彼において重要な「人間の二元性」概念があり、社会化された人間は個人的なものと社会的なものが内在している。そして後者は様々なレベルでの「教育」によって付加されるものなのである。

ここで注意すべきは個人表象と集合表象がそのまま人間の二元性の個人的なものと社会的なものに反映されているわけではないということである。つまり、二元性における「個人的なもの」とは生まれたばかりのエゴイスト的・非社会的なもののことであり、それゆえに、社会学が人間の心理を扱う一種の心理学だとしても、それは人間の二元性における個人的なものを心理学が、社会的なものを社会学がそれぞれ担当すればいいというわけにはいかない。デュルケームは個人的なものと社会的なものは抽象による以外に分離できないことを強調している。個人の内面の探求はどこまでいっても個人心理学の領域なのである。

また、デュルケームは「概念によって思考しない人間は人間ではあるまい」（Durkheim 1912, 626＝一九四一上：三六一）と述べ、社会的な起源を有する悟性概念カテゴリーを内面化していない人間が存在しないことを指摘している。そして概念を内面化するときに、必ず差異が発生することをデュルケームは『宗教生活の原初形態』の中で指摘している。つまり、概念・感情・本能が社会的な起源を持つとしても、また社会で生きるためにはそれらを内面化することが必要であるとしても、そこには必ず個人差が生じているというのである。晩年にデュルケームが社会学と心理学の貢献し合える関係性を述べたときに、彼は「社会は諸個人に浸透してその姿に似せて個人意識を加工する」と述べていたことを本章第一節において確認した。つまり、集合表象は個人に外在したままであるが、社会化された個人においては個人表象になっている。取り込まれた集合表象は、姿は似せられていたとしても、元のものとは異なっており、結果として個人表象と集合表象の相違性は保たれる一方で、個人の中で個別化された集合表象は内面から影響を及ぼすという構図を描くことができよう。

「個人的人間を記述し、説明することを目的とする」（Durkheim 1922:94＝一九七六：一一七）心理学は、個人表象をその対象とするが、社会化された個人における個人表象は社会的なものを含んでいる。他方、社会学は一種の心理学とはいえ、個人における社会的なものを探求するのではなく、個人に外在的な集合表象の法則の研究であると同時に個人差を有しながらも集合表象を内面化した人間の行為を研究することになる。こうして、個人的な行為が社会によって拘束されているというデュルケームの主張は外在的規制というだけではなく、内からの拘束を含むものでもあったと理解でき、またここに彼の社会学を「確率的決定論」と考える私の根拠がある。

## おわりに

本章では、デュルケームにおける心理学の捉え方および彼における心理的要素について明らかにしたうえで、彼の客観的方法との関わりを探ってきた。個人表象と集合表象の相違性の強調は、彼の社会学から心理学的なものを排除することなく、集団心理学と個人心理学を明確に区別する中で社会学と関係付けられていた。彼の社会学は、人間を社会の隷属のもとにおくのではなく、むしろ社会の影響を必然的に受けながら（影響の受け方およびその強さに関して彼はその是非を評価していない）近代社会における人間の自由および能動性について研究した。彼は心理学に関する関心を高く有していながらも、経験主義の領域に踏み込むことなく、合理主義の立場から社会および人間にアプローチしていたといえよう。

社会心理学者でデュルケーム研究者でもあるフィユーは「実験証明における心理学的秩序の発展という頻発や重要性は、デュルケームの読み方をたたかず（frapper）にはおかない」（Filloux 1963:41）と述べている。それはデュルケームの主張が次々に現れる心理学理論によって否定されるというのではなく、むしろ、独自の心理学的視点を有していたデュルケームの社会学は、その後の心理学の発展とともに再解釈をしなければならないほどの卓越したものであったということである。

実際、デュルケームの言説には心理学的な描写がよくみられる。集合的沸騰や危機において統合が高まるということは後にレヴィンが「場の理論」を通して心理学で証明したことである。私自身、集団の力を利用して個を育てるという「協同学習」の学習効果についての研究からデュルケームにおける「個人」の捉え方に対して関心が高まったが、実は協同学習は、まさにレヴィンのグループ・ダイナミックスにその起源を有していることを考える時、デュルケームの集団心理学は今後さらに重要な位置を持つと私は考えている。

(1) ピアジェ＝一九七六：五五。
(2) 一九二七年にボルドー大学文学部、一九三五年にはアルヴァックスの跡を受けてストラスブール大学に就任。
(3) とはいえ、児玉幹夫が指摘するように、「レヴィ＝ストロースの構造主義の登場により、主体を創り、操作する『構造』に注目が集まった」（児玉 一九九六：二五八）という事実を踏まえておくことは重要であろう。レヴィ＝ストロースは個人に外在する存在としての「構造」分析というデュルケームの客観的方法を踏まえながらも、デュルケームに帰還するのではなく、そこから社会学的認識における主観主義と客観主義との対立の超克を試みたのである。
(4) 第一に、デュルケームは一切の真理や光明の焦点となる集合的意識をイデアの世界、普遍的ロゴス、そして神と混同していたという批判。第二に、デュルケームは社会的なものと制度的なものとを同一視するところから、社会の生命のうちに活動しているものや変化しているものが存在することを見逃しているという批判。第三に、デュルケームは社会を神格化することにより個人の役割を見逃しており、主観や個人意識を「考察」し、全体主義学説に接近しているという批判である。
(5) 飯田剛史は「デュルケームの立場のうちに現象学的視点が含まれている」と述べている（飯田 一九七八：六一）。
(6) フランスの心理学者で、一八八五年よりソルボンヌ大学で実験心理学の講座を担当し、一八八八年にコレージュ・ド・フランスの教授に就任する（一八九六年まで）。ドイツやイギリス心理学の歴史的研究、病理的心理の研究、情的事象の研究などをする。一八七六年に『哲学雑誌』を創刊し、実証主義哲学の機関誌とした。デュルケームもまた同誌に書評を寄せている。
(7) 夏刈（一九九六：五九）を参照。
(8) フランスの精神病理学者、心理学者。高等師範学校ではベルクソンと同級生で、デュルケームの一つ先輩にあたる。シャルコーの門下となり、ヒステリーの研究によって精神に自動運動と精神の統一的活動の区別を行なうなど、精神衰弱の研究で独自の見解を発表。また行動心理学的体系の完成に尽力。一八八九年に『心的自動性』を刊行、一八九〇年にサルペトリエール精神病院心理学実験室の主任になる。一八九二年には『ヒステリー患者の心理状態』を刊行。一八九五年にソルボンヌで教鞭をとる。そして、一九〇二年に、リボーの後を次いでコレージュ・ド・フランスの心理学講座を担当する。十九世紀の終わりに、ジャネはヒステリー研究を行ない、ヒステリーの症状を人格の統合力が弱いために、心理の一部が意識的人格から乖離していると考えた。なお、モースへ書いた手紙の中でもデュルケームとジャネに親交があったことが確認される。

（9）後述するように、デュルケーム自身、一九一一年までは一貫して心理学の未発達な状況を指摘するが、一九一四年に入り、心理学への評価に若干の変化が見られる。

（10）なお、デュルケームは以下のように述べている。「事物とは当然知性に透徹しない認識対象であり、精神の単純な分析手続きによっては妥当な観念をつくることのできないいっさいのものであり、精神が自己自体から離れて、観察と実験によって、そのもっとも外在的かつもっとも直接的に接近し得る諸特質からはじまって、その最も認識しにくいかつもっとも深奥の諸特質へと漸次的に進んで行くといった条件においてしか理解に到達できないいっさいの事物である。それゆえ、ある種の諸事実を事物として取り扱うということは、これらの事実を現実のかくかくのカテゴリーに分類することではなくて、それらの事実をある種の心的態度をもって観察するということである。すなわち、それらの研究にあたっては、それらが何であるかをまったく知らないということ、またそれらを特徴付けている諸属性が、それらが依存している未知の諸原因と同様にもっとも綿密な内省によってすら発見できないということを原則として採用することである」（Durkheim 1895: XII - XIII＝一九七九：七）。

（11）アルパートは以下のように説明している。〈一〉は「有機体としての個人、人間の生命的側面」、〈二〉は、「心理的存在としての個人、心理的個人一般、人間の精神的側面」、〈三〉は「仮に安全に孤立して生活できると考えられた場合の生物学的個体としての個人」（デュルケームが社会現象は個人から説明することはできない、あるいは個人は一つの抽象であると述べる時は、この第三の意味で使用している）、〈四〉は、「パーソナリティの社会的側面、『社会的関係を通して他人の経験や自己の経験の中にあらわれる、他人や自己自身によって作られるもの』としての個人」、〈五〉は「現実に存在し、社会成員として、全人格的存在としての個人、そのように考えられる現実の社会的存在」である、と。

（12）パーソナリティについてフィユーは以下のように定義的に述べている。パーソナリティとは、「ある個人が他人と諸特性を共通にすることがあっても、なお、彼に特有なユニークなもの」、「一個の体制であり、統合されたもの」、「時間的に変化するもの、刺激でも反応でもなく、両者の間にたつ媒介変数として現れ」、「行動を通じて、また、行動を貫いて現れる一つの型として現れる」。それは「ある個人の生活史の流れの中で、この個人の行動を規定する体系の総体が示す独自的形態である」（フィユー＝一九五八：一二）。

（13）〈自然〉対〈保養〉の詳細についてはフィユー　一九五八、第二章を参照。

# 第六章　デュルケームにおける「人間」把握──成長・認識する個人──

## はじめに

デュルケームは、客観的な科学としての社会学を確立するために、個人に外在しかつ拘束的である「社会的事実」をその対象として規定した。そして、個人表象と集合表象の相違した性質および化合の法則に基礎をおいている。また、『自殺論』では個人的判断からなされる自殺が社会によって制御されている、つまり毎年、自殺の数まで決定していることを統計によって明らかにしたのである。それゆえに、彼は一般に「方法論的客観主義者」とみなされることが多く、ひいてはデュルケームには「個人」あるいは「個人意識」が排除されているとの批判に結び付いている。それでは、本当に、デュルケームは個人を排除し、個人の主体性を無視していたのだろうか。

これまで私は、社会的事実の事象性・拘束性・外在性および個人表象と集合表象の相違性を強調したデュルケームが個人あるいは個人の主観を排除しているかどうかを検討するために、一方では彼の「シンボリズム」に注目し、他方では「心理学」との関わりおよびデュルケームにおける心理学的要素について論じた（第四章、第五章）。そして、デュルケームの社会観には、悟性が認識できるのは現象だけであり、決して物自体の世界を認識することはできないというカントの認識論が深く刻み込まれていることを明らかにした。つまり、経験（行為）する主体における概念カテゴリーは現象を認識するだけであるという視点から、彼は一方では社会学的方法論、他方では現実の人間による認識行為論という二つの面の理論構築において重要な示唆を得ている。前者が彼の客観性に関わる方法論、後者が道徳論、宗教論そして人間論に関わっている。

そこで、本章では、デュルケームが「人間」をどのように把握していたのかを、教育論、人間の二元性、概念的思考を論じる中で明らかにすることを試みる。そのために、まずデュルケームにおける「人間」および「個人」についてで触れておく必要があるだろう。

実際、彼の「二元性を有する人間」は「一般的人間」として捉えられていることは否定できない。つまり、彼の述べるところの「人間」とは「個人的なもの」と「社会的なもの」の両面を持ち、かつその二元性は抽象による以外には分離不可能なものとして捉えられている。しかしながら、デュルケームによる「人間」についての抽象化および一般化という手続きは「具体的個人」を全く無視しているわけではなく、むしろ「個別的な個人」の探求を可能としている。現代においては人間の本質的な特徴の一つとは、個性を有することであろう。つまり、この二元性を有する人間を単に「人間一般」について述べたと考えるのではなく、個人の中身および発展のための決定要因を明らかにすることに結び付けて考えるべきである。そこには具体的には常に変化する人間が存在し、また行動の源泉として捉えるときにはデュルケームにおける新しい「人間論」を提示できると考える。そこで、本章において扱う「人間」とは、二元性を有し、かつ実在する人間を前提とする。とはいえ、教育論と二元性について論じる段階では、二元性における「社会的なもの」について多くを扱うことになるが、概念的思考を考える段階で再度「二元性を有する人間」について考えることにする。

このように、本章では「人間」を「具体的な存在としての個別な人間」という意味で用いる一方で、「個人」という用語を用いるときには「具体的な個人」を指していることから、私はこの条件を前提として両者を同義的に用いている。実際、デュルケームにおいて「個人」には、その時々に応じて複数の意味が付与されているが、本章においては「個人」を抽象的な個人ではなく、具体的個人、つまり個性を有し実際に存在する個人として用いることにする。

## 一・デュルケームの教育論

生命を有するものは誕生してから常に変化をしている。その変化を「発達」と呼ぶが、心理学において「発達理論」は、どのような法則によって発達という現象を説明するのかという視点の違いからいくつかの立場が存在する。その中の一つに、個体内と個体外の条件との関わりから分類するというものがある。デュルケームは、後者の個体外の条件との関わりによって発達するという立場をとっている。[1] つまり、デュルケームは、歴史的見地から教育内容が変化するのは不可避的必然性によると考える。すなわち「中世は教育学を必要としなかった。中世は遵奉主義の時代で、あらゆる人間が同一様式で思考し、感得し、すべての精神が同一鋳型に流し込まれ、個人的な意見の対立（dissidence）がまれであるのみならず禁じられてさえいた。教育もまた没個性的であった。（中略）しかしルネサンスになると事情は一変した。個人のパーソナリティは以前にそれを吸収し、混入していた社会的多数から解放され、精神は多様化された」（Durkheim 1922:84＝一九七六：一〇四）と。また、今日における社会階級や居住地が異なるに従って教育が異なっていること、さらに、都市と田舎の教育、ブルジョアと労働者の教育が異なっていることを例として挙げている。こうして、デュルケームは、（一）人間はその発達のあらゆる萌芽をそれ自身に保有していないこと、（二）全人類に普遍的に妥当する教育は存在しないこと、（三）教育内容（理想）は時間と空間ごとに変化すること、を明らかにしている。

また既に述べたように、デュルケームは、本能すらも社会的なものではないかと述べている。「アヴェロンの野生児」の例は、外的環境の影響の重要さを示すものであり、ヒトとして生まれただけでは「人間」に成長できないことを示している。また動物のように、自然的な身体的発達による成長だけでは社会で生きていけない。彼は歴史的見地から普遍的な教育内容の存在を否定し、それゆえに、教育が人間の成長の補助的な役割を果たすとみなすことを否定する。彼によれば、それぞれの社会には権利や義務に限らず、社会、個人、進歩、芸術などに関して歴史を通じて形成されてきた観念の総体が存在し、社会に所属するすべての人に対して、そのような観念を一様に意識内に植え付けなければならない。この機能を果たすことを目的としているのが教育なのである。つまり、教育は社会生活においてまだ成熟していない世代に対して成人世代によって行使される作用であり、しかしながら、教育によって社会が個人に加える作用は「個人を抑圧したり、縮小したり、曲げたりすることではなくて、むしろ反対に個人を成長させ、個人を一個の真に人間的存在たらしめること」(Durkheim 1922:58＝一九七六：六七 - 六八)なのである。換言すれば、教育は子どもが所属する特殊的環境が要求する一定の肉体的、知的および道徳的状態を子どもの中に発現させ、発達させることによって「真の人間的存在」にすることであり(2)、「若い世代の体系的社会化」であると明言している(Durkheim 1922:51＝一九七六：五九)。

しかしながら、教育は成人の世代からの未成年への作用であるとはいえ、親が自分の望み通りに子どもを育てることはできないとデュルケームは述べる。すなわち「それぞれの時代、それぞれの時期には教育の標準型があり、われわれは不同意の意向を抑制しようとする激烈な抵抗と衝突することなしには、この型からわれわれを脱出せしめ得ない」(Durkheim 1922:45 - 46＝一九七六：五一)のである。もし親の恣意的な教育を行なうなら、子どもは同世代の人々との調和を欠き、同世代人の環境内で生活できなくなる。

こうして、様々な教育によって時代と空間によって異なる理想を内面にそなえる必要が生じるが、現代においてはそれだけでは十分でないことをデュルケームは指摘する。つまり、彼は教育の機能が以下の二つを生じさせることにあると指摘している（Durkheim 1922:50＝一九七六：五七）。第一に、子どもが属している社会において成員として欠如してはならないと考えられる肉体的および精神的一定状態であり、第二に、カスト、階級、家族、職業などの特殊な社会集団に所属しているすべての者に同様に存在しなければならないとみなされる若干の肉体的および精神的状態である。すなわち、「社会はその成員間に充分な同質性が存在することによってのみ存続し得る。つまり、教育は予め子どもの精神に集合生活が予想する本質的類似性を固定させることによって、この同質性を恒久化し、強固にするのである。しかし他方、一定の多様性なくしては、すべての協力は不可能である」（Durkheim 1922:101 - 102＝一九七六：一二七）。「実際、個人的パーソナリティが人類の知的および道徳的文化の本質的一要素となってしまった以上、教師はそれぞれの子どもの個性の萌芽を考慮しなければならない。教師はあらゆる可能な手段によって個性の発達を容易にすることに努めなければならない。普遍的様式ですべての子どもに同一の、インパーソナルかつ画一的規則を適用しないで、教師はそれぞれの子どもの気質や知性の傾向に応じて方法を変え、多様化しなければならない」（Durkheim 1922:83＝一九七六：一〇三）。こうして、デュルケームによれば、教育は二段階を経ることになる。つまり、一定年齢までは類似性を固定させる教育を行ない、それ以降においては多様性を育むための教育を行なうのである。

さらに、デュルケームは人間が「成人」になることを「第二の誕生」と呼んでいる。すなわち、「成人になるということは一種の第二の誕生とみなされる。未開人はこの変化を象徴的に表象して一種の精神的原動力、すなわち一種の新しい霊魂が個人に具象化されたものと想像する。しかしこの信仰からそれを包摂している神話的形式を除去するならば、この象徴の背後に教育が人間の内部に新しい存在を創造するという効果を有しているということを朧気ながら発見し得るであろう」（Durkheim 1922:140＝一九七六：一三〇）と。つまり、デュルケームには若い世代と成人世代における境界線が設定されており、さらに成人には象徴の背後において教育による新しい存在の創造がなされていると捉えられているのである。

人間の本性は普遍的なものとして生得的・遺伝的にそなわっているのではなく、教育によって精神的状態を生じさせることによると考えるデュルケームの教育論は彼の重要な「人間の二元性」概念につながっている。

## 二．人間の二元性

一九一七年にデュルケームは「社会の定義」(3)の中で、動物の社会は本能によって内部から統治されるのに対し、人間の社会においては、行為様式が個人の外から命令・提示され、同時に社会は個人の中で継承・具体化されると述べている。デュルケームの重要な概念の一つは、社会を「外在的」かつ「内在的」存在として二重性をもって捉えていることである。そして、内在的存在としての社会は、人間における二重性を生じさせるのである。

人間の二元性についてデュルケームは以下のように述べている。「われわれの各人には抽象による以外には分離し得ないが、それでも区別し得る二つの存在があるといい得る。一つはわれわれ自身やわれわれの個人生活の事件にしか関係しないあらゆる精神的状態によって作られるものである。これは人が個人的存在と呼び得るところのものである。他の一つは、われわれのパーソナリティではなく、われわれが所属している集団もしくは諸集団を表明している観念、感情、慣習の一体系である。たとえば宗教的信仰、道徳的信念および慣行、国民的もしくは職業的伝統、あらゆる種類の集合的意見などがそれである。その総体は社会的存在を形成している」（Durkheim 1922:102＝一九七六：一一七）。

デュルケームによると、人間には個人的存在（être individuel）の他にもう一つ「所属している集団もしくは種々の集団を表明している観念、感情および慣習の体系」としての「社会的存在（être social）」が内在し、各人に後者を形成することが教育の目的だというのである。ここでいう「存在」とは、デュルケームにおいては実体的な何かではなく、信念や意見といった非実体的なものを指しており、かつ集合的な意見や信念が生物学的個人の中に個人的存在とは別の社会的存在として形成されることを指摘しており、さらに、この二元性は抽象による以外には分離し得ないことを強調しているのである[4]。

なお、教育によって「社会的存在」を形成するということは、社会的存在は人間生来の構成の中に既製品として与えられていないだけでなく、自生的発達から生じるのでもないとデュルケームが考えていたことを意味する。『道徳教育論』においてデュルケームは、社会の内面化させる方法の一つとして教育の役割を重視している。動物の社会と異なり、人間社会において社会生活が予想するあらゆる種類の能力は複雑なので、「誕生したばかりの利己的、非社会的存在に対して社会は社会的および道徳的生活を営み得る」ようにさせる社会的存在を教育によって（諸個人の内部に）添加しなければならない（Durkheim 1922:103=一九七六：一二八）。なぜなら「この社会的存在が単に人間の生来的構成に既製品として与えられていないのみならず、この生来的構成の自然発生的発達によってもたらされるものでもない」（Durkheim 1922:102=一九七六：一二八、傍点著者）からである。つまり、行為に影響を与えるとは、社会生活を送るうえで（最低限）必要な様式（言語・思考様式など）を身体化させることによって行為が可能となるという意味である。つまり、社会的存在は人間生来の構成の中に既製品として与えられていないだけでなく、自生的発達から生じるのでもないとデュルケームは考えている。

また別の箇所では「自生的には人間は政治的権威に服従したり、道徳的規律を尊敬したり、献身したり、自己犠牲したりする傾向を持っていなかった。われわれの先天的性質の中には、われわれに必然的に社会の象徴的標識たる神々への隷従者とならせたり、神々を礼拝させたり、神々を敬して身を捧げたりするようなものはまったく存在しない。（中略）もしも人が遺伝に負い得る漠然たる不確定な傾向を除去してしまえば、生を享けた子どもは、その個人的性質しか身につけていないのである。社会はそれゆえ再び新しく構成しなければならないものとしてほとんど白紙に対するのと同じ態度で各新世代に対するのである。もっとも迅速な方法によって社会は誕生したばかりの利己的、非社会的存在に道徳的かつ社会的生活を営み得るような他の存在を添加しなければならないのである。教育は（中略）自己を示顕しようとしている潜在力を現出させてやることのみに限定されるのではない。教育は人間に一つの新しい存在を創造するものである」（Durkheim 1922:52＝一九七六：五九‐六〇）とデュルケームは述べている。

ところで、「新しい存在」にはどのような機能が存在するのだろうか。第一に、社会的存在を添加することによって「誕生したばかりの利己的、非社会的存在」に対して社会的および道徳的生活を営み得るようにさせるという道徳的側面に関わるものである。第二には、社会を内部に取り込むことによって、自分の一部である社会そのものに愛着を覚えるようになり（Durkheim 1970:319＝一九八八：二五三）、利己的・孤立的自己を示す「わたし」と道徳的な理想を示す「われわれ」という二つの主体性を持たせることである。そして後者が理想的なものとなり、個人を内側から道徳的存在にするというのである。

しかしながら、ここでデュルケームが二つの存在が抽象による以外には分離不可能と述べていたことに注意を払う必要があろう。つまり、利己的・孤立的自己を示す「わたし」は生まれた瞬間から、必然的に家族あるいは親族などを通して集団の一員になり、特定の文化的環境からの影響を受けることになる。そのため、成長の過程の中で利己的・孤立的自己を保ちつつ、同時に集団に所属する「わたし」も形成されていく。そういう意味ではどちらも「わたし」であることに変わりはないといえる。「社会と個人という二つの項は対立し、一方が他方と逆の方向でのみ発達し得るというのではなくて、むしろ相互に他を包含しているのである。個人は社会を必要とし、社会は個人を必要とする。（中略）社会が特に個人に加える作用は、（中略）個人を成長させ、個人を一個の真に人間的存在たらしめることを目的とするのである」（Durkheim 1922:57‐58＝一九七六：六七‐六八、傍点著者）とデュルケームは述べている。

こうして、存在し二元性を有する人間は、成長という変化の過程の中で捉えられていることが確認される。

## 三．概念的思考―認識する行為主体―

ところで、デュルケームは人間における社会的な存在の創造は単に道徳的生活を送るためだけに人間にとって必要だと考えていたわけではなく、それは認識論にも大きく関わっている。そもそもデュルケームが社会学における客観性を確保するために、主観ではなく法律や自殺率などの「シンボル」によるアプローチを採択した理由は、主観を探るという「不確実性」以上に、主観的意識は常識という「誤謬」に満ちており、それゆえに個人の内面の探求は社会の本質に至らないと考えていたからである。「（われわれは）常識による諸暗示により解決することに慣れすぎているため社会学的諸論議から常識を容易に遠ざけることができない。自分では常識から解放されたと信じているときですら、知らぬ間に常識はその判断をわれわれに押しつける」（Durkheim 1895:vii＝一九七九：一）とデュルケームは述べている。彼における客観性を考えるうえで「シンボリズム」が重要な位置を占めている。つまり、人は社会を起源にもつ悟性概念カテゴリーによって生活をしているということである。

それでは、悟性概念カテゴリーは人々においてどのような役割を果たすのだろうか。「社会生活はシンボリズムによってしか可能でない」（Durkheim 1912:331＝一九四一［上］：四一七）と述べるデュルケームは、悲しみなどの感情や情緒ですら社会によって誘導されていることを明らかにした。そして、そのことは、宗教が感覚の知覚するままの世界を認めず、全く異なった世界を押しつけているということを意味している。

そして、「精神が感性的直観（intuition sensible）の与える直接所与になにものかを付け加える状態、およびそれらの感情や印象を諸事物の中に投影する状態をすべて錯乱と呼ぶならば、ある意味で錯乱的でない集合表象はおそらくないであろう。（中略）実際、社会的環境はすべてわれわれの精神にしか存在しない力によって増殖されているように思われる」（Durkheim 1912:325＝一九四一［上］：四〇八）。「ある意味では、われわれの外界の表象もまた錯覚の織合わせにすぎない。というのは、われわれが身体で受けとめる匂いや味や色彩は現実には存在しない。少なくともそれらを知覚するがままに存在しているのではないのである。（中略）集合表象は自らが関連している事物に（中略）存在していない特性を帰すのである」（Durkheim 1912:325 - 326＝一九四一［上］：四〇九 - 四一〇、傍点著者）と彼は述べている。

しかし、この錯乱をつくるイマージュは客観化されており、自らが接合されている物質的な事物にではなく、社会の本性に則してたてられている以上、集合表象は単なる幻覚（illusions）ではなく、固有の意味での錯乱ではないといえるのである。「観念体系における表象は、比喩的かつ象徴的ではあるが真実を曲げている（infidèle）とはいえない」（Durkheim 1912:323＝1941［上］：406）。

一見錯乱と思われる集合表象は、固有の社会において客観化されているので、もはやその固有の社会においては錯乱とはいえないのである。それゆえに、デュルケームに従えば、固有の社会に所属する人々は、その社会における一見錯乱と思われる集合表象をそこに所属する他の人々と同じように有していないかぎり、コミュニケーションをとることができないということになる。「事実、個人意識それ自体は互いに閉じ合っている。それはその内的状態が表現されてくるシーニュを手段にしてしかコミュニケーションできないのである。（中略）諸個人が一致し、また一致していると感じるのは、同じ叫びを発し、同じ言葉を発し、同じ対象について同じ所作をすることによってである」（Durkheim 1912:330＝一九四一［上］：四一四‐四一五）とデュルケームは述べる。

実際、彼はプラグマティズムに関する講義の中で人間の認識が層を成して重なっていると述べている（Durkheim 1955:169）。一番下に直観の働きの中で示されるつかの間の認識しか与えることのできない感覚（sensation）がある。次にイマージュ（image）である。これは行為への衝動と緊密な関係を持った状態にある。われわれの中で何らかの姿が現れるという動きなしに、欲望を生じさせる事物を考えることができないからである。しかし、この運動は潜在的な状態にとどまり、常に未完成な下絵でしかないのである。そして、最後に概念による思考が行なわれる。「概念によって考えること、それは、感覚に光明を投げて、それを輝かせ、それに入り込んで変形することである。あるものを理解するということは、同時に、その本質的要素をよりよく理解すると同時に、それを総体の中に位置づけるということである。なぜなら、それぞれの文明は、自らを特色付けている概念の組織化された体系を持っているからである」（Durkheim 1912:622＝一九四一［下］：三五六）とデュルケームは述べている。こうして、個人的な意識としての感情や情緒が概念的に思考する中で反発することなく、また何らかの圧力を感じることなく、ある意味尊敬の念を感じながら、社会的な存在としてふさわしい個人として振舞うことが可能になるのである[5]。

デュルケームは「人だけが理想を認識する能力と現実に何ものかを付け加える能力を持っている」（Durkheim 1912:602＝一九四一［下］：三三二）あるいは「概念によって思考しない人間は、人間ではあるまい」（Durkheim

1912:626＝一九四一［下］：三六一）と述べ、概念的思考を行なうことのできる二元性を有する人間こそ現実に存在する人間であると述べている。そして、この特有の社会にのみ効力を発揮する神話的概念カテゴリーおよび普遍性を有する科学的概念カテゴリーを身に付けるために、教育などによる「社会化」に注目したのである。

ところで、デュルケームにおける認識行為とは、直観によって与えられた世界はシンボリズムによって全く別のものに置き換えられており、さらに感情ですら社会によって方向付けられているというものであった。しかしながら、それは彼における現実の人間が受動的で、能動的・反省的な人間ではないということを意味しない。その理由として二点挙げることができよう。第一に、概念の個人化である。個人的精神は、他者と交渉するのに観念体系を必要とするので、それらに同化しようとする。しかし、デュルケームはそれらを各自各々の仕方で眺めるために、幻覚の圏外にとどまっているものがあったりして完全な同化が行なわれていないことを認めている。すなわち、「われわれがそれらを考えては変質させるものもすこぶる多い。なぜなら、それらは性質上、集合的であって、修正され、改訂され、ひいては歪曲されずには個人化できないのである」（Durkheim 1912:622＝一九四一［下］：三五六）。さらに時とともに集合表象も変化していく。この二重性が個人差を生じさせ、またこの二重性を容認するのが近代以降の社会とデュルケームが考えていたことは否定できないだろう。

第二に、彼自身、自覚的な人間について語っている箇所がある。「自覚的な人間をただ一つの行為に限定することは、自覚的な人間から自覚的人間を本質的に構成しているものを奪うことである。しかも意識はそのような役割を演じることが大嫌いである。つまり、意識は簡単なプランしか作らないし、また実際の行動を直接強いることは決してできない。知性はごく一般的で不確かな行為プランしか提示できないのである。逆に運動は明確で正確な存在を必要とする。（中略）どのように行動すべきかを知るためには、行動しなければならないのである」（Durkheim

1955:171)。

結局、個人に内面化される概念とは不完全なものであり、また社会そのものが複雑化しているために、個人においては行動することによってどのように行動すべきかを知ることができるというのである。行動が現実に対応していないとき、個人は失敗したり挫折したりする。それは『自殺論』においてデュルケームが社会の実在を証明した後に、個人の分析にかなりの分量を割いていたことに通じるだろう。

ところで、この概念に対する極めて重要な批判が存在するので、少し触れることにする(6)。つまり、デュルケームが現実の人間とした二元性を有する人間は結局社会的な存在を有するだけの非現実的な人間にすぎないのではないかという批判である。しかし、すでに見てきたように、デュルケームが「社会化された個人」を問題にするときには、相対立するように思われる二元性を有した人間を述べる時と社会的存在だけを述べるときがあることに注意しなければならない。とはいえ、後者においても無条件に一元的な人間を指しているとは考えられない。例えば、感情・イマージュ・概念という認識において、概念的思考を行なっている個人を考える場合、シンボリズムという機能のために対立という概念がほとんど生じていない。それゆえに、デュルケームが二元性を有する人間論を展開していく中で社会的存在としてのみ述べたからといってすぐに非現実的な人間ということにはならないといえよう。

## おわりに

こうして、デュルケームにおいては「個人化」に関して二つの捉え方がなされていた。一つは一定年齢までは類似性、それ以降においては「多様性」を教えなければならないという教育における二段階制である。もう一つは、集合表象を各自が不完全に内面化することによって生じる個人差である。二元性を有する人間を「現実の人間」と捉えるデュルケームは、前記の多様性を教えるという人工的な作業と内面化による差異という自然な流れから諸個人ごとに差異が生じることを強調していることが確認された。後者においては機械的連帯の社会と異なり、近代以降においては強制的に同質化を強要されていないことが大切である。ここで注意すべきは、個人表象と集合表象がそのまま人間の二元性の個人的なものと社会的なものとイコールでつながっているのではないということである。既に述べたように、デュルケームは、人間の二元性における個人的なものを心理学が、社会的なものを社会学がそれぞれ研究の対象にすればよいとは述べていない。集合表象は個人に外在的に存在する一方で、取り込まれた集合表象は「姿を似せて」個人の中に存在し、個人に内面から影響を与えているが、実際には個人表象の一部になっているといえる。そして、諸個人における直観、イマージュという認識は個人に依存するうえに、内面化された集合表象としての悟性概念に個人的な差異が生じている以上、換言すれば、行為の源泉となる諸個人の認識が違う以上、そこに個性があらわれていることをデュルケームが否定したとは考えられない。

また、「プラグマティズム」講義の中でデュルケームは、経験主義と合理主義は真理の捉え方の違いがあるだけで、根本的には重要な違いはないと述べている。ここでいう合理主義とはデュルケームが『規準』の中で示した古い合理主義ではなく、またプラグマティストたちが批判した独断的合理主義でもない。デュルケームは時と空間によって理性の内容すらも変化することが重要視されている。デュルケームにおいては、社会的なものを付与された「二元的人間」は、一方では集団に愛着を抱き、そこから集団の規律を遵守し、さらに意志の自律を有するという道徳的領域における「個人」として、他方では悟性概念カテゴリーによって仮象界の中で生きるという認識的領域における「個人」として論じられている。しかしながら、両者は別々のものではなく、仮象界における諸個人、すなわち「自覚的人間」は時間的・空間的に制限された仮象界の中に生き、実践するという視点から符合しているのである。

時代と空間によって理想は異なるが、今日の教育内容は二重性を有する必要が生じているとデュルケームは指摘する。すなわち「教育は時代に応じ、また国に応じて無限に変化した。古代ギリシャ、ラテンの都市においては教育とは個人が集合的に盲目的に服従し、社会の物となるよう仕立てあげることであった。ところが今日では教育は、自律的パーソナリティを作ることに努力している」(Durkheim 1922:44＝一九七六：四九)と。

デュルケームは『道徳教育論』の中で道徳の三要素として、規律の精神、社会集団への愛着、そして精神の自律性を挙げている。前記の文章はまさに教育の一つの使命として個人に対して「自律」を確立することにあったことが確認できる。また「社会はその成員間に充分な同質性が存在することによってのみ存続し得る。教育は予め子どもの精神に集合生活が予想する本質的類似性を固定させることによって、この同質性を恒久化し、強固にするのである。しかし他方、一定の多様性なくしては、すべての協力は不可能である」(Durkheim 1922:101-102＝一九七六：一二七)と彼は述べており、デュルケームの社会学は個人への拘束だけでなく、同じくらい個人の独自性と自由を重視している。

最後に以下のことを確認しておきたい。つまり、人間が教育によって内面化するのは行動様式だけでなく、思考様式も含まれている。そして、前節の認識論に照らし合わせれば、直観、イマージュさらにシンボルによって生じる感情が個人的なものであり、概念が社会的なものにそれぞれ含まれている。しかしながら、感覚だけでなく、本能すらも所属社会によって規定されており、また個人と社会の規準は見る角度によって変化することをデュルケームが意識していたということである。

（1）第五章参照。

（2）デュルケームは教育とは「若い世代の体系的社会化」（Durkheim 1922:51＝一九七六：五九）であり、また「成人になるということは一種の第二の誕生とみなされる」（Durkheim 1922:104＝一九七六：一三〇）と述べている。

（3）Durkheim 1975a:71.

（4）付言すれば、抽象による以外に区別できないということは、「個人的存在」と「社会的存在」は単語で述べるほどはっきり区別できないということであり、そのことはすなわち、個人と社会の区別は見る角度によって変化するという見解をデュルケームが含んでいたといえよう。

（5）なお、認識におけるレベルでの説明に限定したため、単純化しすぎた感が拭えない。というのも、現実の人間を考えるうえで問題を複雑化する要因の一つとして、エゴイズムもまた一つの集合意識であるということが挙げられる。つまり、個人の自立を尊重することもまた社会の威厳をもって個人の心の中で語られるので、人間の二元性について考える場合には、本論文において捨象したそうした部分についても考える必要があろう。

（6）批判は景井充（景井 一九九六）によるものである。

# 第四編　プラグマティズム論

## 第七章　「プラグマティズムと社会学」講義

### はじめに

デュルケームはソルボンヌにおいて、『宗教生活の原初形態』（一九一二年）発刊一年後の一九一三年十二月から「プラグマティズムと社会学」の講義(1)を行なっている。彼自身、本講義テーマを「選ばざるを得なくなった諸動機」として三点挙げている。第一に、プラグマティズムが現在実在するおよそ唯一の真理についての理論であったことを挙げている。デュルケーム自身、「真理」に関する関心は『宗教生活の原初形態』よりも前から存在していた。それは彼自身が時代と空間によって道徳、理想および真理が変わるという認識のもとに社会学を構築し、そこから教育論や道徳論などに言及していたからである。第二に、社会学と共通の生活と行為の感覚が存在することを挙げている(2)。そして、第三の理由として、プラグマティズムは「理性に対する襲撃」をしており、その主張が正しいとするなら、本質的に合理主義を基礎としているフランスの精神すべてを変えなくてはならないことになるので、プラグマティズムについて検討する必要が生じたと述べている。つまり、もしプラグマティズムの主張が正しいとするなら、それは以下の三点において非常に重要な意味を持つことになるとしている。

（一）　一般的な重要性：プラグマティズムは伝統的合理主義の不十分なところをわれわれに示してくれるので、伝統的合理主義を刷新する必要性をわれわれに感じさせることができる。

（二）　フランスの国民的重要性：フランスの文化は本質的に合理主義を基礎としている（デカルト主義の延長）ゆえに、合理主義の完全な否定は危険となるであろう。つまり、もしプラグマティズムが想起させる非合理主義（l'irratinalism）の形式が正しいと認められるなら、変えなければならないのはフランスの精神すべてということになる。

（三）　哲学的重要性：フランス文化に限らず、合理主義の傾向は哲学の伝統全般に見られるゆえに、もしプラグマティズムが正当であるなら、この哲学的伝統すべての転覆になる。

とはいえ、デュルケームは単にプラグマティズムを批判することを講義の第一の目的としていたわけではなかった。「プラグマティズムが強力になったということ、それはまさしく以前の理論の破綻によるものである。またそれは特に、これまで合理主義が別な真理観の探求に人を導いてきた、その不十分さによるものなのである」（Durkheim 1955:45）とのジェイムズの言説を直接否定していない。彼は、プラグマティズムが合理主義に対して向けている数々の議論はどれも等しく承認できないとはいえ、合理主義は自分達への諸批判を考慮に入れなければなららず、ある程度までは刷新されなければならないのは確かであると述べている。すなわち、「プラグマティズムは、カントの批判が刻み込んだ衝撃以来、眠っているこの新しい『独断論的眠り』から哲学的思考を救いだすのに役立ち得る。古くから存在する合理主義は、近代的思考の要望にかなうように、また現代の科学によってもたらされた新しいいくつかの観点を説明するために、自らを新しくしなければならない」（Durkheim 1955:29）とその役割に期待すらしている。

ところで、当時のフランス知識界は、デュルケームを中心とするソルボンヌの精神とベルクソンを中心とするコレージュ・ド・フランスの対立という状況にあった。そのさなか、一九一一年にジェイムズ『プラグマティズム』が仏訳出版され、フランスではジェイムズのプラグマティズムが急速に普及し、反合理主義を訴えるプラグマティズムに対抗することが急の責務となっていたのである。さらにジェイムズがすでに没していたことから、交流を有していたベルクソンがその序文を書いており、あろうことか、ベルクソンはその中でプラグマティズムと自身の主張が同じであることを強調したのである。そこで、デュルケームはプラグマティズムとベルクソンの哲学が異なっていることを明らかにする必要も生じたのである。それゆえに、本講義の最後はベルクソン哲学の批判によって締め括くられている。

なお、最初に補足しておくが、本講義において論じられているプラグマティストとは、主にジェイムズとシラーである。講義が一九一三年に行なわれたために、まだ体系的な主張を展開していなかったデューイについてはあまり触れられていない。また、かなり好意的に理解したパースについても多くを語っていない。それゆえにデュルケームが一九一七年に没したために、両者についてさらに論じられる機会を失ってしまったことは、非常に残念なことである。とはいえ、「プラグマティズム」講義の中では、道徳論や認識論などについての、晩年におけるデュルケームの総括的な発言を確認することができる。また、デュルケームによって何度も推敲された『道徳教育』に関する講義と違い、一度しか行なわれていないうえに、デュルケームの没後に編纂が行なわれたためにデュルケームの検閲が入っていない。さらに、デュルケームによる講義草稿が紛失していたことから、授業に参加した二人の学生のノートから授業内容をまとめ直したものである以上、取り扱いには十分な注意が必要な反面で、当時デュルケームが想い描いていたヴィジョンを様々な部分から読みとることができる。それゆえに、講義内容と他のすべての著作および論文との関連を詳細に探ることは非常に重要であると考えられる。つまり、「プラグマティズム」講義の重要性とは、デュルケーム社会学における相互補完性にあると私は考えている。本章においては、本講義の概略ではなく、かなり詳細に内容の検討を試みる。

## 一．プラグマティズムの位置付け

デュルケームは合理主義および理性を攻撃するプラグマティズムをどのように位置付けていたのだろうか。本講義では、哲学の伝統において一般に合理主義と経験主義という二つの流れが存在するが、両者は共に理性を肯定する仕方が異なっているだけで、つまり、「経験主義は事物の中に基礎を置き、合理主義は理性そのものの中、つまり思考の中に基礎を置いている。しかし、二つの側面からわれわれはある種の真理の必然的で強制的な性質を認めており、この根本的な点からすれば、これら二つの違いはあまり重要でない」（Durkheim 1955:28）と述べている。そのうえで、プラグマティズムは論理的判断の強制的な力も真理についての判断の必然性も否定し、また真理と向き合って自由のままであると主張するので、哲学史において、経験主義と合理主義のどちらにも属さない詭弁法に似ていると述べている(3)。

そして、この判断はデュルケームだけによるものではなく、プラグマティストのF・C・S・シラー自身が「プロタゴラス派（protagoréen）」と自称し、「人間は万物の尺度である」という公理に立ち返らせているという事実を紹介している。詭弁法、それはすべての真理を否定するものである。「しかし、詭弁法が哲学的学説史において有用な役割を演じたことを忘れてはならない。要するに、ソクラテスを出現させたのは詭弁法」（Durkheim 1955:29）

だったとデュルケームは付け加える。それゆえに、「詭弁法」であるプラグマティズムは、カント以来の「独断論的眠り」から哲学的思考を救い出すのに役立ち得ると述べている。前述したように、デュルケームもまた、『規準』において古い合理主義を批判していた点では、プラグマティズムと共通の視点を有していることになるが、そこから「ネオ合理主義」の必要性を強調したデュルケームと、合理主義を完全に否定してしまったプラグマティズムとでは、結論において同じ土俵にいることはできなかった。そして、「問題は、プラグマティズムが差し向けている根拠ある批判にかないつつ、合理主義の本質を維持する解決策を発見することである」（*ibid.*, p.29.）とプラグマティズムと自身の立場の違いを明確に述べている。

他方、デュルケームはプラグマティズムの思想史的な位置付けも試みている。まず、René Berthelotが著書『功利的ロマン主義（*Un Romantisme utilitaire. Etude sur le mouvement pragmatiste, tome I :le Pragmatisme chez Nietsche et chez Poincaré*, Paris, Alcan, 1911）』の中で、ニーチェが根本的に完全なプラグマティストを代表しており、そこからプラグマティズムをドイツロマン主義に結び付け、プラグマティズムをゲルマン的霊感（l'inspiration germanique）のもとにおくことができると述べていることに言及する。しかしながら、デュルケームの見解では、プラグマティズムはむしろアングロサクソン的思考の伝統に結び付くと述べ、その論拠を挙げていく。以下デュルケームの論旨を追うことにする。

ニーチェの思考とプラグマティズムは普遍的真理を認めないことが共通している。確かにニーチェによれば、思弁的真理は、非人格的でも普遍的でも存在できない。われわれは、諸事物を切断したり、多かれ少なかれ諸事物をわれわれ自身の思考に変える方法を用いてしか、諸事物を知ることができない。われわれは諸事物をわれわれのイマージュの中でつくっている。われわれはシンボル、フィクションといった錯覚のシステム全体を実在に置き換えているということになる。それでは、なぜわれわれはこのようなフィクションをつくるのか？　それはフィクションがわれわれにとって生きるのに有用だからだとニーチェは答えている。それらは偽りであるが、人間が存続するために、真と信じられなければならないのである。それゆえに、ニーチェにとっては真に思われるものが有用であり、プラグマティズムとは深い溝があることを指摘している。すなわち「ニーチェの目から見れば、有用なものは偽りである。自由な精神だけが到達することのできる一つの真理が存在する。（中略）アーティスト、それはまさしくすべての規則から解放された精神、現実のすべての形式に適応することのできる精神、そして直観によって仮象（apparences）やフィクションのもとに潜むものを把握することのできる精神である」（Durkheim 1955:31）とデュルケームは述べている。プラグマティズムにそのような考えは存在しない。ジェイムズの論証は理性の働きや論理を嘲ることにある。彼にとっては直接経験に現れるものだけが大切なのである。その証拠に、プラグマティズムが経験を超えた何かを、つまり現象界（monde des phénomènes）を超えて何かを認めるように思われる時でさえ、現象界から出ていない。それは「宗教的諸傾向」の中によく示されている。つまり、プラグマティズムにとって、超自然的存在である神は自然界の中に存在し、またそれはわれわれの身近な現実の力であり、この力をわれわれは直接確認しないが、その結果は、ある時期に、ある経験の中でわれわれに啓示される。こうして、われわれは、長い間知られていなかったにもかかわらず存在していた電気などのたくさんの物理的力を発見したように、それらを少しずつ発見することができる。それゆえに、すべては現象に関するプランの上で起こるというのである。これはもはやニーチェから遠いといえる。[4]「プラグマティズムは、精神の創造的世界を直接の実在に置き換えるために、直接の実在を深めることも越えることも望まない。プラグマティズムの中で決定的影響力を持つのは、実在論的感覚（sens réaliste）および実践的感覚（sens pratique）である。プラグマティストは行動の人であり、その結果として、現実に対する重要性を付与する人なのである」（Durkheim 1955:32）。

以上がデュルケームの大まかな論旨であるが、他方でデュルケームはプラグマティズムとロマン主義の共通点として、生活における複雑さ・豊かさ・多様性といった感覚を挙げている。そもそも、ロマン主義の一部分は、十八世紀末の合理主義や社会哲学における簡略主義への反発から生じた。しかしながら、それらの感覚はサン・シモンやオーギュスト・コントにおいても見られることであり、彼らは社会生活が抽象的な諸関係からではなく、非常に豊富な材料からつくられていることを理解していたのである。それゆえに、合理主義者コントが認めていた多様性の感覚をもって合理主義を批判することには矛盾があり、複雑さ・豊かさ・多様性の感覚から必然的に神秘主義にもプラグマティズムにも向かうわけではない。その証拠として、「コントは十八世紀の社会哲学よりも複雑で豊かでそして形式主義でない社会学を設立することを望んでいた」（Durkheim 1955:33）ことを挙げている。

そして、デュルケームはプラグマティズムを理解するために遠い昔の諸学説やドイツ哲学に起源を求める理由はないが、アングロサクソンの環境の中に位置付けなければならないことを指摘している。そもそも「プラグマティズム」という単語を口にした最初の思想家は、アメリカの学者パースであり、彼が「どのようにしてわれわれの観念を明解にするのか（comment rendre nos idées claires）」という題で、一八七八年一月にアメリカの雑誌において発表され、また一八七九年一月に『哲学評論』において翻訳された論文の中で、プラグマティスト達が要求する諸々の思考を自分達のものとして初めて説明したことを取り上げ、その要点をまとめている。

ところで、「プラグマティズム」という単語を最初に使用したのがパースであるとはいえ、デュルケームはパースとプラグマティズムには相違点があるという。つまり、確かに両者には観念と行為の間の厳密な結合関係を確立し、実践的利害を示している問題しか提起せず、またそうした用語が感覚界から借りているものに限られていることとに同意しているが、パースの論文の中に真理の理論は存在しないというのである。すなわち「パースは、古典的理論を伴って、真理は一種の『運命』を伴って自分の価値を認めさせるということを、すなわち、精神は運命に屈服しないわけにはいかないということを認めている。こうして、真理とは、真理自身のなかに己の諸権利を持っているという一つの見解ということになる。（中略）それはプラグマティズムの原理とまったく反対のことである」（Durkheim 1955:36）と。

デュルケームによると、パースは合理主義を放棄しなかったという。つまり、「パースの見るところでは、もし行為が価値を有しているなら、それは理性にとって行為が進歩の道具であるということを意味する」（Durkheim 1955:36）。そして、パースはジェイムズと連帯することを拒み、一九〇五年の『モニスト』の論文「プラグマティズムとはなにか」の中で、さらに、自分の主張とジェイムズの主張との間のあらゆる混同を避けるために、新しい用語《プラグマティシズム》を考え出した。これらの事情から、デュルケームは「ジェイムズがパースを引き合いに出し続けなかったこと、ジェイムズがプラグマティズムの父としてパースに敬意を表しなかったこと、そしてジェイムズがこれらの不一致を決して指摘しなかったことはかなり奇妙なことである」（Durkheim 1955:36）と述べている。

他方、プラグマティズムの真の父であるジェイムズは、著書『信じようという気持ち』（一八九六年出版、一九一一再版）の中で、以下のように主張していたとデュルケームは要約する。「（ジェイムズは）純粋に理論的諸問題と他方で実践的諸問題を区別している。前者は科学の領域でしかない（中略）。（他方、後者においては）実践的諸問題に直面して、われわれはもはや待つことはできず、たとえ確信がなくても、選択し、方針を決めなければならない。また、その時われわれは個人的諸要因に従って、つまり気質や雰囲気などのような論理を越えた動機に従ってそれをするのである。われわれは、われわれを導くものに譲歩する。すなわち、そのような仮定は、われわれに他よりもより生き生きとしているように見え、われわれはその仮定を実行し、行為の中にその仮定を示すのである」(Durkheim 1955:36-37) と。つまり、それはパスカルの「賭」であり、真理がわれわれにはっきりと見えてこなくても、方針を決め、それ相応に行動しなければならないというのである。「ジェイムズの見解では、そこから、真理は〈人格的性質〉を有し、〈真理〉と〈生活〉は切り離せないということが生じる」(Durkheim 1955:37)。そして、そこにプラグマティズムの主要な出発点があり、すべてのプラグマティスト達において、宗教への強い関心が見出されることを指摘している。

## 二. プラグマティズムにおける独断論（合理主義）批判

プラグマティズムにおいては多様性そのものが重要な特徴の一つであるため、統一的な見解を見出すことはかなり困難である。デュルケームは「どんなプラグマティストの思想家も、プラグマティズムについての総括的な説明をわれわれに与えていない」(Durkheim 1955:43) し、また「この学説のすべての特徴は変化しており、その主要な概念を判別することはやさしくない」(Durkheim 1955:43) ということを認めた上で、「(しかしながら) プラグマティズムの本質的テーゼを引き出し、そこに共通の土台を認めることは不可能ではない」(Durkheim 1955:43) と考え、その歴史的説明なしに、またそれぞれの著者における微妙な差異を覚悟のうえでそれを試みることを言明している。

デュルケームによると、プラグマティズムは一体系ではなく、ある同一方向に向けられた一般的衝動であり、(一) 一つの方法（精神態度）、(二) 一つの真理論、(三) 一つの宇宙論という三つの特徴を共有しているという。

方法とは、諸問題に直面した時に知性が採用しなければならないプラグマティズムの一般的態度であり、「実践的結果にならって、それぞれの概念を解釈しようと試みること」（Durkheim 1955:44）なのである。また真理論に関しては、プラグマティズムは有用性を真理論として示している。そして「真理論としてプラグマティズムを理解するのに必要である限りにおいてしか、それを《宇宙論》として論じられない」（Durkheim 1955:44 - 45）とデュルケームは述べている。以下においてデュルケームの理解したプラグマティズムについて要約する。

ジェイムズによれば、独断論的合理主義において「真の観念」は、事物に一致した観念であるという原理の上に置かれており、それは事物の「コピー」であり、ものについての心的表象であるといえる。そして、この心的表象が象徴された対象によく一致する時、観念は真であるというのである。彼は、絶対的イデアはすべてを取り巻く理性と一体化していると主張したヘーゲルを激しく批判している。そして、「すべての個人的諸理性を支配し、すべての個人的諸理性が模写しかしてはならない一つの理性が存在する（Durkheim 1955:46）のであり、「独断論の二つの形は、感覚界（monde sensible）の中でにせよ―これが経験主義―、叡知界（monde intelligible）の中でにせよ―これが合理主義―、真理が与えられているということを認めることになる」（Durkheim 1955:46）[5]。つまり、独断論的すべての概念の中では、真理は外的な実在の転写（transcription）としてしか存在できないことになり、またこの真理は知性の外に存在しているので、非人格的ということになる。それゆえに、真理は人間を表現せず、また人間に起因しないことになる。そして、真理は既成のものになる。「結局、独断論にしたがえば、真理は外的で非人格的であると同時に、真理は《完成された》システム、つまり、時間と変転を免れた完全な全体ということになる」（Durkheim 1955:47）とジェイムズは考える。

そして彼は独断論（合理主義）における欠点として以下の五点を挙げている。第一に、真理が実在の単なる転写であるなら、真理は無用な冗長ということになってしまう。しかし、真理が無用なはずがない以上、繰り返しではなく、「付加」でなければならない[6]。第二に、観念が模写で、ある実在が外的で超越的というのなら、われわれはそれを知ることができなくなってしまう。理想世界とわれわれの間には深い溝があり、プラトンが述べたように、精神にいかに特別な力（pouvoir）を付与しても困難は除くことができない。「真理＝模写の理論」の中では、われわれが所有しているものは常に模写であり、実在はそれを超えて存在することになる。そのような理論は論理的に認識の破綻に導かれるので、この困難を解決するためには実在と思考の間の間隙（vide）を認めなければいい[7]。ジェイムズは「この部屋の壁と言う時」を例に挙げて、感性的知覚において知覚された対象とわれわれがそれについて抱く表象は区別されておらず、実在は知覚そのものになると説明している。つまり、その時、物質的なものは心理的なものと同一内容を有しており、主体と客体は一つであり、諸事物は仮象とは異なる「隠れた生命」など持っていないというのである[8]。

第三に、真理が非人格的なもの、つまり、人間とは関係のないものであるというのであれば、真理は人間と関係のないものになり、またわれわれの生活の外側に位置付けられてしまう[9]。それゆえに、真理は人格的なものであるとプラグマティスト達は主張する。つまり、「真理は、精選された選択の道によってしか決定され得ない。この選択を決定するものは、人間の関心である」（Durkheim 1955:55）。それゆえに、われわれが実生活において真実に関する問題が生じたときには、状況に対応していることになる。なぜなら、「決して『大文字のVを伴った単数の真理（Vérité）、つまり抽象的真理（Vérité abstraite）』を問題にせず、臨機応変に多かれ少なかれ時宜に適うことのできる『具体的な諸真理（vérités concrètes）』が常に問題であるからである」（Durkheim 1955:54）。こうして、彼らは非人格的な理性を否定して、「真理は人間的であり、知性は生活から切り離せない」ということで意見を一致させ、「真理はわれわれ人間の『利益』に関係づけられなければならない。真理は人間の生活のために作られている」（Durkheim 1955:56）と主張する。

第四に、独断論が述べるように、真理がすべての人々にとって同一であるなら、われわれはもはや精神の多様性が存在する理由を理解することができなくなってしまう。しかし、「人間の諸真理は、はかなく、一時的で、絶えず変化の途中にあるものである。今日の真理は、明日の誤謬である」（Durkheim 1955:56 - 57）。独断論における普遍的真理とわれわれが体験する具体的真理は全く正反対の性質を有している。また、すべての精神に共通する唯一の悟性（emtendement）というものは存在せず、存在するのはお互いに非常に異なっている諸々の悟性である。したがって、精神が多様性を有している以上、一つの真理の発見を求めるというよりも、多様な真理につながっていると考える方が論理的であろうとプラグマティスト達は主張する。シラーは「肘掛け椅子」の一例を取り上げて[10]、ある人にとって真なるものが他の人にとっても必然的に真実にならないことを説明する。それゆえに真理は合理主義者がそれに認めている以上に、もっと複雑な何かであるということを、なぜ認めないのかとプラグマティストは問いただす。

第五に、唯一の真理が存在することを人々が認め、諸判断と諸意見の多様性がその存在理由を有していることを理解しない場合、人は《不寛容（intolérance）》に行き着く危険性を有している。真の寛容とは、諸見解の間に差異が存在し、それらの差異を尊重することである。そして人は意識に対して無理強いをする権利を持っていないということを認めるだけでなく、感情的・知的な生活の諸要求に一致しているということも理解しなければならない。それゆえに、相違が存在することそれ自体が《善いこと》になると主張する。

前記の独断論における欠点から、プラグマティスト達は、もし実在が生きている何か、つまり変化し、絶えず新しいものを発生させるなら、真理はその諸変化の中で実在に従い、真理もまた変化し生き続けなければならないと考えるに至る。彼らは合理主義の精神が安定、確信といった「安らぎへの欲求」であり、それを予め決まっている作法や規範、あるいは一つの真理が存在することに求めても無意味であり、われわれは自分しか当てにできないと主張する。それゆえに、プラグマティズムを支配する感覚は、独断論と正反対で、事物における変わりやすいもの、可塑的なものすべての感覚ということになり、プラグマティズムにとって宇宙は、未完成で決して完全に実現されない何かを持っているものになる。

ジェイムズに従えば、合理主義にとって実在は既成のもので完成されたものとして与えられているが、プラグマティズムにとって実在は常につくられつつあり、将来その外観が完全なものになるのを待ちかまえている。また合理主義において宇宙は安全を得るための避難所であるが、プラグマティズムにおいて宇宙は絶えず冒険の流れを継続している。そして、継続した流れの中で生じた諸々の新しいものは表面だけのささいな事柄に関わるだけではなく、本質的な部分に関わるという。そして、世界におけるこの新しさの主要な要因をなすのは「意識」である。彼は大熊座の例から、ヒトは表現し、発見するだけでなく、付け加え、創造をしていることを指摘している。そして、その時、思考は実在のコピーではなく、紛れもない創造を行っているのである。精神がもたらすこの新しさは未来が問題となる時にはさらに明白になり、その時、われわれの判断は未来の実在の性格を変える諸行為の発生機になる。信念は、実在そのものを創造しており、成功への信念は成功するための最良の条件となる。「思考は存在するものの表現ではなく、来るべき実在の要因である。したがって、実在それ自身は、越えられない限界の中で、硬直し、固定し、閉じこめられた何かではない。実在は、絶えず人間の経験とともに前進する。人間の経験が広がるにつれて次第に実在は虚無を浸食してゆき、その結果豊かになるのである」（Durkheim 1955:65）。

こうして、デュルケームはプラグマティズムが根拠をおいている「行為と結びついた思考は、ある意味で、実在それ自体を創造する」（Durkheim 1955:65）という主要な観念に行き着く。そして、プラグマティズムと合理主義の論争は認識論だけでなく、宇宙論にまで関わることになるとデュルケームは考えている。すなわち、「合理主義の静的観点とプラグマティストたちにおける真理のはかなさの観点の間に存在する同様のアンチテーゼは、一元論的宇宙観と多元論的宇宙観の間に見出される」[11]。プラグマティズムの観点では、ある表象の対象となっているという意味で世界は「一つ」である。しかしそれは世界のすべての部分が空間や時間の中で連続しているという意味で一つなのであり、決して一元論には通じていない。つまり、この統一性は全く外見だけなのである。プラグマティストにおいて、統一性は確かに存在するが、それは一元論の統一性ではなく、現実と諸々の人間をお互いに結び付ける数え切れない多数の網の目からつくられている。しかもこれらの網の目は、複雑で相対的に独立した網目からつくられており、網目が結合する諸要素は不変ではないのである。つまり、「それらは自主的な生活をそれぞれ授けられている小システムの多様性から構成されているので、それは絶えず形成され、変形し、そして変貌する」（Durkheim 1955:69-70）というのである。

プラグマティスト達にとって、多様性は統一性と同じくらい実在であり、そこでは結合と分離が同時に存在していることになる。デュルケームはプラグマティズムの主張を以下のように要約する。プラグマティズムにおける多元論は、ある種の統一性の概念であり、融通のきかないものを何も持っていない柔軟な統一性の観念である。諸事物の連続した全体において、それぞれの事物は他の事物と関係を有している。しかしこの統一性は不変性を前提とせず、それぞれの事物はその環境から遠ざかることができ、他の組み合わせの中に入ることができる。こうして、状況の変わりやすいそれぞれの客体はそれ自身性質を変えるのである。ある同一の物がなし得る多様性を容易にするのは、実在のそれぞれの要素が無数の異なった性格を含んでいることである。諸状況がある事物を徐々に他と結合するようにさせ、また状況が変化することによって他と釣り合っていたある事物が別の事物に近づくということは容易に理解できる。実在的なものはどれも単純ではなく、またそれぞれの関係は諸性質や諸事物の様々な相の一つにすぎないのである。つまり、この多元論は世界がお互いに関係を有する諸存在の多様性によって形成されていることを前提にしている[12]。

しかし、デュルケームは、ここでそれを文字通り受け取ってはいけないと注意を促す。つまり、「ある意味で、プラグマティズムは形而上学的一元論それ自体よりもはるかに《一元論者》であるとさえ言い得るだろう。プラグマティズムは世界の統一性を主張するが、しかしそれは順応性に富み、柔軟で、多様な統一性であり、それは分かれずに絶えず変化するたくさんの現象からつくられている」（Durkheim 1955:87）。そして、風によって波立たせられた湖が絶えず相を変えていることを例に挙げ、「湖の様相は変化するが、しかしそれは常に同じ水なのである。変わりやすく同時に恒久的なこの統一性の概念は、連続主義的仮説の帰結である」と述べ、プラグマティズムにおける一元論的側面を明らかにしている。

なお、デュルケームは前述した「連続主義（continuisme）」、「多元論」以外に、「ラディカルな経験主義」についても言及している。ジェイムズは「ラディカルな経験主義」について経験の他に何も認めないという学説であるとしている。つまり、経験はそれ自体ですべてを説明しなければならないというのである。「説明」とは、諸事物の間の諸関係を明らかにすることで、彼は世界を連続的と捉え、すべては宇宙の中で結び付いていると考えている[13]。他方、ヒュームによれば、経験は異質の要素から構成されており、お互いに関係のない諸要素から作られている以上、経験は単なる非連続的なもので、いかなる種類の結合も含まないことになる。そして、カントはヒュームの概念から出発して、経験と無関係に、経験より前に存在する実在を「物自体」の世界において構成し直している。それゆえに、ジェイムズは、ヒュームなどにおける非連続的な経験論と区別するために「ラディカル」という形容詞をつけて、連続性を含む経験論をラディカルな経験論としたのである[14]。ラディカルな経験主義の特徴を示すものは、存在のプランの絶対的な単一性（unicité）であり、ラディカルな経験主義は経験の世界と実在の世界という二つの世界が存在することを認めようとしない。ジェイムズにとって諸事物の二つの面は存在しないので、諸事物はすべて同じプランの上に存在する。思考もまた唯一のプランの上で動き回ることになる。こうして、全体よりも部分を見て、すべての思考と同様に、すべての実在が同一プランの上に位置付けられ、同一プロセスの一部になっているということを理解しない単純な経験主義をジェイムズは批判するのである。

ところで、プラグマティズムの方法が適用される例は、物理的世界における認識に限らず、人間的序列の事柄においてもほとんど見ることができないとデュルケームは述べている。つまり、人々はその方法が道徳問題に適用されることを期待するが、事実上、プラグマティズム的道徳は存在しない（Durkheim 1955:129）[15]。そして、プラグマティズムの方法が取り扱ってきた唯一の問題は宗教の問題だとデュルケームは指摘する。ジェイムズによれば、宗教の価値がどのようなものなのかを明らかにするには宗教的特性を示している個人意識の本質的経験の中で見つけなければならない。つまり、彼にとって宗教を探るには固定されないことが大事なので、具体的現実は、宗教の硬化した制度や教会を排除してたどりつくことのできる個人経験から成り立っていると考えるのである。実際彼は宗教が真実かどうかを探るときに、哲学者や神学者を軽蔑して退ける一方で、神秘的直観（les intuitions mystiques）に対しては寛大さを示している。ジェイムズの考えに関してデュルケームは「神秘的な経験の基礎にあるもの、それは実在との直接的なコミュニケーションであり、また感覚が事物の理解力である限り感覚に類似した何かであり、事物についての認識ではない。この種の感覚を感じた人だけが神の力を感じたのである」（Durkheim 1955:133）と説明している。つまり、ジェイムズによって宗教的基礎にあるとされるものは、われわれよりも偉大な何かが存在するという考えである。そして、この考えは同時代の心理学者が重要視している潜在意識あるいは閾下の自我という概念につながっている。つまり、正常な意識の領域の他に異なった性質の心的実在に関わる意識が存在し、そこにインスピレーションや急なひらめきが生じるというのである。それゆえに、彼によれば、宗教の科学は万人に認められた心理的事実に根拠を置くことができ、同時に人間は宗教的経験において自己を超越する力の作用を受けるという考えも弁護できるのである。そして、経験的に確認できる結果によって神の存在を証明する実験的な力の一つに神はなるのである。こうして、ジェイムズは、宗教的経験が要請する真理は唯一で絶対である必要はないとして、一種の多神教の立場をとっているとデュルケームは指摘する。

ところで、ジェイムズは「われわれには、類似しているが異なっており、かつわれわれよりも優れた意識が付与されている精神が存在し、しかもそれらの意識がわれわれの意識の中に浸透してくることで、われわれの生を豊かにしている。そして宗教を形成するのはこのような経験である」と述べている。そこでデュルケームは、ジェイムズの述べたこの事実は別の解釈が可能であるとしている。つまり、「閾下の意識はパーソナリティの二重性や分解という事実に結びつけることもできるだろう」（Durkheim 1955:135）と。[16]

デュルケームは前記のようにプラグマティズムを概観し、続いてプラグマティズムの批判に入るが、その前に彼は、プラグマティズムの精神についてまとめている。重要であるので確認したい。プラグマティズムは意志の解放に関する試みであり、そこでは行動に大きな役割を負わされていた。しかし、デュルケームは、行動への専心は従来言われてきたようなプラグマティズムにおける支配的特性ではないと指摘する。つまり、事物を変形しようという人間の熱望は理想主義者において見られることである。しかしながら、プラグマティズムは理想主義ではなく、ラディカルな経験主義である。彼らによれば、神でさえ経験の対象なのであり、事物と精神は一つのプラン上にあるゆえに、事物の変形が可能と考えるのである。それゆえに、プラグマティズムは行動を促すという企てではなく、純粋な思索や理論的思考に対して向けられた「企て」ということになる。彼らは行動よりも思考を解放することを望み、ジェイムズは真理をしなやかにすることを強く主張したとデュルケームは理解する。

## 三．プラグマティズムの独断論批判に対するデュルケームの評価

デュルケームはプラグマティズムにおける「行為と結びついた思考は実在を創造する」という観念に賛同する。「この観念は重要である。おそらく、物質界（le monde physique）は今日、一種の均衡に達しているように思われる。生物において、われわれはもはや新種の発生を目撃しない。しかし、道徳的領域において、そのような創造は常に生じる。すべての人間社会は、発達する力であり、常に自分自身と同一のままでいるどころではない。新しい力が生じるより複雑な諸社会が現れる。過去が問題となる時、われわれが静的にしか、もはやわれわれに思い起こさせ得ないこれらの力が現在において仕事をしているのをわれわれは見る。いずれにせよ、明らかに思考によって創造された実在の一領域が存在する。それは『社会的実在』であり、この例はわれわれが引き合いに出し得る中で間違いなくもっとも意義深いものである」（Durkheim 1955:65-66）と。

講義では、スペンサーなどの実在の静的概念から引き出される「われわれ自身が錯覚や一時的な仮象でしかなく、またわれわれが錯覚でしかないものや移りゆくものにたくさんの価値を結びつける」という結論に対して、「ある意味では、幻想を性格付けるものの実在を認めないだろうか。これらのいわゆる『仮象』に一つの意味を与えてい

ないだろうか」(Durkheim 1955:62-63) とデュルケームは述べている。ここにデュルケームとプラグマティズムの共通点を確認できる。しかしながら、彼はプラグマティスト達のように宗教論だけに陥るのではなく、道徳論および真理論の視点から眺めているという相違点が存在する。また、デュルケームは、確かにプラグマティスト達は心理がいかに豊かになり、より複雑になるのかをうまく指し示しているが、厳密には結果として真理が変化しているといえるのだろうかと疑問を投げかけている。「実在の豊富さを真理のはかなさと混同してはならない」(Durkheim 1955:67)。プラグマティズムの中でわれわれの関心を引くものは、論証の方法ではなく、精神の多様性と思考の変化性という生き生きとした感情および真理に関する生きた性質の感覚である。しかし、彼らは残念ながらそれらを説明するのに失敗しているとデュルケームは断言する。すなわち「プラグマティズムは、なぜ個は存在し、またなぜ精神の多様性が存在するのかという自分を越える哲学の一般的問題の一つにぶつかること」(Durkheim 1955:59) になり、その説明ができない。そして、この「多様性の感覚」以外に関しては、デュルケームはかなり詳細にかつ徹底的にプラグマティズムを批判する。そもそも、プラグマティズムによって理解された主張は合理主義の本質に到達していないとして、まず、ジェイムズの合理主義の独断論的特徴についての定義の中にカントとライプニッツがひとまとめにされていることを指摘する。「世界は神がつくったものであり、単子が望んだものではない。単子が明解な思考に達するのに応じて(単子が)具現していくプランは、単子に対しておまえはその主ではないと命じられる。カントにおいて、真理をつくるのは、まさに精神である。しかしそれは単に《現象に関する》真理しか問題にしないかぎりにおいてである。現象に関する真理とは、仮象(apparence)でしかなく、さらに、ある意味では、それは可想的存在と比較して誤謬である。少なくとも、すべては可想的存在、つまり叡智界の現象面への反射でしかないのではないだろうか。可想的存在は一つ与えられており、われわれはそれをつくれない。われわれがそれに近づける唯一の方法とは、われわれにそれを開放する『道徳律』である。つまり、現象界とは別のものがあることをわれわれに知らせるのは、道徳律であるということになる。では、道徳律の性質とはどのようなものなのだろうか。それは不変と非人格性である。ある意味では、われわれは自分の中にそれを発見する。しかし、われわれはそれを発明しないし、それを発見することしかさせられない。それを作ったのはわれわれではない。またそれを制作したのはわれわれの精神ではない。それゆえにまた、われわれに自分の価値を認めさせるのは、われわれを越えた実在なのである」（Durkheim 1955:47-48）。

続いてデュルケームは、合理主義は真理の機能が実在を表現することにあるということを認めているが、それは合理主義に特有のものではなく、経験主義の考え方でもあると指摘する。「たとえば、J・スチュアート・ミルにとって、精神は外的実在をコピーすることしかさせられない。観念は、事実に依存している。というのも、観念は感覚を表現することしかさせられないし、観念は感性的イメージに還元される。そしてその結果として、思考は外的環境からわれわれに伝えられる感覚を解釈することしかできない。仮象であるにもかかわらず、合理主義に関しても話は別ではない。つまり、合理主義にとっても、道理に適うために外において精神が解釈しなければならない一つの実在（une réalité）が存在する。ただし、この実在は感性的現実ではなく、実在そのものによって存在するイデアから組織された一つのシステムであり、精神はそれを再生しなければならない」（Durkheim 1955:45-46）と。

このように合理主義特有の問題でないにもかかわらず、プラグマティズムは、合理主義を批判するために実在がすべての人々にとって不変でも同一のものでもないということを指し示そうと試み、真理が実在のコピーであってはならないという結論を下している。ところで、なぜ真なる思考は、可変的見本の可変的コピーではないのだろうか、またコピーが実在の反復であるかぎり役に立たないというだけで本当に批判として充分なのだろうかとデュルケームはプラグマティズムに対して疑問を投げかける。問題はコピーが有益かどうかを知ることではなく、コピーが真かどうかを知ることであり、プラグマティズムのテーゼを証明するためには、思考と実在の間の本質的な異質性が存在することを証明する必要があったにも関わらず彼らはそれを行なわなかったと指摘する(17)。

さらにデュルケームは以下のように問題を明確化している。「この問題は二次的である。重要なことは、世界が無限数の部分からできているのか有限数の部分からできているのかを知ることよりも、世界がはっきりと他から区別される部分から形成されているのか否かを知ることである」(Durkheim 1955:70)と。ジェイムズの考えは以下の通りである。諸概念は変化しない何ものかである。運動と変化を表現し得るために、それぞれの概念が運動の頼っている諸状態の一つを表現しなければならない。ある一瞬に運動を止めてそれを固定する以外に、概念は運動を表現することができない。「諸概念を変化と一致させる唯一の方法は、変化が止まる諸々のポイントを恣意的に仮定することである。というのも、われわれの概念が表現できるのは、これら停止のポイントだからである。しかし、こうして、われわれは位置や日時の非連続的結果しか獲得できないし、それらによって運動や変化そのものを構成し直すことは不可能である。（中略）実際、一方では、静止や停止を表現する一連の概念は、動き回るものを表現することはできない。（中略）つまり、飛んでいる矢は動かない。なぜなら、われわれが矢の飛ぶコースの位置を急に考えるなら、この位置は必然的に静止の状態である。他方、概念が変化を表現することができるようにするためには、変化は切り取られ、非連続的要素に細分化されなければならない。（中略）変化するものの一つの状態を表現するそれぞれの概念とその他の概念の間には、どれほど小さかろうとある間隙（vide）が存在し、この間隙は埋めることができない。こうしてわれわれは、後からつくられた寄せ集めやしかばねの上になされた解剖しか獲得できないのである」(Durkheim 1955:76-77)。そして、ジェイムズはベルクソンの論証に非常によく似た「概念的思考は諸表面にしか作用しないし、実在の中に入り込むことができない」という考えを表明している（Durkheim 1955:77）。

そして、ジェイムズは続けている。諸事物の実在をつくっているもの、それは諸事物がお互いに及ぼす諸作用の連続である。私の思考は自分の体に働きかけ、私の体を動かす。私の体による意志表示は私の思考を表現しており、またそうすることで私の思考は他人の思考と意志を疎通させることができる。よって、諸事物は結合し、混じり合い、互いにはまりこむということができなければならない。ところで、主知主義においては、すべての事物がひとたび概念の中に表現されるとき、概念そのものの中に閉じ込められたままである以上、有限的諸事物がお互いに影響を及ぼし得ることを認めていない。それゆえに、主知主義では概念の伝播は混乱を生じさせることになり、またそうした混乱は、この上もなく論理的欠点となる。まして生命の本質的性格は絶えず変化することにあるので、「生命」は概念の中に表現され得ない。生命ある存在は、以前に存在していたものと急に異なるような存在というだけでなく、ちょうどその時にそれ自身であり、かつそれ自身と異なっている存在でもある。それは跳ぶ存在であり、この「跳躍（elan）」は、ある一つの具体的事実である。そして、この跳躍の中で、時間の諸々の瞬間や空間の諸々の分割が共有して含まれている。ところで、静的観点に身を置いた場合に関しても事情は異ならない。それは単なる諸関係や諸行為の連続からつくられた生命というだけではない。それゆえに、事物についての唯一の概念は存在せず、それぞれの事物は諸要素の多様性を含んでいる。連続とは、波であり、あいまいなものである。それに対して、概念的思考は、不変に夢中であり、正確さや明瞭さに夢中である。この概念的思考がこれら諸々の不変の概念システムを構成するのに成功した時、哲学的思考は自分自身に対して偉大な崇拝を感じ、それが創造したものがそれ自身として実在であると信じた。プラトンの言によれば、存在し変化するこの世界を超えて、一定・不変な一つの本質的世界（un monde d'essences）が存在するという。それはフィクションを実在と見なすことである。

こうして、ジェイムズによれば、すべては事実に従わなければならず、合理主義における同一律と無矛盾性の法則は実在に当てはまらないという結論に至る。しかしながら、この帰結には重大な不備があるとデュルケームは指摘する。つまり、概念的思考が実在との共通点なしに存在するなら、どのようにして概念的思考は論理的思考の役割を果たし得るのかを説明していない。実際、諸概念や論理的諸原理から逃れることは非常に困難である。ジェイムズによるこれらすべての論証は、ベルクソンの諸説から着想を得ており、彼らの結論は同じではないが、古典的合理主義に対する態度はまさに一緒である。つまり、双方とも、諸事物における変動的なもののすべてに対して、捉えどころのないあいまいな相のもとに実在を示すという同じ知覚過敏を持ち、またわかりやすいはっきりした思考を諸事物の不純な面に従属させるという同じ傾向を持っている。プラグマティストはすべての時代の合理主義者が常に認めていた論理的思考の優越性を認めることを拒絶している。それこそ、ベルクソンの哲学と共通する彼らの特色なのである。

ところで、前述のことと重なる部分もあるが、認識論と真理論の関わりについてのデュルケームの言説は非常に重要なのでふれておくことにする。プラグマティストにおいて感覚は知覚された事物と混ざっているとはいえ、真の認識を成り立たせる客体と主体の「融合」に関していえば、ジェイムズは両者の融合は不可能であると主張している。つまり、イマージュにおいては主体と客体の間には隔たりがあるが、それは間隙ではない。イマージュが真理である時、イマージュは結合された諸イマージュを呼び覚ます。結合された諸イメージはイマージュと関係があり、人はこの一連の諸イマージュをさかのぼることによって、客体と再び結合させる。この時に最も簡単な形式で真理の領域が始まる。しかしながら、その本当の領域は《概念》である。概念は客体とは異なる要素からつくられており、諸事物をゆがめている。彼に従えば、概念はある一つの一般的観念であるという第一原理によって、概念は有益な役割を果たし得ることになる。[18] プラグマティズムによれば、諸々の類が存在し、それらは密接で明確な関係を有しているので、諸関係を表現する諸概念も密接な関係を持っている。つまり、諸関係のシステムの中に諸概念は同化しているという。それゆえに、われわれはある一つのまとまりに結び付けることによって概念を認めるのである。しかし、概念とイマージュの相違点はあるという。すなわち、感覚やイマージュは特殊なので、それらは実在のごく小さな一部分でしかなく、また与えられた状況の中でわれわれの関心を引くものと引かないものの間で区別することをわれわれに許さない。他方、概念は全く正反対の諸性質を示している。つまり、概念は普遍的であり、小さな容量の中にまとめられた多数の特殊な事実を含んでいる。概念が普遍的性質を有し、広大な諸システムの中で結び付いているおかげで、諸観念は諸事物そのもののつながりに先行することができ、また感性的経験のつながりをたどらなければならない時に、諸観念は少ない苦しみでわれわれを最後のタームに導くことができる。この役割を演じるために概念は対象の《コピー》である必要はないとジェイムズは述べている。つまり、彼によると、概念はその対象と一致するシーニュであるだけで十分であり、われわれの行為を指導するには、対象を指し示す言葉だけで十分なのである。言葉は動的な諸関係を少なくとも潜在的なものとして持っている。

要するに、認識の役割はわれわれに必要な諸対象を理解の及ぶ範囲にすばやく置くことであり、概念の長所は実在に欠かせない態度を要約することになる。ジェイムズによれば、われわれは衝動のもとに観念を伝えるわけであるが、そうした衝動のもとに、われわれがある対象に向かってぶらつくたびに、われわれは一つの観念によって一つの対象を知るという。そして、彼はしばしば思考におけるこの変わりやすい性質を宇宙の非連続的概念が前提としている「跳躍的性質」と対置させている。そして、この概念能力のおかげで、われわれは、超自然的な力の翼を持っているかのように諸々の介在物を超えて、現実の諸状況を妨げることなく必要な地点に到達できるのであるとジェイムズは主張している。結局のところ、感覚は制限されており、軽率に行動することをわれわれに強いる生命の諸要求を対処することをわれわれに許していない。プラティックな役割を有している概念は、感覚と行動における間隙を補うことができ、感覚は広がりの中で見失わせるものを深さの中で与えているのである。

プラグマティズムにとって認識がわれわれを立ち戻らせる最初の状態とは、ある一つの実在の表象というよりも、実現すべき行為の表象なのである。認識のプロセスの始まりにおいて立証することが問題となっている観念とは、「なすべき何か」に関する観念であり、このプロセスの終わりに見出されるものとは、合理主義において最後に見つかる客体についての観想ではなく、常に一つの「行為」なのである。つまり、立証されるべき内容とは行為が期待されていた諸結果を生じさせるかどうかを知ることである。それゆえに、真なる観念は、われわれを対象そのものに向かわせるのではなく、ふさわしい仕方で対象と向かい合うように配置することを役割としているのである。そして、観念が導いた最後の行為がまさにふさわしいものであったかどうかはわれわれがそこから感じる満足によって知ることができるとジェイムズは指摘する。つまり、真理のシーニュとはこの満足ということになる。こうして、彼によれば、真なる観念の根拠は二重性を有していることになる。つまり、第一に、観念はわれわれをある特定の実在に向かって導かなければならず、そして第二に、示された豊富な方向が結果として満足を与えなければならないのである。それゆえに、彼によれば、「主体の外には真理は何もなく、したがって、主体は真理を自分の流儀でつくり上げることができる」(Durkheim 1955:109) という。デューイは満足という感情から真理の基準をつくることを拒んでいたにもかかわらず、その基準にある価値を認めざるを得ないと思っていた。結局、プラグマティスト達において「満足」に関する要素を排除することは不可能だとデュルケームは考える(19)。

さらに、ジェイムズは、世俗的な意味での「実践的欲求」とは全く違った「思弁的な次元」での満足にも一つの場所をつくろうと努力している。彼の主張は以下の通りである。われわれは事物と「一致」することを必要としているが、しかしわれわれの精神は同様に実在的でもある。つまり、現在の思考が知的知識、感覚の全活動分野、類似や相違に関するわれわれの諸直観の全活動分野、そして以前に獲得された真理の貯蓄のすべてにおいて首尾一貫している思考を持つことが大切である。新しい観念がわれわれの精神の中に生じる時、もし新しい事実および新しい観念が、すでに精神に存在しているものと関連がないなら、それらは精神的有機体の調和を破ることになる。それゆえに、新しい観念が諸々の諸事物に一致するだけでは十分ではなく、新しい観念が精神的生命の一部を成しているその他の先存する表象と調和することも必要なのである。実際、既にわれわれの精神の中にある諸観念は、われわれにとって習慣になっている諸々の反応様式と一致しているのである。また、新しい観念は、精神の中に存在している諸観念と一致する場合しか、完全には「真」でない。それゆえに、彼によれば、外的諸事物との一致は真理となるための唯一の条件ではなく、同様に内的反射を検討しなければならないのである。とはいえ、この二つの「一致」は、「実践的一致」であることに変わりがない。それゆえに、諸観念を確かめるのは、観念と内的反射がわれわれの側から引き起こす諸行為ということになる。こうして、プラグマティズムにおける真理は実在のコピーではなく、生きた何かであり、われわれの心を成長させ、豊かにする機能を有していることをデュルケームは指摘したうえで、他方では、そのような「思考過程」と実在を創造する「行為過程」の同一化は、プラグマティズムにとって重大な困難を引き起こしているとデュルケームは指摘する。つまり、「われわれの諸感覚を組織することと感覚組織の論理的価値について自問することは別のこと」（Durkheim 1955:120）であり、実在を知覚したものが必ずしも幻想ではないとは言い切れないのである。プラグマティズムは、実在の構成と真理の構成が実践的目標を目指して作用しているとと述べるにとどまっているがそれでは不十分であると。

また、デュルケームは、思考と行動の間に本質的なつながりは存在しないうえに、認識はプラティックとは異なった要請を持っている以上、プラグマティズムにおける認識が実践的目的しか持っていないという主張を支持できないとしている。デューイは「知識が行動のためにのみ存在する」証拠として三つの事実を挙げている。第一に、意識と反省が実践的目的に応じているという事実である。つまり、生命有機体に均衡の破綻が生じた時に、意識は目覚め均衡を取り戻そうとする。第二に、習慣において意識が目覚めるのは習慣が妨げられた時であり、そうでない時には意識は無用となり、消滅するという事実である。第三に、社会において政治的あるいは社会的体制が妨げを受けずに機能を果たしているときには、それは受動的に受け入れられるだけで反省は生じず、体制が機能しなくなった時に生じるという事実である。この主張に対して、デュルケームはこれらの事実は異論の余地がないが、ここから「意識は行動のためにのみ現れるゆえに、意識は行動の代用物にすぎない」と結論付ける解釈は誤りであるとしている。その第一の理由として、思考と行動の間には敵対関係があることを示している二つの事実の存在を指摘している。一つには、ピアニストが自分の行なうことに思考を向けたりする時には弾き損ねることがあるように、「意識が行為を助ける代わりに妨げる場合がある」（Durkheim 1955:165）ということであり、もう一つには、「行動が意識を麻痺させるに至り、それは絶えず生じてさえいる」（Durkheim 1955:165）というものである。

ここでデュルケームはリボーの「注意の心理学」を参照して、運動の中断は注意の本質的条件であり、それゆえに「深く思考するためには運動のすべてをやめなければならない」（Durkheim 1955:165）と主張されていることを指摘する。そしてここから『行動の人』と『知識人』という大変異なる二つの人間のタイプがあることに言及する。[20]前者はほとんど熟慮することなしに状況に適応しようとする人である。彼の行動の裏づけになっている根拠を聞いても彼自身理解していないのである。他方、後者は決意を固めることを常に先延ばしする人である。彼は自分の行動の理由を決して十分と思うことがないので行動しようとする時には躊躇するのである。それゆえに、彼が行動を決意するときは自分の知的気質に対して暴力を振るうのである。デュルケームはこの二タイプの対立が「思考の状況」と「行為の状況」が異なっていることから生じると述べている。「思考は意識の超集中（hyperconcentration）であり、集中が強ければ強いほど反省の範囲は限られる。反対に（中略）、行動することは表現することであり、また外に広がることである」（Durkheim 1955:166）。そして人間は自分の内と外に同時に居ることはできないのである。また彼は、先の主張が誤りであるとする第二の理由を以下のように述べている。つまり、「思考、つまり思慮深い意識は時間を必要とする。（中略）実際、われわれは順々にしか、つまり部分的にしか表象を理解できないのである。表象を理解するためには、それを分析しなければならない。そして表象を分析するためには、それを固定し、意識の中にそれをとどめなければならない。すなわち、相当の時間それを動かなくしなければならない」（Durkheim 1955:166）。運動は流れ、意識も流れる。しかし意識が姿をあらわすためには停止する必要がある。したがって、運動が停止した時に意識が現れるのは、運動の中断によって意識が現れることが可能となったということであり、逆に運動が行なわれているときには意識の存在条件が整わないためにひきこもっているのである。

そして、思考と行動との間に示したアンチテーゼは、より高度の思考形式を考察することによって、よりはっきりとさせることができるとデュルケームは考えている。高度な思考形式とは、認識が層を成して重なっているということである。彼は以下のように認識が行なわれているとしている。「感覚（sensation）が一番下にあり、それはわれわれにつかの間の認識しか与えず、また必要な反応を作動させることしかほとんど役に立たない。直観の働きの中で示されるのはこれである。感覚と同様に、イマージュ（image）は、行為への衝動と緊密な関係をもった状態にある。欲望を呼び出すような事物を考える時には、必ずわれわれの中で姿を現すという動きが存在する。しかし、これらの運動は潜在能力の状態にとどまっている。つまり、これは、常に未完成の下絵なのである。ただし、表象は特有の生活の仮象（apparence）を持ち始める。最後に、概念（concept）は、とても弱い原動力を有している。概念によって思考するためには、われわれに行動するよう仕向ける情動を排除して、われわれが知的要素を切り離すのを妨げなければならない。概念は行為から切り離されている。つまり、概念は、概念それ自体として措定されている」（Durkheim 1955:169）。

デュルケームによれば、プラグマティスト達の誤りは、思考と意識の特有の性質を否定したことにある。つまり、意識の役割とは、認識を必要としない人間の態度を管理することではなく、認識なしには存在し得ない人間を構成することである。すなわち「自己を知る人間は、運動を止め、それから運動を再生する人間である。意識は、単に人間の運動を管理することを役割とするどころか、人間を作ることを役割としているのである」（Durkheim 1955:170）と。プラグマティズムは意識のこの役割を否定する傾向があり、彼らにとって意識はうわべだけの世界となっている。

さらに彼は、自覚的な人間、つまり自己を知っている人間は、自分自身を自覚していない人間と全く同様に行為できないと述べている。つまり、それは観念によって導かれた心理的活動であるが、「自覚的な人間をたった一つの行為に限定することは、自覚的な人間から自覚的な人間を本質的に構成しているものを奪うことである。その上、意識はそのような役割を演じることが大嫌いである。つまり、意識は簡単なプランしかつくらないし、また実際の行動を直接強いることは決してできない。知性はごく一般的で不確かな行為プランしか提示できないのである。逆に、運動は明確で正確な存在を必要とする。（中略）どのように行動するべきかを知るためには、行動しなければならないのである」（Durkheim 1955:171）とデュルケームは意志を有する人間の認識から行為に及ぶまでを記述している。そして「意識は自分を抑えざるを得ないということをよく示すのは、いわば、意識が行為を管理することに専念する時に、意識がこの役割から解放されるや否や、つまり、この役割から逃げるや否や、運動が徐々に有機体の中に固定し、意識そのものが消え失せることである。それは習慣の中で生じることである」と習慣と無意識の関係について述べている。

結局のところ、デュルケームはプラグマティズムに対して二つの批判を向けている。第一に、自ら経験主義と称しながら、その内容は抽象的になっているという矛盾が存在することである。つまり、プラグマティスト達は立論にあたり、弁証法的な性格を有しているが、その時、歴史上の諸学説を自分勝手に、しかも不正確に解釈しているという欠陥があり、しかもそれ以上に重要な問題として抽象的になってしまっているということが挙げられる。簡潔に述べれば、プラグマティズムの行なう証明は単なる論理的構成になっているというのである。

第二に、プラグマティスト達の思考には、一方では付帯現象説(21)（Epiphénoménisme）、他方では観念論（idéalisme）という相容れないものが存在する。つまり、彼らは一方では、意識はそれ自体としては存在しないし、何ら根源的なものを許さないと述べながらも、他方では実在は思考の構成であり、実在的なものとは知覚そのものであると主張しており、そこには矛盾が見受けられる。

それでは、なぜプラグマティズムは欠陥を持ちながらも急速に人々の間に広まったのだろうか。それはこの学説が今後発見すべき一種の力を有しているからであると、デュルケームは述べている。つまり、プラグマティズムを支配しているのは真理を論理的思考の規律から自由にするという欲求であった。思考が実在をコピーすることを目的とするのであれば、思考は事物の奴隷であり、実在に鎖でつながれていることになる。そこで思考が解放される

ために は実在の創造者にならなければならないと主張したのである。こうしてプラグマティズムにおいて思考は実在をコピーするのではなく、未来の実在を構成することを目的とすることになり、観念の価値は客体との関係ではなく、有用性の程度に応じて評価されることになるのである。プラグマティストにとって真理を柔軟にするとは、実在における絶対的・神的性格をはぎとることだったのである。真理がその本性上、実在や生命の一部を成すと仮定するとき、真理は科学の対象になる。これこそプラグマティズムの企ての中心を成すものであり、そこには真理や理性を理解しようという努力、およびそれらに代わって人間的関心を取り戻そうという努力、そして人間的事物をつくり出そうという努力がみられるとデュルケームは理解する。

そして、ここにプラグマティズムと社会学の対比が確立できるとデュルケームは主張する。すなわち「実際、歴史的視点から人間的諸事物の秩序への適用によって、社会学は同じ問題に導かれる」（Durkheim 1955:142）。人間は歴史の所産であり、それゆえに人間においては予め与えられているものも、限定されているものもない。したがって、真理が人間的なものであるなら真理は人間の所産であり、社会学は同じことを理性にもあてはめる。「理性を構成するものすべて、つまりその諸原理、諸カテゴリーは歴史の流れの中でつくられたのである」（Durkheim 1955:142）。現象は閉ざされた連続の中で表されるはずがない。それゆえに、初めに思考があるという観念論者も、初めに行動があるというプラグマティストも認めることができない、と。

社会学は同じ問題を提起してもプラグマティズムと同じ解決を主張しない。ここでデュルケームはプラグマティズムを心理学と重ねている。すなわち「プラグマティズムは真理を心理学的に、つまり主観的に説明することを望んでいる。ところが、すべての人間的な事物に関して個人の本性だけで説明できることには限界がある。もっぱら個人的諸要素しか考慮に入れないということは、諸結果において説明することが必要となっている豊かさを不当に軽減することを生じさせる。（中略）社会学において真理、理性、道徳は人類史におけるすべての展開を含む生成の結果である」（Durkheim 1955:143）と。デュルケームによれば、プラグマティズムは理性と感性を同一のプランの上においているが、感性や個人的衝動によって把握された諸事実とは無関係にわれわれに押し付けてくる何かが存在することを人々は真理の中に認めている。「実在やシンボルの一致を疑うことと、シンボルによって象徴化された事物を拒絶することは別のことである。ところで真理による諸精神の上に認められた圧力は解釈する必要がある一つのシンボルである」（Durkheim 1955:144）と彼は述べている。

結局、プラグマティズムは、個人的経験に由来する精神状態と集合的経験に由来する精神状態の間にある二元性を誤認したのであり、他方、社会学は社会的なものが常に個人的なものよりも上位にあることに注意を促しているので、真理が理性のように高い価値を有していることを推測できるのである。

しかしながら、プラグマティズムは歴史の過程において真理と誤謬が混合していることを非常によく見抜いていたとデュルケームは評価し、プラグマティズムにおける真理の変化の捉え方について言及する。彼は真理が変化に支配されていることを証明するためにプラグマティズムが与えている論拠を二つ挙げる。

（一）実在が変化する以上、真理も変化し得る。ここから時間における変化が生じる。

（二）真理の単一性は精神の多様性と相容れない以上、真理はただ一つだけということはありえない。ここから空間における変化が生じる。

プラグマティズムにおけるこの二つの論拠の説明は不十分であるが、この二つは真実であり、また社会学はその根拠を示すことができるとデュルケームは述べている。社会学は物理的環境と人間の間の関係に基づく「相対主義」を導入する。物理的環境は相対的固定性を提示する。もちろん、物理的環境は進化に支配されているが、それは以前の状況でいることをやめて新しい要素から構成された実在に席を譲るわけではない。つまり、オリジナルな世界は、その後現れて豊かにした付加物のもとに依然として存在しているのである。それは現代のフランス社会が、ガリア、ゲルマン、ローマの諸要素からできあがっており、かつもはや単独の状態で判別することはできないという例が示す通りである。社会的環境は何らかの新しい物を有しているので相互に異なっている。しかし、家族の例が示すように、家族は歴史の中で発展する一方で、その機能は同一で依然として家族なのである。それは政治体制、道徳、宗教においても同様である。「ひとつの宗教、ひとつの道徳、ひとつの政治体制は存在せず、異なる宗教の諸々の型、異なる道徳の諸々の型、異なる政治の諸々の型が存在するのである。こうして、プラティックな秩序の中で多様性は確立したとみなし得るのである」（Durkheim 1955:147）とデュルケームは述べている。

ところで、同一の行動の価値が変化したなら、それは思索的思考が変化したということである。そして、思索的思考が変化したということは真理の内容が変化したことになるのではないだろうかと彼は指摘している。行動は思考から分けることができない。われわれに先立つ諸世代が完全な誤謬や錯誤の中に生きていたと認めることはできない。なぜなら誤った思考は挫折などの苦痛を生じさせ、不適合な行為を限定するからである。それゆえに、プラティックが変化することと同様に、思索的・理論的思考は変化する。美的思索も変化している。そして、思索とその価値が変化し得るということは、したがって真理も変化し得るということである。「これらの変化は時間においてだけでなく空間においても生じている。すなわち、もはやそれはある社会から他の社会へというのではなく、同一社会で生活する諸個人の間で生じるのである。実際、社会における過度の等質性はその社会の死となるであろう。

いかなる社会集団も完全な等質性の中では生きることも、何よりも進歩することもできない。プラティックな生活と同様に知的生活は、つまり行為と同様に思考は多様性を必要としており、したがって多様性は真理の一つの条件である。（中略）われわれは他人の真理を尊重する」（Durkheim 1955:148）。

こうしてプラグマティズムの主張を社会学的見地から弁護でき、人々に十分に納得のいく説明を与えるのは抽象的な考察ではなく、「人間的なものすべてにおけるこの上ない変化の感覚」（Durkheim 1955:149）であるとデュルケームは述べている。さらに「もし社会における生活条件が複雑なら、この複雑さは（中略）社会集団を構成する諸個人の中に見出される」（Durkheim 1955:149）と述べ、個人の多様性を強調している。

また、デュルケームは、この時間と空間における変化性の理由に関してプラグマティズムは「真理とは有用なものである」という一言を与えるだけであるとして、この学説において重要なことは、事実上真理であるものではなく、誰も認めなくても真理であるべきはずのものであるとしている。そうして、「プラグマティズムは名付けたいと思うことすべてを理想的真理と呼んでいる。それゆえに、その方法は恣意的であり、客観的価値を持たない単なる言葉の定義に彼らを導いている」（Durkheim 1955:150）と述べている。実際、プラグマティストにとって真理は思索的機能を持っておらず、彼らはもっぱら真理のプラティックな有用性しか見ていない。しかし、歴史を探ると き、神話はプラティックな真理ではなく、また人は行動の道具とは異なる信仰によって生きていたとデュルケームは指摘する。「長い間、神話は人間社会の知的生活を表現してきた」（Durkheim 1955:159）という事実から、講義ではさらに思索とプラティックの関係について社会学的にアプローチしているがここでは割愛する。

こうして、デュルケームはプラグマティズムの論拠を否定するが、プラグマティズムは「どのように真理の概念が構築されるべきかという問題についてわれわれを徐々に熟考するようにさせたという功績を持っていた」

（Durkheim 1955:171 - 172）と評価している。そこで彼は社会学的意味において「真理」とは何かという重要な問題に入っていくが、彼において重要なことは「真理の内容」ではなく、彼においては「ある観念が真理であると人々が信じる時、現実にふさわしいものとして人々が観念を見なしている」（Durkheim 1955:172）ということが重要であり、さらに「今日真実として認められているものが、明日には偽として扱われるかもしれない。われわれにとって重要なこととは、ある表象が現実に適っているということを人間に信じる決心をさせた諸原因を知ること」（Durkheim 1955:172）が重要なのである。

## 四．デュルケームにおける真理論

彼は、現代では一般に人々が「真理」について話す時に「科学的真理（les vérités scientifique）」のことを考えるが、科学より先に「神話的真理（les vérités mythologique）が存在し、人間の思考の歴史において、神話的真理と科学的真理という互いに対立する二つのタイプが存在することを指摘する。神話的存在の世界は実在の世界ではないが、人間はそれを信じたのである。つまり、「神話的観念は客観的実在の上に基礎を置かれたので、真実としてみなされたわけではない。逆に、思考の対象にそれらの実在を付与しているのがわれわれの観念、つまりわれわれの信念なのである。だから、実在への一致を理由とするのではなく、その創造的力（pouvoir）を理由として、観念は真実なのである」（Durkheim 1955:173）と彼は述べる。立証あるいは証明に従わせるという科学的真理とは反対に「神話的タイプにおいては、すべての真理は検閲（contrôle）なしに承認された諸命題の集合体である」（Durkheim 1955:175）。証明されていないにもかかわらず、真理とされる理由は集合表象のためである。すなわち「神話のこの客観性を創造するのは諸表象であり、またこの創造的力をそれらの表象に授けるものを創造するもの、それは諸表象の集合的性質である。同様に、諸表象が精神に自分の価値を認めさせるという因を作るのは、諸表象の集合的性質なのである」（Durkheim 1955:175)。

ところで、諸民族は恣意的に真実を創造することはできない。「もしそれらが何も実在と合致しないなら、実際、観念や表象は集合的になることはできない」（Durkheim 1955:176)。つまり、それらは諸個人の行動と関係を有しており、挫折、失望、苦悩という経験は、行為が不適切な表象につながっているとわれわれに警告する。そして挫折などに結びついていた表象から離れるとデュルケームは説明している。この説明から、プラグマティズムによる経験主義が連想されるかもしれないが、デュルケームはプラグマティズムとは違うと明確に述べている。すなわち「われわれを満足させるすべての観念が真の観念であるということが間違いだとしても、逆は間違いではない。つまり、何らかの満足をわれわれにもたらすことなしには、ある観念は真理ではない。（中略）実際、真理がわれわれ自身の一要素になるためには、真理がわれわれの役に立ち、有益である必要がある」（Durkheim 1955:176)。先にニーチェとプラグマティズムの違いについてのデュルケームの言説を確認したが、この点に関してのみ言えば、デュルケームはニーチェの立場に近いといえよう。

さらに、個人は実在の創造者でありながら同じやり方で世界をつくることができないならば、どのようにして複数の精神は同時に同じ世界を認めることができるのかという問題は、プラグマティスト達にはなかなかうまく解決することができない問題であったが、「もし表象が集合的作品であることを人々が認めるなら、プラグマティズムの中では持つことのできなかった一致の性質を表象は示す」（Durkheim 1955:174）ことができ、問題は解決するとデュルケームは指摘する。つまり、「結局、実在を創造するのは思考である。そして集合表象のすぐれた役割とは、社会そのものであるところの、より優れた実在を『つくる』ことである」（Durkheim 1955:174）と。

そして、彼は真理が、道徳的規則同様、強制的性格を有していることを指摘する。すべての集合表象がプラティックなプランの上で諸個人の役に立たなければならないということは、それらが実在にぴったり適っている諸行為を起こさせなければならないということである。そしてそれは、表象それ自体がよくこれらの実在に適応していることで可能になると説明する。それゆえに、神話的世界は実在と関係を持つことによって存在が可能となり、また神話的表象が表現する実在が存在しなければならないのである。すなわち「宗教が自らの表象、自らの信仰、そして自らの神話の中に示しているもの、それは社会的実在と社会的実在が諸個人に働きかける様式（manière）である」（Durkheim 1955:177）。そして、宗教が「個人に働きかける様式」であるとは、「個人意識はシンボルによって手に入れた諸事物の力を借りてしか自分の感じるものを表現できない」（Durkheim 1955:177）ということを意味する。そして、デュルケームによれば、「社会が実在を徐々に変形させ、変化させるようにするのは、諸事物によって社会が表現されるからである。こうして、神話的表象の中で、諸事物、たとえば諸々の植物が人間的感情を抱くことのできる存在になる。それゆえに、神話的諸表象は、事物との関連で偽となるが、しかしそれらはそれを思考する主体との関連で真となる」（Durkheim 1955:177）のである。

そして、まさにそこから真理の歴史的可変性が生じるとデュルケームは考える。とはいえ、それはプラグマティズムにおける可変性とは異なっており、彼は「新しい真理が存在するとしても、古い真理は変化せず、またそのために古い真理は廃止されない」（Durkheim 1955:178）と考えている。すなわち「神話的システムに内在するすべての宇宙論（cosmologies）は、互いに異なっているが、しかしこれらの異なった宇宙論は、当然、ひとしく真理であると表現され得る。なぜならそれらの宇宙論は、それを信じる人々との関連で同じ諸機能を果たすからであり、またそれらは同じ社会的役割を持っているからである」（Durkheim 1955:178）。

他方、科学的真理は今日、真理そのものと考えられており、一見して、科学的諸表象と神話的諸表象は大変異なっているように思われるが、そうではないとデュルケームは述べている。つまり、神話的諸表象は社会が社会そのものについて自分のためにつくる観念を表現しているのに対し、科学的諸真理は今のままの世界を表現するように思われる。しかし、科学的諸表象も集合表象であり、「別の手段によるとはいえ、神話的思考とまったく同様に、科学的真理は社会意識を強化するのに寄与する」(Durkheim 1955:178) と説明する。

実際、個別な諸精神は以下の二つの方法によってお互いに一致できるようになるとデュルケームは指摘する。つまり、一つには、個別な諸精神がお互いに混じり合うことによって唯一の集合的精神のみをつくるという方法である。もう一つには、すべての人々にとって同一となっている対象の中で一致するという方法によって宇宙を表現するという方法であり、その時、各々は自分の個性を持ち続けている。最初の方法が神話的思考の方法であり、二番目の方法が科学的思考の方法であるとデュルケームは述べている。

そして、科学の目的が「非個人的諸真理に向かって諸精神を向けること、および不一致や独自性をやめさせることにある」ことをデュルケームは強調する。そして、ギリシアの偉大な思想家たちが知的統一および人間間の相互理解を確保しようとした時にとった方法は客観的実在を対象とすることであった。客観的実在は観察する主体から独立しているので、必然的にすべての人々にとって同じものでなければならないと考えられたからである。デュルケームは「(今日、)科学の目的はまさしく、あたかも事物が全く客観的な悟性によって見られたかのように、諸事物を心に描くことである」(Durkheim 1955:181) と述べている。

こうして、デュルケームによれば、社会世界においては科学的真理だけでなく、神話的で宗教的土台を持つであろう真理の一形式のための場所が常に存在することになる。神話的表象を特徴付けるものは神話的表象が同意見の概念を表現しているということであり、また神話的表象が自分の価値を認めさせるために一つの権威を神話的表象に与えることによって検閲や懐疑から免れるということであった。こうして人間世界では民主主義、進歩、闘争などの宗教的ではないと考える諸々の定式（formule）がわれわれの社会の中で通用するのであり、しかもそうした定式はドグマの性格を持っているので人々はそれらの定式に異議を唱えないのである。

デュルケームは「さらに長い間、どんな社会でも、客観的・科学的真理への傾向と、内から知覚された真理、還元すれば神話的真理への傾向という二つの傾向が存在するだろう」（Durkheim 1955:184）と歴史的見解を述べると共に、その事実は「社会学の進歩を遅らせる大きな障害物の一つ」となることを付言している。つまり、神話的真理の研究は、デュルケームにおいては重要な意味を有する反面で、科学としての社会学が明らかにする真実と対立することを示唆している。

そして、真理の非個人性および強制的性格を指摘するデュルケームは、さらに真理の中に個人的多様性を認めるか否かという新しい問題を提起する。彼によれば、「神話的真理の支配は続く限り、慣習へ盲従することがならわしである。しかし、科学的真理の支配と一緒に、知的個人主義が現れる。つまり、真理を必要としたのはまさに個人主義であり、今後は、社会的同一性が神話的信仰の周りに確立されることはできない」（Durkheim 1955:186）。それゆえに、科学が推敲する非個人的真理は、各人の個性を認めることができる。その理由として、どんな認識対象でも極度に複雑に融合し合っていることから無限の観点を持っていることを挙げている。つまり、生命的観点と機械的運動の観点、静的観点と動的観点、偶発的な観点と決定論的観点などであるが、デュルケームは、正当化されるこの様々な見方が存在することを認めたうえで、「おそらくそれは部分的真理でしかない。しかし、これらの部分的真理すべてが共通意識の中で結合され、そこで自分の限界と自分に必要な補足を同時に見つける」

（Durkheim 1955:186）と述べている。

知的多様性は、こうして科学的真理の確立に必要な一要素になるが、デュルケームの見解はジェイムズが主張した自分の好きなことをする知的個人主義とは全く異なっている。そしてデュルケームは「こうして、一方では、科学的真理は、精神の多様性と両立し、他方では、社会集団の複雑性が絶えず増大するため、社会が自発的に唯一の感情を持つということは不可能である。つまり、ここから様々な社会的潮流が生じる」（Durkheim 1955:186－187）と述べ、ここから以下の三つの帰結を提示している。

（一）　ある人は社会を静的に捉えたり、偶然の結果と捉えるかもしれないが、人々の色々な考えには根拠があることになる。「それらは社会が自らを感じ、自らを表現する様々な様式を示そうとする欲求に対応しているのである」（Durkheim 1955:187）。

（二）　「この変化の他の帰結とは、今後、複雑さの観念および実在の豊かさの観念の上に、したがって、必要であると同時に有効な諸意見の多様性の上に、寛容がたてられなければならないということである」（Durkheim 1955:187）。

（三）　「思索的真理の機能は集合意識を養う（alimenter）ことである」（Durkheim 1955:187）。そこからプラグマティズムを反駁することが可能である。つまり、真理は実在を「コピー」するだけではないので無用の長物とはならない。それどころか、真理は実在に「人間的世界」を付け加えており、このことによって文明は存在することができるのである。

さらにデュルケームは、真理と実在の間にプラグマティズムがいうような異質性があるかどうかを検討する。そして、彼らがベルクソンから論拠を持ってきていることからベルクソンも同時に検討する。

前述したように、プラグマティズムによれば、真理は諸要素の差異を含んでいるが、他方、実在は区別しにくく、境界なしに根本的に互いに結ばれている。真理は実在の本性を歪めることなしには実在を表現することができない。また概念は制限され、限定され、はっきりと境界線を引かれている。それゆえに、概念と実在の間に異質性が存在するのである。この異質性は、変化、運動、そして生命を表現するときにいっそう際立つ。なぜなら、概念は凝結し、すでにできあがったものしか表現せず、生成しつつあるものは表現しないからである。他方、実在においてはすべてが連続し、複雑であり、そして流動的である。

しかし、デュルケームはこの真理論に対して二つの疑問を投げかける。つまり、「実在が連続的で不分割であることから、はっきりと他から区別されるということが唯一思考だけの所産でしかないという結果に必然的になるのだろうか」（Durkheim 1955:190）。また「絶対的な差異がないということから、あいまいさ、つまり絶対的な混乱が存在するという結果に必然的になるのだろうか」（Durkheim 1955:190）と。そこでデュルケームは、絶対的な差異がないことが絶対的混乱を生じさせるのであれば、矛盾律が適用できなくなることを認めなくてはいけなくなることを例として挙げ、それは一切の知的可能性を否定することになるので、事実に反しているとして論理が破綻していることを指摘する。デュルケームの考えでは、宇宙において絶対的なものは何もなく、「諸事物の中には相対的区別が存在している」（Durkheim 1955:190）のである。

そこで次に、プラグマティズムから予想される「生命の自然状態はまさしく不分割である。生命は統一、集中であり、厳密に言えば、そこでは他の部分と無関係なものはなにもない」（Durkheim 1955:190-191）という反論を取り上げる。これはプラグマティズムがベルクソンに同調した考え方である。この反論に対してデュルケームは、実在は差異化に反対するどころか、自ら進んで差異化を望んでいることを指摘する。デュルケームはここでスペンサーの「同質のものから異質なものへ」という進化論を示すが、この定理は不十分であるとして、補足をしている。デュルケームによれば、原初に存在するものも同じく異質的なものであり、ただしそれは混乱状態における異質なものだという。つまり、最初の状態は単に混合しているだけではなく、互いに溶け込んでいる結果、分離することが困難なのである。デュルケームはその例として、単細胞生物の細胞、胎児、宗教生活、原始的家族を挙げている。そこでは活動や機能などの多様性を有しているが相互に無差別な状態なのである。「あらゆる実在の原始的形態はあらゆる種類のエネルギーの不分割な集中なのである」（Durkheim 1955:192）。それゆえに、デュルケームによれば、「進化とは機能の漸進的な分離より成り立つ」（Durkheim 1955:192）のである。ここでさらにベルクソンの主張（反駁）を取り上げる。つまり、彼によれば「生命を構成しているものはエラン・ヴィタル」だというのである。しかし、デュルケームは物質と生命の対立という仮説が容認し難いと表明している（Durkheim 1955:193）。生命が断片化し細分化するのは自らを完全に実現するために自発的に分化しているのであり、また宗教や神話から分離したことによって科学が構成されたように、分化は頽廃ではなく、進歩であるとデュルケームは主張する。

　結局のところ、事物を概念によって思考するのは、相対的な差別を設けることであり、「概念はみごとに実在を表現する。もし概念が判明であるなら、それは概念が精神の単なる所産とはまったく別の区別を表現している」（Durkheim 1955:194）とデュルケームは述べている。つまり、彼によれば、「思考と実在の間に異質性は存在しない」（Durkheim 1955:194）のである。

　そして、さらに予想されるもう一つの「概念は変化や生命を表現できない」（Durkheim 1955:194）という反駁について彼は以下のように述べている。プラグマティスト達によれば、生成とは「できあがりつつある何か」であり、概念はある状態から他の状態への移行運動を表現できないというのである。しかし、デュルケームに言わせれば、生命のこのような考え方自体に矛盾があるという。つまり、実在は可動性だけで定義できず、静的一面も有していると。また、反駁そのものが真実か検討している。「思考は変化に適用される時、常に三つの区切りから成っている。つまり、実現された状態の概念、まだ存在していないので不完全な形で思考された状態の概念、最後に両者における関係の概念である。最後の関係の概念は一つの概念によってうまく表現され得る」(Durkheim 1955:195)。また協力関係をどのように表現し得るかという困難があるが、それは判断や推理によって互いに交流する状態にあることを学ぶことができると答えている。

最後にデュルケームは「区別は概念的思考の欲求である。しかし、それは、区別が精神の中に存在するように、事物の中にすでに存在している。同様に、連続性、つまり連結が諸事物の中に存在するように、精神の中にも存在するのである」(Durkheim 1955:193) と総括している。

## おわりに

前述してきたように、デュルケームはプラグマティズムの要約および評価・批判を通して、彼自身の社会学をわかりやすくしている。またその中では個人のパーソナリティや個人の独創性と社会の関係などについても言及されている。デュルケームにおけるシンボリズムについて既に論じたが(第四章)、本講義内容はデュルケーム社会学と心理学の関連、ブルデューとの比較において重要な示唆を与えている。それゆえに、本講義を大雑把に概観するのではなく、むしろ細かい言説についても注意深く取り上げてきた。

最後に、個人という側面から真理論を眺めることにする。そもそもデュルケームがプラグマティズムを高く評価した理由の一つは「生活と行為の感覚」が存在することであった。つまり、行為をする主体の内面が重要なのである。この考えにはデュルケームの「人間性の二元性」が背景に存在する。すなわち、社会化された諸個人が問題となっているのである。つまり、彼が講義の中で人間の認識が感覚、イメージ、概念という層を成して重なっていることを指摘する時、概念＝集合的表象という図式が重要となる。また、「自覚的な人間、つまり自己を知っている人間は、自分自身を自覚していない人間とまったく同様に行為できない。自覚的な人間の活動は（中略）観念によって導かれた運動であり、心理的な活動である」（Durkheim 1955:171）との表現も同様である。

しかし、ここで注目すべきことは、意識は簡単なプランをつくるだけで、実際の行動を直接強いることは決してできないとデュルケームが考えている点である。私的な行為が自分の置かれている状況においてふさわしいかどうか、つまり「どのように行動するべきかを知るためには、行動しなければならない」（Durkheim 1955:171）と述べている。それゆえに、先にも引用したが、デュルケームにとって、ある観念が真理であると人々が信じる時、現実に適合しているものとして人々が観念をみなしていることが重要なのである。

ある満足をわれわれにもたらす観念はそうした事実そのものによって真の観念であるとするプラグマティストたちの主張が間違っているとしても、逆に「何らかの満足をわれわれにもたらすことなしには、ある観念は真理ではない」（Durkheim 1955:176）と言及していた。あくまでもデュルケームにおいて、他者との理解とは、コミュニケーションを成り立たせている個人内システムとしての集合表象によって可能だという主張が確認できる(22)。そして、この視点から「真理における集合的なものさえも、個々人の意識によってのみ存在していることになる。そして、真理は個人によってしか実現されない」（Durkheim 1955:196）という考えが出てくるのであり、しかしながら、この一文の背後には、同様に社会によって個人は存在するという主張が隠れていることにも注意を払わなければならないであろう。

ところで、前述したようにデュルケームは「プラグマティズム」講義の中で、検閲なしに承認された諸命題の集合体系である「神話的真理」と「科学的真理」を分け、「神話的諸表象は社会が社会そのものについて自分のために作る観念を表現しているのに対し、科学的諸真理は今のままの世界を表現している」(Durkheim 1955:178) と述べていた。神話的真理の説明を見ると、『原初形態』に見られたような相対的な真理論はこれに当たる。また「科学の目的はまさしく、あたかも事物が全く客観的な悟性によって見られたかのように、諸事物を描くこと」であり、まさに社会学がその役割を演じるように運命づけられていると述べている (Durkheim 1955:181)。そして、これからも長い間、この二つの傾向は存在するとデュルケームは考えている。

真理は非個人性によって特徴付けられると考えるデュルケームは、真理の中に、個人的多様性の場所を用意しなければならないのかと問いかけ、「神話的真理の支配は続く限り、慣習へ盲従することがならわしである。しかし、科学的真理の支配と一緒に、知的個人主義が現れる。真理を必要としたのはまさに個人主義であり、今後は社会的同一性が神話的信仰の周りに確立され得ない。科学が推敲する非人格的真理は、各人の個性に場所をあけることができる」(Durkheim 1955:185) と答えている。このように考える背景には、真理の多様性がある。同一の問題に関して、「どんな認識対象でも、考えられる観点の有限性を見せる」(Durkheim 1955:186) が同時にすべての観点に立つ個人的精神は存在しない。結果、「それぞれの精神は諸事物を考察するのにもっとも適していると感じる観点を選択するのに自由ということになる」(Durkheim 1955:186)。そして、それゆえに、それらは部分的真実でしかないとはいえ、正当とされる。しかし、ジェイムズのように、各人が自分の好きなことを勝手に考える権利を持つというのではなく、「それはただ単に共同事業には各人それぞれに異なった任務があり、（中略）各人の気質が自分をこれこれの方向にそそのかすままに、自分の性にあった仕事を選ぶことができるということを意味するだけである」（Durkheim 1955:185、傍点著者）とデュルケームは付言しているが、実際この文章の意味するところを彼の真理論によって補足しても理解は易しくない。つまり、行動する個人における表象（真理）との関連はデュルケーム社会学においてよく理解される反面で、差異化されていく社会化された個人の主観的選択においては、なお十分には説明しきれていないように思われる。

本講義では、真理の多元性から個人の多様性を、あるいは個人が完全に一致しないことをデュルケームは演繹しているが、その時注意すべきは、プラグマティズムを持ち出して、個人の自由で勝手気ままなもの（功利主義的なもの）を否定し、（道徳的な意味での）「理想」に基づく個人の多様性を強調していたのである。結局、デュルケームは、プラグマティズムにおける「真理の多様性」および「行為の感覚」を高く評価して、さらに真理の中に個人的多様性を認めた反面で、プラグマティスト達が真理の強制的性格を見落としたことを激しく批判していた。そして、結論において以下のことを改めて強調するのである。つまり、「真理における集合的なものさえも、個々人の意識によってのみ存在している。真理は個人によってしか実現されない。真理は社会的・人間的であると同時に、生命的な事物でもある。真理は多岐であるが、それはプラグマティズムの言うように勝手気ままなものではなく、実在に基づいて、しかも特に社会生活の実在に基づいて型取られている」（Durkheim 1955:196）と。

デュルケームの真理についてまとめると以下のようにいえよう（Durkheim 1955:196）。

（一）　実在を表現することは有益な機能をそなえており、またその表現は社会に由来する。

（二）　真理は社会的なものなので、それは同時に人間的なものとなり、われわれに近づいてくる。「真理における集合的なものでさえ、個人意識によってのみ存在している。つまり、真理は個人によってのみ実現する」。

（三）　真理は生命的なものでもある。

（四）　真理は強制的性格を有している。それゆえに、道徳的理想が行動のための一規範であるように、真理は思考にとっての一規範である。

（1）　以後「プラグマティズム」講義と略記。

（2）　「プラグマティズムの中に生活と行為の感覚が存在しているからであり、社会学に関して言えば、その感覚はプラグマティズムと共通である。つまり、プラグマティズムと社会学は、共に同時代の子供である」（Durkheim 1955:27）と述べている。

（3）　ここで、デュルケームにおける経験主義および合理主義について説明が必要となる。『規準』の中でデュルケームは、内省という方法をとってきた経験論者を批判している。「ひとが彼自身だけについて観察する諸事実は余りに稀少であり、余りに消失し易く、また変わりやすいために（中略）習慣がわれわれのうちに固定させた諸観念に押しつけることも、それらについて法則を作ることもできない」（Durkheim 1895:29＝一九七九：五六）と述べていたが、本講義ではそのようなすべての知識の起源を経験におく経験論ではなく、『原初形態』で、例えば、主観的時間ではなく客観的に思考される時間であることなどを挙げて、カテゴリーが個人的経験から構成されたものでも先験的なものでもなく、「基本的範疇の総体に他ならない理性は、われわれの意志のいかんともし難い権威を有している」（Durkheim 1912:18＝一九四一［上］：三七）と述べていた時のような、一致をもたらす理性という概念を含めた経験論について述べている。また、合理主義に関して言えば、これはデカルト的合理主義であり、感覚的な経験を混乱したものとして軽視し、すべて確実な知識は生得的で明証的な原理に由来するもの、およびその必然的帰結とするものである。彼は『規準』の中で、デカルトについて以下のように述べている。すなわち、「デカルトは、彼が科学を基礎づけようとしたとき、すでに抱いていたあらゆる観念を疑うことを一つの法則としたが、それは彼が、科学的に練り上げられた諸概念、すなわち、彼が創設した方法に従って構成された諸概念しか用いまいとしたからである」（Durkheim 1895:31＝一九七九：五八、傍点著者）と。なお、感覚的所与に組織を与える普遍的、必然的原理をそなえた精神を考えるカントも当然意識されていると推測される。

（4）デュルケームのこの言説から、宗教などの経験を越えた現象界を捉える時に、デュルケームもまた仮象と基体という二元性を意識しなければならないと考えていたことがうかがえる。

（5）なお、デュルケームは第三の解決としてアムランの観念論を挙げているが、アムランにとって諸事物は概念でしかないとはいえ、それは同じことになるという。すなわち、「観念的な諸状態は、諸事物そのものの中に存在し、真理と実在のシステムは、われわれの外に既成物としてわれわれに与えられている」（Durkheim 1955:46）。

（6）「われわれの精神が事物に《付け加える》ものしか有用ではない。人間にとって重要であることとは、事物の実体（la substance des choses）よりもそれらの副次的な性質である。つまり、光、色、熱などである。考慮に入れることは、われわれが実在から手に入れる用法である。しかるに、もし精神が実在を『見る』にとどまるなら、それは何に良いということになるのか」（Durkheim 1955:49）。

（7）真理が実在のコピーであるということを否定することは、観念における真理の根拠を観念の背後ではなく、観念の前に探し求めるということになる。つまり、既につくられている事物との関係ではなく、生み出されるべきある事物との関係を考察するというのである。デューイによれば、観念は行為と緊密な関係を持っており、真理に関する観念の性質が認められるのは、観念と行為の関係によってなのである。そして、意識の内で真であるのは、デューイが「構成的思考」と注意深く区別していた「思考（pensée）」である。感覚が十分であるかぎり、いかなる問題も提起されない。つまり、動物は、対象が自分に役立つかどうかを感じ、この感覚（単純な意識）にしたがって動く。しかし、混乱や葛藤が生じると事態は変化する。もし動物が自分に必要なものを見つけられないなら、感覚はもはや十分ではなくなり、自分に欠けているものを含む「何か」を探さなければならない。そこで、その動物はどこでそれを見つけ出せるかを知るために「熟考」しなければならない。つまり、「熟慮」は一つの選択を迫られた時にのみ生じるのであり、それは直観、慣習、習慣の中にはないのである。思考は生物が可能な解決の多様性に直面している岐路において生じる。岐路において人は不確実さ、不快感、不安を感じ、均衡を回復させようと努める。それゆえに、思考は今あるものを熟視するために存在するのではなく、完全に実現されたものはすべての意識を眠らせる。また思考は限定され安定しているものを表現するのみでなく、むしろ存在しないものを誘発し、欠けているものを与え、間隙を埋めるのに当てられるのである。思考は過去や現在ではなく未来に向けられている。思考の機能は思索的なものではなく、プラティックなものなのである。つまり、思考は行為に関する最初の情報であり、行為を実現するための最初の推進力である。それゆえに、プラグマティズムによると、思考は実在をコピーするために存在するのではなく、実在を変化させるために現れることになる。合理主義者にとって精神と実在は二つの異なった世界であり、その間には深淵が存在する。他方、プラグマティストは実在と思考が同一プロセスに属すると考える。つまり、プラグマティストは、精神は諸事物の中にあり、また諸事物は精神の中にある。それゆえに、そこにはいかなる断絶も存在しないと考えるのである。

（8）とはいえ、彼はある意味でここに二元論が存在することも認めている。つまり、「関係としての問題」とされるならば、それはある共通部分において互いに交わる二つの連合的システムに属していることになる。すなわち、思考や表象としての客体は、私の個人的な伝記の一要素になる。それは、感覚、情動、記憶、意志といったものの連続の帰結点であり、未来に広がる一連の非常に似た「内的」作用の出発点である。他方、「事物」としての客体は、物理的作用の歴史の一要素となり、対象はその所産なのである。つまり、「もの」としての部屋は火事によって消失するが、表象としての部屋は火事を恐れる必要はないという例が示すように、それは《主体》と《客体》、《表象されたもの》と《表象されるもの》、《事物》と《思考》という二元性が生じる。しかし、ジェイムズによると、それはプラティックなディスタンクシオンを意味するのみで、結局のところ、異なる二つの経験群という観点から知覚された一つの実在に変わりないというのである。しかも感覚的知覚に限らず、イマージュや概念においても同様のことがいえると。

(9)「人間外的真理がそれ自体で、どのように人間と関係を持つことができるのかということを説明するためには、人は人間において真理を理解するという、生活の他のすべての要因とは無関係の人間外的能力を仮定」(**Durkheim 1955:54-55**) しなければならない。

(10) 座りたい私にとっては「肘掛け椅子」でも、アンティークコレクションを集めている人にとっては「オブジェ」であり、「肘掛け椅子」として真ではなく、別のものとして真となっているかもしれないとシラーは説明している。なお、デュルケームはこの例を必ずしも論証的ではないと考えていることを補足しておく。

(11) デュルケームの講義の中での説明の要旨を述べておく。一元論的観点とは、宇宙が《一つ》であると考え、それぞれの要素の位置が全体によって決定されており、その結果全体も諸要素によって決定されてしまうために変化しないという見方である。他方、多元論的観点では、諸部分は異なったまま、ある自主性やある自律性を持ち続け、変化・多様性・偶然性に場所を残している。

(12) 別のところでは、ジェイムズの主張を以下のようにまとめている。「確かにある全体は存在するが、その全体の中に動きに関していくらかの自由が存在する。世界は、それぞれの諸部分に自律という重要な役割を委ねている連邦共和国であり、君主制の社会ではない。たとえば、物理的宇宙は、すべての事物が自動力を有していない世界として、そしてその上に、機械的な所産しか存在しない世界や諸々の力に頼る世界などとして心に描かれる。同様に、人間がお互いに全部伝え合うということ、あるいは人間が相互に愛し合ったり、憎み合ったりするということがわれわれは理解でき、要するに、われわれはすべての意識がお互いに一致し、一つになるようなことが起こるということを想像することができる。統一性はより完全に作られ、しかしながら、統一性は常に部分的、相対的、漸進的状態のままでいる」(**Durkheim 1955:70**)。ジェイムズによれば、世界は何か融通のきかない、堅苦しい、官僚的なものではない。世界は合理主義者たちが認めるような素晴らしい配列を有しておらず、しまりのない宇宙なのである。

(13) 説明にはもう一つの立場がある。つまり、諸事物が非連続的だという原理がそれであり、この非連続の原理は諸事物の外側に存在して、これらの諸関係をつくり、また外からそれらの諸関係を諸事物に押しつける思考である。

(14) ここでデュルケームは、別の非連続主義的学説が存在することを指摘している。それはアムランの「ラディカルな観念論」である。この考え方の中では、実在は非連続的諸要素からつくられているものとしてまさに考えられており、これらの諸概念は限定され、境界を定められ、お互いに異なっている。にもかかわらず、そのように構成された実在は、その統一性を外的源泉から少しも受け取っていないのである。実在を構成するこれらの無数の概念は、お互いに必要とし合い、互いに手を差しのべ、お互いに無関心ではないのである。つまり、実在において統一性が内在しているのである。この学説は議論される値打ちがあり、ある意味ではこの学説はおそらく表現の仕方によってしかラディカルな経験主義の連続主義的な仮説と異なっていないとデュルケームは述べるが、それ以上には言及していない。なお、アムラン（一八五六‐一九〇七）はデュルケームの親友の一人であり、ボルドー大学での同僚であり、一九〇五年にはソルボンヌで教授に就任している。一九一三年にデュルケームはアムランの本のために序文を書いている（Hamelin, *Le systéme de Descartes*, Alcan, 1911.）。なお、「序文」はDurkheim 1975c:433-438にも収録されている。

（15）デューイの道徳に関する論文があるが、「彼の道徳理論は彼の真理論にまったく依存していないように思われる」（Durkheim 1955:129）とデュルケームは述べている。

（16）ここでデュルケームは自身の主張する「人間の二元性」を意識しているが、それ以上は触れていない。

（17）ジェイムズがベルクソンの議論からアイデアを借りて晩年にこの議論を展開したことをデュルケームが見逃しているわけではない（*Univers pluraliste Philosophie de l'Expérience*：第四章ベルクソンと彼の主知主義批判）。その中で、ジェイムズはベルクソン同様、実在と概念が対照的な性質を有していると主張している。しかしながら、デュルケームによれば、真理は判断を前提としており、また判断は概念を前提としている以上、概念的思考が成り立つためには概念と諸事物の間に親近性が存在しなければならないとデュルケームは指摘する。また、その中でゼノンの議論が取り上げられているが、現代の最も偉大な合理主義者であるシャルル・ルヌーヴィエによるゼノンの議論批判から、不可能性の強調が必然的に主知主義を破滅させることにはならないと反論している。

（18）デュルケーム自身、この原理は受け入れられないが、ジェイムズの論を理解するためにひとまず認めたと仮定して話を進めることにすると述べている。フォコネが指摘しているように、『原初形態』の中で、概念は単なる一般的観念ではなく、社会的なものが個人的なものに対立するように、経験的なものに対立するある一つの《特殊な*sui generis*》表象であるとデュルケームは述べているのである。

（19）デュルケームは最初の観念が偽りであるにもかかわらず満足が獲得される場合もあることを例に挙げて、満足を真理に規準にすることに対して疑問視している。つまり、デュルケームは原始社会においてよく見られる例を挙げている。つまり、粗野な精神の人に、彼を傷つけている肉体的な害は彼の体に入り込んだ悪魔によるということを納得させたと仮定する。人は彼にとても不愉快な物質を食べさせ、その物質が彼を苦しめていた悪魔を逃げ出させたと彼に断言する。彼はそれを信じ、回復する。その結果はまさに期待された結果であり、「適している」ものでさえある。しかしこの場合、その観念は大きな偽りであったのである。

（20）実際に絶対的な形でこれらの二タイプを見ることは決してないことを認めたうえでのことである。

（21）意識は単に大脳活動などの生理的現象に随伴して起こる現象であるとする説のこと。

（22）「実際、真理がわれわれ自身の一要素になるためには、真理がわれわれの役に立ち、有益である必要がある。すべての集合表象は、実践的プランの上で、諸個人の役に立たなければならない。つまり、それは諸事物（現実）、別言すれば集合表象がつながっている実在（現実）にぴったり合わせられた諸行為actesを起こさせなければならないということだ。ところで、これらの行為をおこさせることが可能となるために、表象それ自体がよくこれらの実在（現実）に適応しなければならない」（Durkheim 1955:176 - 177）。

# 第五編　ブルデュー社会学との比較および補完

「権力への意志は原始的な欲情形式であり、その他すべての欲情はこの意志によって形成されたものにすぎない」[1]。

ニーチェ『権力への意志』

# 第八章　デュルケームにおけるシンボリズムと「個人意識」

## はじめに

デュルケームの客観的認識という伝統は、フランスではギュルヴィッチの登場と共に、また第二次世界大戦後にはサルトルの実存主義などの台頭により、さらに心理学の発展と共に弱まり、社会を対象として見るというよりも「個人」をその対象にするという傾向が強まったのは事実である。そのような状況にあって、構造主義の登場は主体を創り、操作する「構造」に再注目させることとなった。レヴィ＝ストロースは個人に外在する存在としての「構造分析」というデュルケームの客観的方法を踏まえながらも、デュルケームに帰還するのではなく、そこから社会学的認識における主観主義と客観主義との対立の超克を試みたのである。そして、その試みは、ピエール・ブルデューに引き継がれ、彼は行為者の「実践」という個人の主観から個人に外在する「構造」への道筋を開いたのである。

ブルデューは、客観的構造と主観的表象との間の関係について「ハビトゥス」を媒介にすることで相反すると思われてきた両者を結び付けた「実践の理論」を提示することに成功したように思われる。彼は、デュルケームの「透視の幻想」を断ち切る(2)という考え、すなわち、われわれの行動が極めて身近なもので容易に認められるような個人的関心によって確定される時ですら、自分では意識していない有機的諸状態、遺伝的諸傾向、根強い諸慣習に起因しているために、最重要ではない部分しか識別できない。まして、社会的諸原因の影響の下に行動する場合には、ますますそれらに気づかないのであるとの主張（Durkheim 1970:246＝一九八八：一九二‐一九三）を受けて、「社会生活は、それに加わっている人々が抱く見解によってではなく、意識が取り逃がしている深い原因によって説明されなければならないという考えを、われわれは稔り豊かなものだと信じている」（Bourdieu 1973:30＝一九九四：四八）と述べている。しかしながら、ここで注意しなければならないのは、デュルケームの意図が主観的アプローチの回避であったのに対し、ブルデューは見えないものによる人々の拘束、つまり人々の「実践」における「非意識の原理」を重視していたということである。(3)

ところで、ブルデューは「行為者」の意識を問題にしているが、そもそもデュルケームに「行為論」が存在するかどうかについては多くの議論が存在する。(4)それゆえに、デュルケームが客観性に欠けるとして排除した「諸個人の主観」に焦点をあてることは大きな試みであると同時に重要なことであるように思われる。実際、第四編で確認したように、デュルケームは、真理とシンボルに関して以下のように述べていた。つまり、神話的真理は検閲なしに承認された諸命題の集合体であり、「神話のこの客観性を創造するのは諸表象であり、またこの創造的力（pouboir）をそれらの表象に授けるものを創造するもの、それは諸表象である」（Durkheim 1955:144）。また、「真理による諸精神の上への認められた圧力は解釈する必要がある一つのシンボルである」（Durkheim 1955:175）。さらに、何らかの満足をわれわれにもたらすことのできない観念は真理ではないので、個人における挫折、失望、苦悩という経験は行為が不適切な表象につながっているとわれわれに警告し、別の表象へ向かわせると述べている。

他方、「実践の理論」を提示したブルデューは『再生産』の中で、公理0として「およそ象徴的な暴力を行使する力、すなわちさまざまな意味を押しつけ、しかも自らの根底にある力関係を多い隠すことで、それらの意味を正統であるとして押しつける力は、そうした力関係の上に、それ固有の力、すなわち固有にシンボル的な力を付け加える」（Bourdieu 1970:18＝一九九一：一六）(5)と述べている。

神話的真理を真理たらしめるデュルケームの「シンボリズム」と“Worldmaking”を行なうブルデューの「象徴権力」にはかなり近しい関係が有すると考えられる。そこで、本章では、まず、ブルデューにおけるシンボリズムを明確にしたうえで、デュルケームのシンボリズムを位置付ける。次いで、デュルケームの「個人」に内面化される「内的集合意識」とブルデューの「ハビトゥス」との関わりを分析する。

なお、デュルケームにおける「個人」を分析するにあたり、H・アルパートの以下の指摘に注意を払いたい。つまり、デュルケームは独立した科学としての社会学を確立するためにタルドやスペンサーなど多くの理論を批判し、その結果、その時々に応じて「個人」の意味に相違が生じている。そして、（一）生物学的個人、（二）心理学的個人、（三）孤立した有機的・精神的個人、（四）社会的個人、（五）有機的・心理的・社会的個人（現実の人間）という五つの個人を挙げている(6)。本章では（五）の現実に存在する個人を念頭においている。

## 一・ブルデューとデュルケームにおけるシンボリズム

ブルデュー社会学において「シンボル」には非常に重要な意味が込められているが、彼は「シンボル」について明確に定義していない。彼は著書『ディスタンクシオン』において、人々を序列化する重要な尺度として経済的・文化的資本を使用しているが、尺度としての資本の中に「象徴資本」は含まれていない。それでは象徴資本とは何なのだろうか。彼は、象徴資本とは知覚のカテゴリーに従って、正統なものとして認知され承認された経済的ないし文化的資本であると述べている（Bourdieu 1987:160＝一九八八：二一二）。つまり、経済的・物質的資本および文化資本の価値は、変化するというのである。例えば、どんなに英語に堪能であっても英語圏ではなくフランス語圏に行くとその価値が下がってしまうことと同様である。それゆえに、彼の場の理論とは、その場において有効な論理に従うことによって、他の場では生じ得ない価値を諸資本に加算することができるというのである。裏を返せば、闘争に勝つことによって、本来であれば価値のないものに経済資本に匹敵する価値を付け加えることもできるという、まさに魔術的な力を手に入れることができるのである。それゆえに、ブルデューにとって、象徴闘争は共通の意味の産出をめぐるものであり、正統的命名の独占権をめぐるものとなるのである。つまり、一義的には、記号や目印の背後に何ものかを指示する意味形象という意味で「シンボル」が用いられている。

彼は「象徴闘争」と「経済的・文化的財」の関連について以下のように述べている。「経済的財あるいは文化的財の所有化をめざす闘争はまたかならず、分類されかつ分類する財や慣習行動というこれらの弁別的記号の所有化を、あるいはこうした弁別的特性の分類原理の保守または転覆をめざす象徴闘争でもある」（Bourdieu 1979:278＝一九八八［I］：三八五）と。つまり、社会において行なわれる経済的財および文化的財の所有を目指す闘争は、獲得する方法として二通り存在している。一つは、地道な努力によって経済的・文化的資本を獲得するというものである。もう一つは、正統性を獲得するというものである。ブルデューは、前者を「分類されかつ分類する財や慣習行動というこれらの弁別的記号の所有化」、後者を「弁別的特性の分類原理の保守または転覆」と述べている。

さらに、象徴的道具に関する図を参照してもらいたい（図8・1）。この中でブルデューは、「象徴的道具」を分類し、「象徴形式」と「象徴的事物」を区別している。「象徴形式」とは、構造化させる構造(7)、つまり、客観世界を認識し、構築する道具としての主観的構造のことである。すなわち、象徴形式とは「弁別的特性の分類原理」であり、人は社会的世界の知覚と評価のカテゴリー、認識構造と評価構造を与えられることによって、世界像の見方をも限定される。そして、それらの原理の生産者（支配集団）は、知覚・評価図式を変化させることによって差異

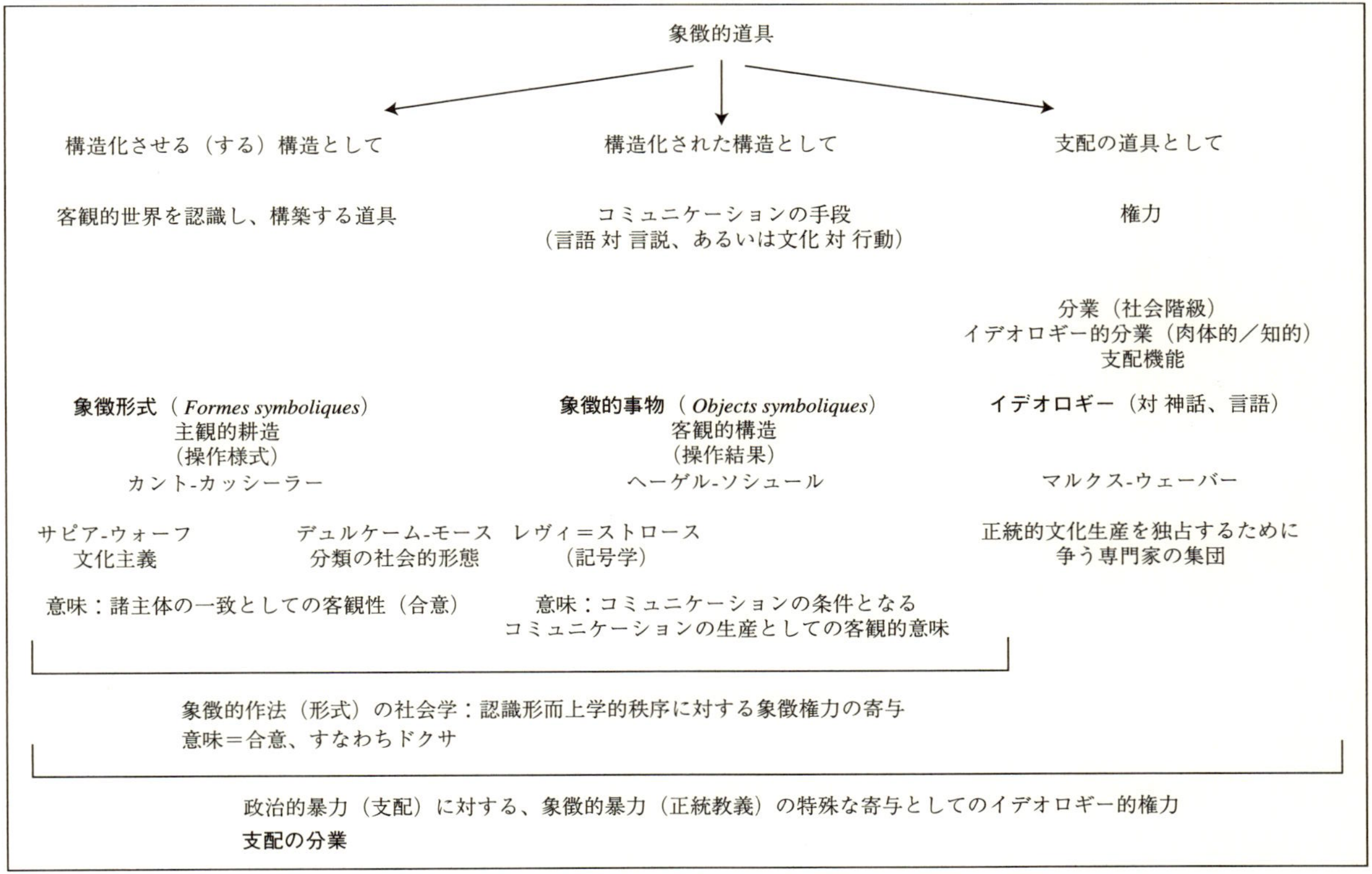
象徴的道具
構造化させる（する）構造として
構造化された構造として
支配の道具として
客観的世界を認識し、構築する道具
コミュニケーションの手段
（言語 対 言説、あるいは文化 対 行動）
権力
分業（社会階級）
イデオロギー的分業（肉体的／知的）
支配機能
象徴形式（ Formes symboliques）
主観的耕造
（操作様式）
カント-カッシーラー
象徴的事物（ Objects symboliques）
客観的構造
（操作結果）
ヘーゲル-ソシュール
イデオロギー（対 神話、言語）
マルクス-ウェーバー
サピア-ウォーフ
文化主義
デュルケーム-モース
分類の社会的形態
レヴィ＝ストロース
（記号学）
正統的文化生産を独占するために
争う専門家の集団
意味：諸主体の一致としての客観性（合意）
意味：コミュニケーションの条件となる
コミュニケーションの生産としての客観的意味
象徴的作法（形式）の社会学：認識形而上学的秩序に対する象徴権力の寄与
意味＝合意、すなわちドクサ
政治的暴力（支配）に対する、象徴的暴力（正統教義）の特殊な寄与としてのイデオロギー的権力
支配の分業

図8・1　象徴的道具（Bourdieu, 1977a:406）

化されていないものから差異を生み出すことができ、非生産の集団（被支配者集団）との隔たりを生じさせる世界像を正統なものとして疑問視されることもなく、押し付けることができるのである。なぜなら、被支配者の人々にはそのようにしか世界を認識することができないからである。他方、「象徴的事物」とは構造化された構造としての客観的構造であり[8]、「弁別的記号」を指すが、『ディスタンクシオン』の中では、弁別的記号は「生まれながらの卓越性」を生み出すもの、つまり人々（あるいは集団）を差異化させる記号を意味する。こうして、社会的世界の知覚に関する象徴闘争は、主観―客観という二つの形態をとって行なわれるのである。

　また、ブルデューは分類原理も弁別的記号も「社会的起源を持つ」（Bourdieu 1987:147＝一九八八：一九五）と述べている。換言すれば、現実社会を把握するためには、論理的道具を利用しなければならないが、その形式そのものは諸個人の経験によって獲得されるものではなく、必ず社会的起源を有しているというのである。さらに、象徴形式と象徴事物は相互補完的な関係を持っており、主客両面から象徴効果を高めるように働きかけている。それゆえに、行為者は確かに世界について能動的に形成する能力を持っており、自分たちの世界像を各自構築しているが、その構築は構造的拘束のもとで行なわれるというのである。社会的距離は、身体の中に、より正確に言うなら、身体、言語、時間に対する関わり方の中に刻み込まれており、それゆえに、ハビトゥスを通じて行為者が社会的世界を把握する心的諸構造は、本質的には、社会的世界の諸構造の内面化の産物によるためにドクサ的様態になる。そして、知覚性向が位置に合わせて調整されることにより、最も不利な行為者でさえも、世界を当然のものとして知覚し、疑問を生じることもなく自然に世界を受け入れる傾向を持つことになる。

　この視点は、歴史の過程において真理と誤謬が混合しており、集合表象の優れた役割がより優れた実在を「つくる」と考えていたデュルケームに通じるところが多い。実際、ブルデューは図8・1においてデュルケームをサピア（およびウォーフ）とレヴィ＝ストロースの間に位置付けている。つまり、ブルデューは理論構築においてデュルケームの構造的側面を重視しているが、シンボリズムにおいては、デュルケームが構造化させる構造と構造化された構造という両方の立場を有していたとされている。デュルケームにおける創造の力の原語はpouvoir créateurである。それゆえに、ブルデューの象徴権力（pouvoir symbolique）との比較を試みることは有益であるように思われる。

ブルデューは、「象徴」同様、「象徴権力」について明確な定義を行なっていない。そこで、「象徴権力」に関するいくつかの記述からその特徴をまとめることにする。ブルデューによれば、「象徴権力とはWorldmakingの力」（Bourdieu 1987:163＝一九八八：二一五）であり、「言明（énonciation）によって、根拠を構成し、見させそして信じさせ、世界観を、またそれによって社会に合わせた行動と、それゆえに世界を堅固にしたりあるいは変形させたりする力であり、また流通の特別な効果のおかげで（物質的あるいは経済的）力によって獲得されたものと同等のものを獲得することを可能とさせる、ほぼ魔術同然の力」（Bourdieu 1977a:410）であるとされている。つまり、象徴権力が行使されることによって、本来は恣意的なものが、公認され、正統性を有するということになる。そしてその結果、正統化された「象徴形式」によって、人々にある世界観を見させ、また信じ込ませることを通して、社会に適した行為とその社会（構造）そのものを堅固にしたりあるいは変形させたりすることができるのである。

さらに、象徴権力は「実際、自分たちがそれを耐え忍んでいるということを、あるいは自らがそれを行使しているということさえ知りたがらない人々の共犯を伴ってしか行使されえない、目に見えないこの権力のことである」（Bourdieu 1977a:405）とも述べている。それゆえに、「権力を行使する人々とそれを耐え忍ぶ人々の間で、すなわち場（champ）の同じ構造の中で、一定の関係の中でまたその一定の関係によって決定されるということ、あるいは象徴権力は信念を生じさせまた再生産させるということを意味するのである」（Bourdieu 1977a:410）とされ、その結果、「一種の《中心が至る所にあり、またどこにもないという円》」（Bourdieu 1977a:405）ということになる。

それゆえに、彼の象徴権力は、「象徴形式」および「象徴諸事物」を正統なものとして被支配者に対して押し付けが可能となる時間的・空間的に制限が加えられる「場」の存在が必要なのである。そして、そこでは、正統性を押し付ける象徴暴力を行使する支配者と行使される被支配者が存在しており、さらに、隠蔽されている権力を行使する側も耐え忍ぶ側も、権力の行使に気づかずハビトゥスによって、つまり、無意識および非意識の原理によって、両者が自主的に「社会に適合した行為」を行なっていることをブルデューは強調する。

ところで、デュルケームは政治社会という言葉をどのように理解すべきかを規定するにあたり、以下のように述べている。「いかなる政治集団にせよ、その観念に含まれているひとつの本質的な要素は、統治者と被統治者との、権威とそれに服する者との対立である。おそらくその区別は、社会進化の端緒においては存在していなかったと思われるが、この仮説は、その区別がほんのわずかしか認められない社会が知られているだけに、それだけ正しいものと考えられる。だが、いずれにせよ、この区別が見られる社会は、それを欠いた社会と一緒くたにはできない。両者は、別々の擁護でもって呼ばれなければならない2つの相異なった種類の社会であり、政治的、という形容がなされなければならないのは、前者である。というのも、もしこの表現に意味があるとすれば、政治社会とはなによりもまず組織、少なくとも萌芽状態として存在する組織、つまり権力―安定していようと一時的なものであろうと、また弱体であろうと強力であろうと、内容のいかんにかかわらずその行使が及ぶ―の構成体である」（Durkheim 1969:79-83＝一九七四：七六‐七九）。そして、権力や領土などによって政治社会を定義するのではなく、「ある同一の権威に服する相当数の二次的社会集団の結合によって構成され、他の正規に構成されたいかなる上位の権威にも服さない一社会」（Durkheim 1969:83＝一九七四：七九）と政治社会を定義している。

すなわち、権力を国家権力に限定せず、人々の集まりにおいてどこにでもある力を権力と見ていたブルデューやフーコーにデュルケームの視点は似ている。だが、ブルデューは、ウェーバーの権力論[9]を高く評価する一方で、デュルケームに関しては以下のように述べている。「デュルケームは、社会秩序を人工的なものとして表象するのに反撥したため、拘束の外在性を強調するにいたった。これに対しマルクスは、もろもろの正統性のイデオロギーの下にあってそれを基礎づけている暴力の諸関係を明らかにするのに執着するあまり、支配的イデオロギーの効果の分析にあたり、被支配者によって支配の正統性が承認されることもあるという、力関係の象徴的補強の実際の効果を過小にみがちである。それゆえウェーバーは、デュルケームにもマルクスにも対立する。それは、彼のみが、権力の行使とその永続化に関する正統性表象の特有の寄与を正面から対象に据えているからである」（Bourdieu 1970:18-19＝一九九一：一七、傍点著者）と[10]。

しかしながら、デュルケームにおける神話的真理と科学的真理の混在、あるいは真理と（信じる人には力が発生する）誤謬の混交という視点から、彼は社会秩序を集合的所産という意味において「人工」的であることを否定していなかった。また、第四章で述べたように、デュルケームのシンボル論では、ブルデューの述べる主観的側面に関わる「象徴形式」および客観的側面に関わる「象徴的事物」による両面からの拘束性を指摘していたことを確認した。さらに、プラグマティズム講義においては各個人においては集合的所産としての真理の確認方法は、本人の実践によるとされていた。

以上のことを想起するとき、ブルデューの前記の指摘は必ずしも正しいとはいえない。むしろ、プラグマティズム講義におけるデュルケームのシンボリズムは、ブルデューのシンボリズムそのものであるかのように感じる。他方、デュルケームは時代・空間によって制限され、究極的には明日には誤謬とされるかもしれない真実・価値の存在を認めていただけであり、階級闘争、象徴闘争という視点はない。また先の引用文で確認したように、デュルケームにとっては権力よりも権威が重要であった。デュルケームとブルデューのシンボリズムの関連が明確になったので、続いて両者の実践に関わる内的集合意識と「ハビトゥス」について探ることにする。

## 二．構造を身体化・内面化するハビトゥス：ブルデューの視点

意味や価値を生じさせるのは地位と地位の間の関係としての「構造」であると考えたブルデューは、「発生論的構造主義」あるいは「構築主義的構造主義」の立場から「客観的構造」と「主観的表象」の対立は擬似的問題であると考える。そして社会構造の生成と（関係論的な）社会構造を有する場の中で生活する行為者のハビトゥスのディスポジシオンの生成を理解することで、構造が人間にとって「外在的なもの」と見るのか、それとも特定の個人の中で生じることと見るかは、一方が他方を前提にしているという点で相互補完的な一つの現象であると考える。

彼によれば、社会的行為（実践）は、ある一定の「場」において、「物質的・経済的あるいは象徴的・文化的利益」を維持あるいは増大させるための競争あるいは投資として描かれている。それゆえに、「場」には既に獲得している経済資本および文化資本をもとに参加する少なくとも二つのポジシオンが存在する。一方は、支配のポジシオンであり、このポジシオンにあるものは、支配権力を維持・強固にするために資本の獲得を目指し、もう一方の支配されるポジシオンのものは、上流社会への移行を目指して資本の獲得を目指している。そして、彼は自由主体としての個人がいかに構造によって支配されているのかを解明する。しかし、社会的行為は構造によって直接的に規定されるものではなく、ハビトゥスという「身体化された分類図式」の媒介を通して、間接的に規定されるので

あり、また逆にこのハビトゥスという「主体的契機」が構造の再生産に寄与し、したがってまた構造を規定し返すことにもなる。

ところで、この実践を生み出す主体的契機としてのハビトゥスとはいかなるものなのだろうか。「ハビトゥスとは、持続性をもち移調が可能な心的諸傾向のシステムであり、構造化する構造として、つまり実践と表象の産出・組織の原理として機能する素性を持った構造化された構造である」（Bourdieu 1980b:88＝一九八八［一］：八三）とブルデューは定義的に述べている。私は、第一に「持続性」を持つこと、第二に「移調が可能」なこと、第三に主観主義と客観主義という二面性を有していること、というハビトゥスの三つの側面からアプローチする。

第一の点に関してブルデューは次のように述べている。「歴史の生産物たるハビトゥスは、個人的・集団的実践を、歴史が生みだした図式に沿って生産する。それは過去の経験の能動的な現前を保証する。それら過去の経験は、各々の組織体に知覚・思考・行為の図式という形で沈殿し、どんな明確な規則よりも、顕在的などんな規範よりも間違いなく、実践相互の符合と、時間の推移の中での実践の恒久性を保とうとする傾向を持っている。現に進行しつつあるものの中に存続する過去、自らの原理に従って、つまり内部法則（中略）にしたがって構造化される実践の中に存続する自己実現し恒久化する傾向をもつ過去、これが心的傾向のシステムである」（Bourdieu 1980b:91＝一九八八［一］：八六）と。そして、これらの心的傾向が外部諸力の作動を持続的かつ体系的に、非機械的に可能にするのである。

第二の「移調可能」と「置き換え可能性」は同様のことを言っていると思われる。そして、この「移調が可能」ということに関し、安田尚は「フランス語の原語＝transposableは、音楽用語でいう『移調可能性』の意味を含んでいる。（中略）ここで言えば構造には変化がないのである」（安田 一九九八：六五）と述べている。実際、『資本主義のハビトゥス』の中でブルデューは、アルジェリアの新しい経済に適合したハビトゥスを形成することができない、定職を持たない圧倒的多数の下層プロレタリアと適合したハビトゥスを形成することができた安定したプロレタリアについての分析を通して、「人々の性向の新しいシステムは、真空の中で形成されるのではなく、これまでの伝統的な性向から出発して作られる」(Bourdieu 1977b:15=一九九三:一五)ことを指摘し、「非西欧の文化的伝統で行為主体は、強制された機械的で受動的な適応によるのではなく、自ら創意工夫することによってしか、貨幣経済にうまく適応することができない」(Bourdieu 1977b:14=一九九三:一三)ので、その結果、「前資本主義的な生産様式の遺制がそれと結びついている性向とともに維持され続けている」(Bourdieu 1977b:15=一九九三:一六)と述べている。

ブルデューは、階級の生活条件が特に具体化される「家族」が、原初的なハビトゥス形成の場となり、そこで生産されたハビトゥスは「それ以後に来るあらゆる経験の知覚と評価の原理になる」と述べ、原初的ハビトゥスを基礎としてその後の経験によって移調がなされることを示唆している。また『再生産』で教え込みの様式が一つのハビトゥスを別のものに完全に置き換える「押しつけ様式」と既に身体化しているハビトゥスの「補強様式」の両者の間のどこかに位置しているとブルデューは考えているが、仮に「押しつけ様式」のみが強行されたとしても、アルジェリアでの例に示されているように、ハビトゥスを白紙に戻してのゼロからの構築ではなく、身体化されているハビトゥスをもとに変化させる(結果変化には抵抗がある)と考えるべきである。

第三に関して、ハビトゥスを理解するにはハビトゥスの二面性とその関係について理解する必要がある。つまり、ブルデューの主観主義と客観主義の弁証法的方法による超克に関わるのだが、ハビトゥスには主観に関わる面と客観に関わる面が存在するのである。一方では「実践と表象の産出・組織の原理としての心的諸傾向のシステム」としての側面であり、他方では、「事前に傾向性を与えられた構造」としての側面である。また、後者については第一の特徴である「持続性」との関わりで論じたので省略するが、ブルデューはハビトゥスが「持続する過去」であると同時に限定付きの「無限の力」であると述べている。「ハビトゥスは構造の所産であるが、その構造はハビトゥスを通して、機械的決定論の道にしたがってではなく、ハビトゥスが行う発明の初めから割り当てられる制約と限界を通じて実践を統御する」(Bourdieu 1980b:92＝一九八八［一］：八七)のである。また、制約とか限界について彼は、「客観的確率と主観的な願望との間に非常に密接な相関関係が規則的に観察される」のは、「自分たちが成功するチャンスの正確な評価に自らの望みを意識して適合させるから」ではなく、「確率の低い実践を、考えられぬものという名目の下に排除しているのである」と述べている(Bourdieu 1980b:90＝一九八八［一］：八五)。つまり、行為者は不可能であることを拒絶するように方向付けられているので、そこには「強制」も「拘束」も感じないのである。そして、「身体化され、自然となり、そこからして、そのものとしては忘却された歴史であるハビトゥスは、(中略)直接の現在が外部から及ぼす様々な規定に対する相対的な独立を実践に付与するのである」(Bourdieu 1980b:94＝一九八八［一］：八九)。

他方、ブルデューはウェーバーの合理的行為の純粋モデルを批判して、「実践は、計算上にしか存在しない抽象的・非現実的な観念にすぎぬ利益の平均的チャンスなるものに依存しているわけではなく、別個の行為者ないし行為者の集合が有する彼ら特有のチャンスに依存している」と述べている。またこの点に関しては、『資本主義のハビトゥス』の中で「未来に対する行為主体の行動の性向は、(中略)特定の客観的な未来の構造に拘束されている」(Bourdieu 1977b:7＝一九九三：六)と述べている。こうして、ハビトゥスを媒介とすることによって、行為者は客観的に調整を受けることによって、規則的でありながら規則への従属の産物になることなく、また指揮者に依存せずに、集合的にオーケストラ編成されるのである。なお、この第三の特徴に関しては、「象徴形式」と「象徴的諸事物」という彼の「象徴」の二面性とそれらの相互補助の作用を思い出していただきたい。

場とハビトゥスと実践の関係を簡潔に述べると以下のようになる。行為を行なう主体としての個人は、ある「場」の中で生活をしている。そして、その場の中には、上下関係を伴った社会構造が（必ず）存在している。そこでは、個人はどちらか一方のポジシオンの作法を身につけることになるが、その作法は上下関係を前提に形成されているので、結果、関係論的な社会構造を身体化・内面化したハビトゥスが個人の内部に形成される。その時、重要なことは、ブルデューにとってハビトゥスは主体によって「構築される」のであって「受動的に記録される」ものではないと考えていることである。そして、ハビトゥスは、移調可能な心的システムであるので個人経験によって変化が生じ、個別化されることになる。ここで若干説明を加えなければならないが、階級ハビトゥスは同じ階級の人々に同質性をもたらすとブルデューは考えている。しかしながら、それらの人々が同一の行動をとらない理由は、同一階級の人々はその階級の中でさらに異なった地位を占めており、また経済的および文化資本の所有量に差が生じているからである。そのため、階級内における人々は同質性とは別に個別的な個人ハビトゥスが生じ、個人は内面化したハビトゥスを媒介として戦略を練り実践を行なうことになる。そして、その時「ゲーム感覚」が重要な要因となる。こうして、個人の実践は感覚とか自分の自由な選択のつもりでも、実は社会構造（不平等）を知らないうちに再生産するように方向付けられているというのである。

## 三．集合意識の個人への内在化―内的実在としての社会の役割―

### (一)「人間の二元論」：個人意識のモデル化

一九一七年にデュルケームは「社会の定義」(Durkheim 1975a:71) の中で、動物の社会は本能によって内部から統治されるのに対し、人間の社会においては、行為様式が個人の外から命令・提示され、同時に社会は個人の中で継承・具体化されると述べている。デュルケームの重要な概念の一つは、社会を「外在的」かつ「内在的」存在として二重性をもって捉えていることである。そして、内在的存在としての社会は、社会の二重性だけでなく、人間における二重性をも生じさせるのである。

彼は『宗教生活の原初形態』(一九一二) において、「集合表象は空間だけでなく時間にまでも拡がっている高大な協働の所産である。これを作るため、さまざまな精神の一群が観念と感情とを連合し、混淆し、結合したのである。長い一連の世代がこれに自らの経験と知識とを堆積したのである。(中略) これによって理性がどのようにして経験的認識の範囲を凌ぐ力を持つに至ったかが理解される。理性はこの力を (中略) 神秘力から得てきたのではなくて、(中略) 単に人間は二重であるという事実によっているのである」(Durkheim 1912:22 - 23＝一九四一 [上]：四二 - 四三) と述べている。彼はこの二元性を証明する例として、われわれが内心において、思惟の規範から逃れようと試みる時、「自分が完全には自由ではなくまた何物かがわれわれの内や外で抵抗している、と感ずる」(Durkheim 1912:24＝一九四一 [上]：四四) ことを挙げている。さらに一九一四年には、『原初形態』を補足する形で二元性について論じ、二群の意識は単に起源や特質によって異なるだけでなく、相互に矛盾し、否定し合うという真の対立関係にあることを指摘している（Durkheim 1970:318＝一九八八：二五三）。

デュルケームのこれらの「人間の二元性」に関する発言から、個人意識のモデル化を試みる（図8・2）。図8・2においてAは「個人的なもの」を、Bは「内在化された集合意識」をそれぞれ示している。そしてAとBの領域全体が個人意識の全体を意味しているが、デュルケームによると、AとBは反発し合う関係にあるにもかかわらず、共に個人意識において絶対に存在しなければならないのである。自我は「思考するためには存在しなければならず、個別性を持たなければならない」。他方、「自我は完全無欠で、もっぱら自我自体であるということはできない」と述べている（Durkheim 1970:319＝一九八八：二五三）。それゆえに、二元性においてはこの反発性をいかに調和させるかが彼の重要なテーマとなる。それらのことを踏まえたうえで図8・2においてはAとBの領域の重なり具合と双方の大小および強弱を見なければならない。

現在の社会においてはエゴイズム化・アノミー化が進み、Aの枠の強調・膨張が進み、Bの領域そのものが飲み込まれようとしている。この近代化の過程を考えるうえでAにおける二つの性質を押さえる必要がある。つまり、Aは『道徳教育論』で述べられていた「教育される以前の生来持っている気質」であるだけでなく、『自殺論』においてデュルケームが述べているように「エゴイズム」という新しい集合意識としての要素も含んでいるのである。そのために近代以降の社会においては、放っておくと「個人的なもの（A）」が強く大きくなる傾向を持っている。換言すれば、個人は社会的なものだけでなく、集合意識としての「エゴイズム」も内面化していくことになり、しかも「社会的なもの」の内面化以上にエゴイズムの内面化の方が促進されやすいのである。なお、『自殺論』において自己本位的なもの、集団本位的なもの、そしてアノミーは互いに和らげあっているとデュルケームが述べていたことから考えられるように、Cの領域はバランスのとれた状態であるといえる[11]。

このように、この図は個人意識の全体と見る一方で、個人意識の傾向性、つまり個人意識がある一時点においてどのような状況（どの位置）にあるのかということを示す確率的な意味も付与されている。例えば、ある個人が一人で散歩をしていた時には、むしろAの領域に意識は存在するが、その時、親友に会い「今度何かをしよう」という話になった時にB（あるいはC）の領域にいる。そして、Aの領域が大きく強いほど、Bの領域が現れる可能性が少ないということになり、逆のことも成り立つ。

ところで、アルパートが指摘しているように、デュルケームが「人間の二元性」について語る時、それは現実としての人間を示しており、「社会的存在としての人間」と生物学的・心理学的個人の複合体を意味している。そして、「現実に存在するもの」としてデュルケームが個人について語る時には、この第五の意味だけでなく第四の意味だけで語る場合もあることに注意する必要がある。

## （二）「集合意識」と「人間の二元性」

図8・2を補足するために彼の「集合意識の変動」との関わりについて簡単に触れておきたい。『社会分業論』（一八九三年）において、デュルケームは機械的連帯の社会から有機的連帯の社会への一見単線的な社会変動[12]を論じる中で、「共通意識」が減退するのに応じて新しい「集合意識」が生じてくることを指摘している。他方、『宗教生活の原初形態』では循環的な集合意識について論じられている。私は、両者の関係を断絶として捉えるのではなく、相互補完的に捉えるべきであると考える。『分業論』において論じられているものは共通意識の衰退で

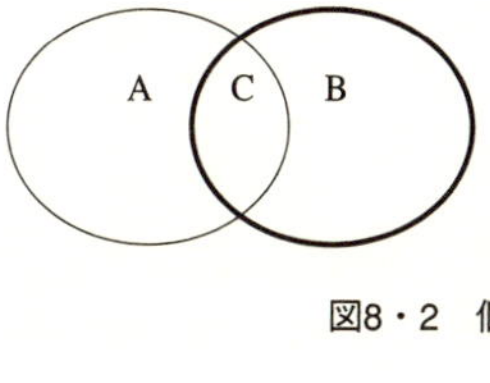


A：個人を表象している意識（個人的なもの）
B：内的集合意識（社会的なもの、われわれ意識）
C：A∩B
（A∪B＝個人意識全体）

図8・2　個人の意識レベルにおける二元論

あるが[13]、デュルケームは共通意識が完全に喪失されるとは決して述べていない。むしろ現実の社会においては、機械的連帯の社会と有機的連帯の社会が混在した状態にあると述べ、両者は統合においてそれぞれ重要な役割を果たしているのである。そして、有機的連帯が新しい集合意識を必要とすることを考えるとき、図8・2のB（社会的なもの）の内容を（a）社会生活を送るうえで（最低限）必要とされる共通要素（共通意識）と（b）尊厳されるべき新しい社会を内在化することによって生じた（個別的）集合意識として捉えられると考える。

そして、共通意識の衰退と新しい集合意識による社会の出現について語る時には、それは単にBの二つの要素が変化した、つまり機械的連帯の社会が有機的連帯の社会に移行するのに伴って別の集合意識の重要度が増大したというだけにとどまらず、その過程は、共通意識（B）による個人的なもの（A）の完全な征服（一致）という状況からAが解放される状況という側面も含まれている。機械的連帯の社会においてBとAが完全に一致している状態とは、『原初形態』における忘我状態と同じ状況を示していると考えられる。つまり、集合的沸騰とは、BによるAの同一化とAの解放とを繰り返すことを意味しており、そして『原初形態』の二元論においては社会的なもの（B）が「共通意識」だけではなく「集合意識」全般を指しており、また集合的沸騰が「創造」の意味を伴っていたことを考えるとき[14]、両者の結び付きが明らかになる。すなわち、古い集合意識から新しい集合意識への移行は、急激に行なわれるのではなく、集合的沸騰によって集合意識が何度も拡散と凝縮を繰り返すうちに徐々に変化していくと考えられる。

## （三）社会と個人の関係と「人間の二元性」

ところで、デュルケームは、個人と社会が対立するものでないことを説明するために、この二元論を用いている。

個人と社会との間には、決して対立関係は存在しない。社会は、個人的存在を超越したものではあるが、同時にわれわれの内部に浸透してくるのでわれわれは社会と混ざり合っている。そして、「われわれの精神組織が社会からもたらされる観念や、感情や、生活習慣によって自らをやしなっている」（Durkheim 1925:80-81＝一九六四：一〇六）とデュルケームが個人と社会の（部分的な）同一性を述べるときには、二つの面が関係している。

一つには、自己のものとなった社会によって、内面から諸個人の行為に影響を及ぼすということである。『道徳教育論』においてデュルケームは、社会の内面化させる方法の一つとして教育の役割を重視している。動物の社会と異なり、人間社会において社会生活が予想するあらゆる種類の能力は複雑なので、「誕生したばかりの利己的、非社会的存在に対して社会は社会的および道徳的生活を営みうる」ようにさせる社会的存在を教育によって（諸個人の内部に）添加しなければならない（Durkheim 1922:103＝一九七六：一二八）[15]。なぜなら「この社会的存在が単に人間の生来的構成に既製品として与えられていないのみならず、この生来的構成の自然発生的発達によってもたらされるものでもない」（Durkheim 1922:102＝一九七六：一二八、傍点著者）からである。つまり、行為に影響を与えるとは、社会生活を送るうえで（最低限）必要な様式（言語・思考様式など）を身体化させることによって行為が可能となるという意味である。

もう一つは、彼の「道徳」および統合論に関わる側面である。彼によると、社会統合を生じさせるためには、第一に共通意識が必要である。これなくして共同生活を送ることはできないからである。第二に、依存関係が感じられる社会の「枠」が必要となる。つまり、諸個人が同一社会に所属し、連帯的であると感じていることが必要なのである（Durkheim 1893:260＝一九八九［下］：七八）。しかしながら、それだけでは不十分で、第三にその「枠」の中で諸個人が能動的・自発的に参加することが重要であり、能動的に参加することによって内的連帯が生じる

（Durkheim 1893:351＝一九八九［下］：二六〇）。彼は道徳的生活の観点から、人間は、他の人々と一体となる喜びを感じるために生活を送り、そうした喜びや社会を象徴するもの（表象）を内部に取り込むことによって（自分の一部にする結果）、社会そのものに愛着を覚えるようになり（Durkheim 1970:319＝一九八八：二五三）、愛着が諸個人を「自分本位」ではなく自ら望んで「集団本位」に行動するようにさせる。そして、デュルケームにおいて二元的な諸個人は、利己的・孤立的自己を示す「わたし」と道徳的な理想を示す「われわれ」という二つの主体性を持ち、後者による前者の拘束（自己を一定の限度内にとどめさせる能力を持ち得た個人）と「われわれ」と述べることの喜びを持って行動するものとして捉えられている。

このように個人の主体性を捉えるにしても、デュルケームは人間の二元性を明示することによって、個人それ自体に対して「倫理的優越性」を付与する罠から回避しなければならないと考えていたとのフィユーの指摘は非常に重要である（Filloux 1994:20＝二〇〇一：三二）。つまり、デュルケームにおいて個人と社会の同一性（分離不可能性）は、具体的な個人の優越性を意味しておらず、やはり社会実在論（より正確に述べれば、アルパートの述べていた「関係論的実在論」）として個人（および社会との関係）を捉えるべきなのである。それゆえに、デュルケームにおいて社会と個人を語る場合には、第一に「社会の超越性」、第二に「個人と社会の同一性」、第三に「社会は諸個人の内面的な結合による創発特性であること」を考慮しなければならないのである。さらに付け加えるのであれば、「社会と個人という二つの項は対立し、一方が他方と逆の方向でのみ発達しうるというのではなくて、むしろ相互に他を包含しているのである。個人は社会を必要とし、社会は個人を必要とする。（中略）社会が特に個人に加える作用は、（中略）個人を成長させ、個人を一個の真に人間的存在たらしめることを目的とするのである」（Durkheim 1922:57-58＝一九七六：六七－六八）という両者の相互補完的関係があるからこそ、デュルケームは

『自殺論』の中で、道徳統計が教えてくれるあらゆる行為の伝達のされ方は「その行為様式の実践される回数にまで関係している」（Durkheim 1897:347＝一九八五：三八七）と述べ、個人の自由選択にまかされる行為もまた社会によって確率的にコントロールされているという「決定論的」な視点を理解する必要があるように思われる。

ところで、この内的集合意識に関して中久郎は興味深いことを指摘している。つまり、社会は個人に外在的であるので、個人にとって社会は制御できない。それゆえに行為を社会条件に適応させざるをえなくなる。そうして、諸個人は、社会条件に多少とも個人的性格を刻みつつ「個人化」することが可能となる。しかし、デュルケームの第一義的な関心は、「この『個別的変異』ということよりも、むしろそれの可能な許容領域の社会的制限そのものの考察にあった」（中　一九七九：三九）ため、デュルケームにとって「個別的変異」について問われることはなかったのである。それゆえに、デュルケームが個人における集合意識（社会）の内在化を考慮し、心的実在としての社会の役割に注目して内部からの個人の自発的な拘束を考慮したことと、ブルデューの「社会構造を内面化・身体化したハビトゥスが諸個人の実践を生む」という「実践の理論」と比較することには重要な意味を有するように思われる。

## 四．内的集合意識とハビトゥスの比較

### （一）時代と空間によって異なる集合意識の存在について

そこで、デュルケームとブルデューの個人の捉え方の比較を試みる。まず、「社会を身体化・内面化すること」について考える。ブルデューはデュルケームの「時間と空間によって固有の道徳が存在している」という視点を重

視していたが、この時間と空間による集合意識の概念を階級ハビトゥスにあてはめたといえる。そして両者は社会を身体化・内面化することによって社会と個人の両立を考える。しかしながら、両者にはその内容において大きな相違が生じている。デュルケームは、道徳的な視点から社会的なものが内面化されることによって、個人を超越する社会への愛着が生じ、自発的に規則に従うようになるという視点から対立を乗り越えようと試みていた。しかし、当時新しい道徳が未だ存在していなかったために、彼の視点は有機的連帯という理想的な社会の出現と、個人においてはそうした社会が内面化されるという理想的な状況を望みながら、社会的な存在としての個人を理論的に論じているといえる。他方、ブルデューにおいては、忘却された歴史によって個人は可能なことを望むように既に調節されているという視点から、換言すれば、現存する社会関係を維持するように既にコントロールされた行為様式を内面化している諸個人を問題にすることで、個人と社会の対立を乗り越えようとしたのである。そして、ブルデューにおいては、ディスタンクシオン関係を維持させるということ自体が現在道徳的な性格を持っていることを指摘している。

デュルケームは混迷する社会において「社会統合」の方法を探ったのに対し、ブルデューは現存する社会における象徴的な関係を暴露することを試みたという、出発点における相違がそのまま内容の相違となっている。

### （二）デュルケームにおける個人の「自律」とブルデューにおける「個人の解放」

デュルケームの社会学理論の前提は、諸個人が個人的利害よりもむしろ共同の観念や感情によって深く動機付けられているということであった。そして、彼の社会による外在性と拘束性は、『自殺論』においては、個人を規制する力（アノミー的と宿命的自殺）と個人を引きつけるもの（自己本位的自殺と集団本位的自殺）という社会の二面性として提示されている。[16]また『道徳教育論』においては前者を第一の道徳要素、後者を第二の道徳要素として提示している。そして、社会への愛着を持つことによって個人は自発的に規則に従って行動するようになると述べている。他方、ブルデューは実現可能なことを望むように調整されているので、そのように方向付ける道徳の存在を認めつつ、「限定された自由」について論じている。つまり、両者には共に「創造性」の要素が訴えられている反面で、根強い「社会決定論的」な視点が存在することは否定できないように思われる。

ところで、デュルケームは愛着によって自発的に自ら望んで諸行為を行うにしてもそれは受動的であることに変わりはないと述べている。そして、「道徳の科学」が成立することによってはじめて行為の真の意味を知り、そこから「自律」が生じると述べている。つまり、デュルケームにとって自発的に行為を行なうことそれ自体が自律的であるとは考えていない。他方、「象徴権力」「象徴暴力」そして「象徴的支配」の暴露というブルデューのネオ・リベラリストとしての態度は、デュルケームの第三の要素である道徳科学による「自律の精神」を確立させるという視点と重ねて考えることが可能である。つまり、「象徴権力」を明らかにすることによって真の意味での「個人の解放」を目指すというブルデューの社会学と、「受動的な行為」を行なう諸個人に真の「自律」をもたらすというデュルケームの「道徳科学」は同一の目的に向かっていたと考えられる。

## (三)　複数社会への所属

個人の複数社会への所属についてデュルケームは以下のことを指摘している。われわれは、社会をあたかもそれがたった一つしかないかのように、極めて一般的にしか論じなかった。しかし実際には、人間はいくつもの集団に同時に所属しながら生活している。人間は、他を排除してこれらのうちの一つだけに愛着を持てばいいわけではない。例えば、家族、国家、人類という三つの集団は、われわれの社会的・道徳的発展の異なった局面を代表するものであり、それゆえ互いに他を排斥することなく、共存できるが、そこには上下の序列があり同等の価値を持つことができないと（Durkheim 1925:83 - 90＝一九六四：一〇九 - 一一四）。それゆえ、デュルケームは個人と個人が所属する一つの集団との関係についてしか述べていない。

他方、ブルデューにおいては場における様々な階級社会、地位の存在について論じているが、デュルケーム同様、一見複数社会への所属に関して論じていないように思われる。しかし、彼は、『資本主義のハビトゥス』において、変動しにくいハビトゥスが植民地政策によってどのように変化するのかを分析した際に、アルジェリアの人々がオリジナルのハビトゥスに新しいハビトゥスを適用させていった結果、「性向や、表象、価値のレヴェルだけでなく、経済構造のレベルでも、同様の二重性が見られるのであり、それはあたかもこれらの前資本主義と資本主義との異質の二つの社会が同時代に属するかのごとくなのである」（Bourdieu 1977b:15＝一九九三：一六）と述べている。

そこでデュルケームが抽象化によって不可分の要素を分類したように、そこには前資本主義社会と資本主義社会という二つの集合意識が存在していると私は解釈する。そして、デュルケームにおいては、個人における諸社会は同価値ではないとしか論じられなかったが、ブルデューにおける「移調期」を複数集団の内面化として捉え、二つの集合意識が依然として個人の中に存在し、状況に応じてそれぞれが影響を及ぼし

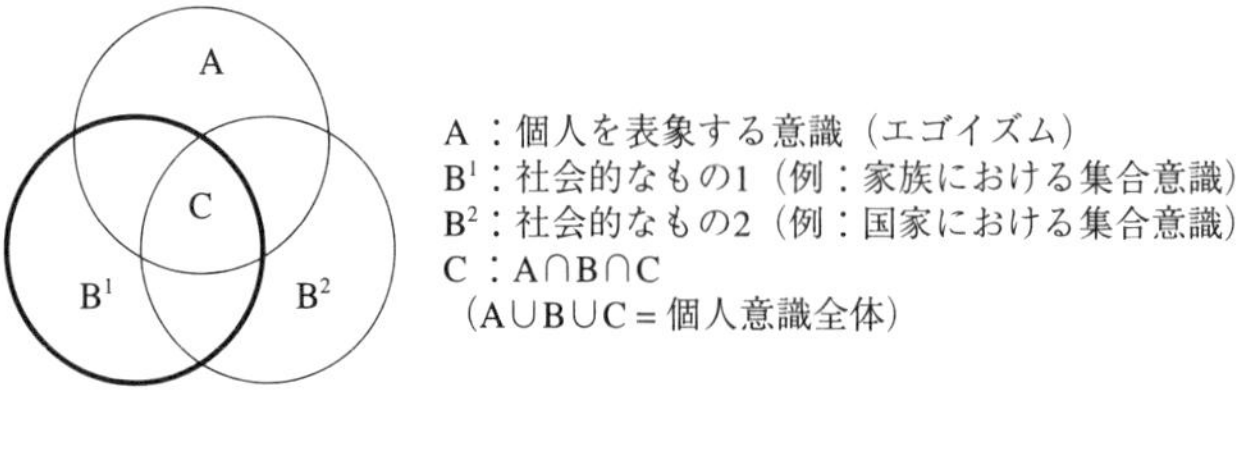


図8・3　個人意識レベルにおけるハビトゥスと人間の二元論の複合モデル

ているということは見逃されてはならないように思われる。個人における二つ（以上）の集合意識という視点から図８・２を変化させて図８・３を描くことにする。

図８・３に示された個人は、構造的に三つの意識をそなえていることになる。そして、$B_1$の領域と$B_2$の領域の関係とは、社会全体から見ると力関係（目に見えないものも含む）を持っている。それゆえに、個人の今の意識が$B_1$なのか$B_2$なのかということから行動に変化が生じるが、重要なことはどの集団により愛着を持つのかは個人にまかされているということである。

## おわりに

本章では、ブルデューの社会学理論との比較を行なう中で、デュルケームのシンボリズムおよび内的集合意識を捉え直すことを通して、デュルケーム社会学の補完を試みた。

デュルケームは、比較的早い時期から「シンボル」の効果について言及しており、その内容はブルデューの表現を用いれば、「構造化させる構造」と「構造化された構造」という主体と客体の両方に関わるものであった。ブルデューの「象徴権力」という概念は、デュルケームのシンボル論に近く、また両者には時間的・空間的に制限を有する「場」の理論が存在する。連帯という枠を感じるわれわれという集団はブルデューの象徴権力および象徴作用を行使し合う関係に関わる。とはいえ、デュルケームには階級論、権力論というものが不在で、権威という視点から論じられたということは見逃してはならないだろう。

また、前記のシンボリズムに、プラグマティズム講義における「実践」による確認・修正・変更という行為者における真理との関わりに関するデュルケームの言説はブルデューの「実践の理論」にかなり近接している。実際にはデュルケームの理論の方が先に存在していたとはいえ、これまであまり重視されてこなかった側面である。そこでデュルケームの内面化された集合意識、すなわち「内的集合意識」とブルデューのハビトゥスと比較することによって、両者には固有の行為論が存在することも確認した。デュルケームにおいて「主体的行為」といえるものとして、(一) 集団への「愛着」による自発的な参加・積極的な規則の遵守、(二) 道徳的英知による「自律的」な行為という二つがある。なお、デュルケームにおいては、諸個人は個人を凌駕している社会によって既に方向が定められているという指摘を見逃してはならない。そして、この視点は個人が「忘却された歴史」によって調整されていると暴露するブルデューにも見られる。デュルケームもブルデューも諸個人による「創造」の視点を述べていながら、個人は社会決定論の要素を強く持った「自由に行為する主体」と捉えられることになる。

そして、これらのことは、デュルケームにおける経験主義と合理主義は真理の捉え方の違いにすぎないという言説の理解をより容易にしてくれる。

最後に、ブルデューの「ハビトゥス」を基調にした彼の理論を再確認するために少々長い引用をすることにする。

「数多くのいわゆる『階級的自覚』の理論が結局そこに要約される意識の自然発生という幻想に反して、最初の認知とはすなわち誤認であり、実は頭のなかでつくりあげられた秩序の承認なのだということに注意しておくことも(中略)重要なことである。生活様式とはこのようにハビトゥスの体系的産物なのであり、ハビトゥスの図式にしたがってそれら相互の関係のなかで知覚されることにより、(中略)社会的に形容された記号体系となるのである。存在状態とハビトゥスとの弁証法的関係は、力関係の最終結果である資本の配分を、知覚された差異と弁別的特徴の体系へ、すなわちその客観的な本当の姿においてはとらえられていない象徴資本・正統的資本の配分へと変貌させる錬金術の基本にあるものなのだ」（Bourdieu 1979:192＝一九九〇［Ⅰ］：二六四）。

（1）ニーチェ＝一九六七：二九九。

（2）「透視の幻想」とは、個人意識にはあらゆることが見えていると信じることは幻想にすぎないということを意味するブルデューの表現である。

（3）ブルデューは以下のように述べている。「非意識の原理」は決定論の方法論的原理を社会学の論理で言い直したもので、「無意識の原理」とは異なる。なぜなら「無意識」という言葉は「方法論的公準が人間学的な命題にすり変わってしまうためであり、これは実名詞から実体を導き出してしまう場合とか、内面の神秘に固執しながら、同時に対象に対して距離を保つべしという至上命令にも従う」（Bourdieu 1973:30＝一九九四：四八）ことを意味するからであり、また「『隠された本質』という誤謬推理に陥ってしまう」（Bourdieu 1973:38＝一九九四：五九）からである。つまり、「無意識」が個人にとって意識されない意識（つまり、個人の意識の中に存在するもの）を意味するのに対し、「非意識の原理」は、「忘却の歴史」によって既に現在においては意識されなくなった意識なので、個人意識の中には存在しないことを意味し、それゆえに、ブルデューの方法論における諸個人の発生論的なアプローチによってしか「非意識」はその存在を確認することはできないのである。なお、ブルデューは、デュルケームがこの非意識的な規則の存在を捉える原理と無意識の存在を主張する原理とを注意深く区別していたことを指摘し、そしてこの「非意識の原理」によって人間学が内省的な学問たりうるという「幻想」を一掃することができると述べている（Bourdieu 1973:31＝一九九四：五〇）。

（4）例えば、タルコット・パーソンズ、新明正道、佐々木交賢、中久郎、宮島喬など。

（5）本章では、「シンボル」に関して、名詞の場合は「象徴」を使わず「シンボル」とし、ただし、形容詞として用いるときには「象徴的」あるいは「象徴○○」と表記することにする。

（6）アルパートは以下のように説明している。〈一〉は「有機体としての個人、人間の生命的側面」、〈二〉は「心理的存在としての個人、心理的個人一般、人間の精神的側面」、〈三〉は「仮に安全に孤立して生活できると考えられた場合の生物学的個体としての個人」（デュルケームが社会現象は個人から説明することはできない、あるいは個人は一つの抽象であると述べる時は、この第三の意味で使用している）、〈四〉は「パーソナリティの社会的側面、『社会的関係を通して他人の経験や自己の経験の中にあらわれる、他人や自己自身によって作られるもの』としての個人」、〈五〉は「現実に存在し、社会成員として、全人格的存在としての個人、そのように考えられる現実の社会的存在」であること（Alpert 1939:135 - 136＝一九七七：一一一 - 一一二）。

（7）一般に「構造化する構造」と訳されるが、「構造化された構造」に対応させ、また『小学館ロベール仏和大辞典』を参照して「させる」の訳を適用した。

（8）ブルデューは、『構造と実践』の中で、構造主義ないし構造主義的という言葉を、「単に言語、神話等々の象徴体系の中だけでなく、社会的世界それ自体の中に、行為者の意識と意志から独立した客観的構造、行為者の実践なり表象なりを方向付けるなり拘束するなりすることのできる構造がある、という意味で使います」（Bourdieu 1987:147＝一九八八：一九四‐一九五）と述べている。

（9）ウェーバーは権力、支配、規律を以下のように定義している。権力とは「或る社会的関係の内部で抵抗を排してまで自己の意志を貫徹するすべての可能性を意味し、この可能性が何に基づくかは問うところではない」。支配とは、「或る内容の命令を下した場合、特定の人々の服従が得られる可能性を指す」。規律とは、「或る命令を下した場合、習慣的態度によって、特定の多数者の敏速な自動的機械的服従が得られる可能性を指す」、と（M・ウェーバー＝一九七二：八七）。つまり、彼の権力に関する定義は、「支配／被支配」の関係において、前者が後者の抵抗を押し切って意志を通すものとされており、他方、支配と規律の定義においては、後者の服従という視点から定義がなされている。

（10）しかしながら、ブルデューはウェーバーの権力論に対して「マルクスのように、社会諸関係が力関係であるという客観的真理を認識しないことが、当の社会的関係においてどういう機能を果たすかを問うことができなかった」（Bourdieu 1970:18‐19＝一九九一：一七）と付言している。

（11）「自己本位」か「集団本位」かという二者択一ではなく、個人がある集団に所属しているという「自覚」から自分の判断によって行為を行なう場合など。

（12）デュルケームは、「刑罰進化の二法則」において、「諸社会の形成化と組織的な布置は、諸社会の連結が、ひとつの単線的な系列をなしていることを意味するのではない。それどころか、連結は、多少でもわかれかつ多くの枝を持つ、樹木にたとえることができる。つまり諸社会は、この樹上で高さを異にし、幹からの距離を異にして位置している、といった方がよい。事実、諸社会の全体的発達について語ることのできるのは、このように眺める場合だけのことである」と述べている（Dukheim 1969:245-246＝一九九〇：四六）。

（13）厳密に述べれば、『分業論』においては集合意識と共通意識はしっかりと区別されてはいないが、機械的連帯が類似に基づく連帯であるというデュルケームの視点から、本章において私は共通意識を共通の観念・意識として使用している。

（14）デュルケームは、集合的沸騰によって「社会は周期的に自らを作り、また作りかえるのである」（Durkheim 1912:603＝一九四一［下］：三三四）と述べている。

（15）教育の究極目的は、社会的存在を個々人の内部に作り上げることであるとデュルケームは述べている。

（16）「社会は、ただ単に様々の強さで個人の感情や活動をひきつけるだけのものにはとどまらない。それはまた、個人を規制する一つの力でもある」(Durkheim 1897:264=一九八五：二九二)。

# 結　論

本書において私はデュルケームの晩年に注目し、『宗教生活の原初形態』および「プラグマティズム」講義を通して、一般になされているような「方法論的客観主義者デュルケーム」という評価とは異なる彼の新しい解釈を行なうことを試みた。そして、新しい解釈を行なうに当たり、私は一つの概念を思い描いたのである。それは、彼の社会観には、悟性が認識できるのは現象だけであり、決して物自体の世界を認識することはできないというカントの二元的な認識論が深く刻み込まれているというものである。つまり、経験（行為）する主体における概念カテゴリーは現象を認識するだけであるというカントの視点を自己解釈することによって、デュルケームが社会学方法論の構築および現実の人間による認識行為がどのようなものであるのかという理論構築において重要な示唆を得ているということである。

その時、彼の認識論には二つの側面が存在していることに気づく。一つには社会学者としての認識であり、人々が無批判に受け入れている仮象界から、すなわち常識や価値から自由になり、物自体の世界を見ようとしているという態度である。そのために彼が利用したものが実証主義であり、法や自殺率という「シンボル」を利用する方法だったのである。つまり、人は常識という誤謬の世界に生きている以上、真理に至るための社会学的認識は虚偽から抜け出すために個人の主観から距離をおいた客観性を有する科学としての方法論が必要とされたのである。もう一つには、「シンボル」を通して行なわれている「行為」を理解する態度である。この行為者における認識論は、彼の道徳論や宗教論に関与しており、そこでは「仮象界」で生活する現実の人間について言及されている。還言すれば、デュルケームにおける二つの認識とは、はカントの物自体と現象という二元性をもとになされた「客観的社会学における認識」と「能動的実践者における認識」ということができよう。そしてその二つの視点から社会学が展開されていると理解することができると考えている。

こうして、私は晩年におけるデュルケームの言説を踏まえたうえで、彼の社会学の再解釈を試みるにあたり、「シンボル」による認識に注目したわけである。そして『分業論』より晩年の『原初形態』に一貫して流れている彼の「客観主義」の立場を明確にしてきた。そのために、本書では、時代との関わり（第一編）、彼の二つの社会学理論（第二編）、個人の心理を対象とする「心理学」との検証（第三編）、「社会学とプラグマティズムに関する講義」の内容確認（第四編）、ブルデューによるデュルケームのシンボリズムの補足（第五編）を行なった。

デュルケームにおいて主観と客観の区別は研究の当初から重要な課題であり、『分業論』や『自殺論』においては「シンボル」の利用によって「個人の主観」から逃れて客観的に社会にアプローチするという手法を採用する一方で、「個人」の中を探るという心理学を批判している。しかしながら、（第三編で確認したように）デュルケーム自身、心理学に関する評価には変化が確認できる。それは『規準』執筆時において未発達であった心理学が短期間のうちに急速に進歩したというだけではなく、デュルケームもまた、「社会化された個人」を扱うに当たり、心理学との協力的関係を認める必要性が生じたという二つの理由が挙げられる。そこには、「プラグマティズム」講義における「経験主義と合理主義」の捉え方、つまり、「プラグマティズム」講義における「経験主義は事物のなかに基礎をおき、合理主義は理性そのもののなか、つまり思考の中に基礎をおいている。しかし、二つの側面からわれわれはある種の真理の必然的で強制的な性質を認めており、この根本的な点からすれば、これら二つの違いはあまり重要でない」（Durkheim 1955:28、傍点著者）との言説も関連させて考える必要があるだろう。

とはいえ、それは決して彼の思想変化ではなく、「個人心理」そのものに関しては初期の頃から重視していたことを確認し、かつ対象を個人の中にのみ限定する心理学に対しては最後まで距離を保ち続けていたという事実を見逃してはならないだろう。社会化され、個人の中に社会が、つまり「内的集合意識」が内在化されたとしても、概念などは諸個人によって異なり、また真実をゆがめている場合がある以上、個人だけを見てもすべては明白にならないとデュルケームは考えていたからである。心理学者フィユーは、デュルケームの社会学はゲシュタルト心理学やレヴィンの場の理論に似ているという重要な指摘をしているが、この議論に関しては別の機会に譲ることにする。

また、彼においてシンボルと真理の関係は重要である。彼は『社会学年報』の序文（一八九八）において、「科学は客観的であるがゆえに、本質的に非人格的なものである」と述べている。他方、「プラグマティズム講義」においては、彼はプラグマティズムにおける「真理の多様性」および「行為の感覚」を高く評価して、さらに真理の中に個人的多様性を認めた反面で、プラグマティストたちが見落とした真理の強制的性格を指摘していた。彼は講義の中で、ある満足をわれわれにもたらす観念はそうした事実そのものによって真の観念であるとするプラグマティストたちの主張が間違っているとしても、逆に「何らかの満足をわれわれにもたらすことなしには、ある観念は真理ではない」（Durkheim 1955:176）と言及していた。つまり、彼の社会学方法論における客観性（そういう意味において非人格性）と社会学の対象における「人格性」は別のものであったのである。『規準』における社会的事実の個人への拘束性および外在性という視点からでは、晩年のデュルケームの視点を理解できなくなる。そこで、第七章において既に述べたが、改めてデュルケームの真理について確認したい。

（一）　実在を表現することは有益な機能をそなえており、またその表現は社会に由来する。

（二）　真理は社会的なものなので、それは同時に人間的なものとなり、われわれに近づいてくる。真理における集合的なものでさえ、個人意識によってのみ存在している。つまり、真理は個人によってのみ実現する。
（三）　真理は生命的なものでもある。
（四）　真理は強制的性格を有している。それゆえに、道徳的理想が行動のための一規範であるように、真理は思考にとっての一規範である。

こうして、なぜ彼の社会学は個々人の主観に頼ってはならなかったのか。そしてなぜ晩年のデュルケームは主意主義の重要さを指摘するに至ったのかという議論は、カントの批判哲学に関連し、そこで重要なキー・ポイントとなるのが彼の二つの真理論（神話的真理と科学的真理）であり、また真理を真理たらしめるシンボル論を通して理解できる。

以上、述べてきたように、本書ではデュルケームにおける二つの認識論を晩年に注目するところから始まり、初期にもどっていくという過程をとることになった。それはデュルケーム社会学における断絶を主張する研究者への反論という意義をも含んでいる。ここで私の立場を明らかにすると、デュルケーム社会学は変化したのではない。『分業論』にそのすべては含まれていた。この考え方は私の中で一貫したものである。ただし、科学の進歩およびデュルケーム自身による社会学の精緻化によってより深められた（豊かになった）といえる。客観主義を主張するデュルケームは、他の科学との区別をはっきりさせるために『規準』では、現段階においてはっきりとしており、なおかつ最大に重要な特徴として「社会的事実」の外在性と拘束性を指摘している。それゆえに、その後の進歩によりさらに特徴が付け加えられるということをその中で示唆していた。また一八九五年の「啓示」においても同様の解釈がなされると考える。

さらにアルパートが指摘するように、晩年のデュルケームは、十五年の努力の結果、社会学の基礎を確実なものとするために、あらゆる哲学から独立させていた初期の段階から、他の学問との区別を保ちつつ相互補完的に社会学を位置づけようとする新しい段階に入っていたことを本書第二編以降で確認した。

結局のところ、デュルケームは人間にとって社会は生きるためにはなくてはならないものであると一貫して考えていたが、それは従来解釈されてきたような外在的な社会による個人の拘束性というだけでなく、人間の二元性と教育の関係で見たように、個人における内面的社会も重要な意味を有していたからである。つまり、感情や考えなどの社会的存在を内在化させることで諸個人は同世代の人とのコミュニケーションが取れるようになるからである。そして、その視点はデュルケームのシンボル論および真理論に通じており、その結果、彼は社会学者としての観察の視点と、行為主体の行為および思考時の視点という二面性を有していたのである。さらにシンボルを受けとる個人に目を向けた時には、デュルケームに対して従来見落とさせがちであった行為論、あるいは個人の独自性や直観の重視が確認されたのである。

デュルケームにとって「客観」には二重の意味が見出される。一つには、研究者の主観が含まれないということであり、二つ目には、不確かな個人の内面を対象にすることが難しいというニュアンスが含まれている。それゆえに、デュルケームは「個人表象」と「集合表象」の両者の存在を認め、かつその不可分性を強調したうえで、「集合表象」の研究こそ、客観的社会学の方法と主張したのである。とはいえ、個人意識に外在するものを対象として研究することだけが社会学であるとは述べていない。彼は『自殺論』の中で、個人的行為と思われる自殺が実は社会によって確率的に影響を受けていることを指摘している。あくまでも、行為を行なうのは個人である。デュルケームは人間の二元性として、個人的なものとともに社会的なものが内在していることを指摘している。つまり、社会は個人の外にあるとともに、内にも存在するのである。

それゆえに、個人は外から拘束されるだけでなく、内からも拘束されていることになる。とはいえ、「内からも拘束」との表現は正確には誤りであろう。デュルケームは『道徳教育論』のなかで、「集団への愛着」と、さらに「意思の自律」の必要性を強調している。つまり、外在的な命令に対して拘束的に受動的に行為を行なうのではなく、本人の意思によって行為を行なうことがデュルケームの社会論には存在しているのである。功利主義を批判し、拡大解釈された「自由」を批判したデュルケームの社会学は、現代において「自律」「自由」を考えるうえで非常に有益であると考えられる。私自身、本書によってデュルケーム社会学についてすべて論じきれたとは考えておらず、むしろ課題が増えたと考えている。今後、デュルケーム社会学のさらなる研究・解釈を試みることを明記して結びとする。

Alpert, H., *Émile Durkheim and his sociology* New-York, Russell & Rusell, réédition 1961.（花田綾・仲康・由木義文共訳『デュルケームと社会学』慶應通信、一九七七年）。

Aron, R., *Main Currents In Sociologiacl Thought*, Basic Books Inc. New York, 1967.（北川隆吉他訳『社会学的思想の流れ』法政大学出版会、一九七四年。北川隆吉他共訳『社会学的思考の流れⅡ』法政大学出版局、一九八四年）。

飯田剛史「宗教社会学における現象学的視点と存在論的視点」『ソシオロジ』社会学研究会、第二三巻三号、一九七八年。

石井洋二郎「象徴権力への意志　ニーチェとブルデュー」『大航海』一二号、一九九六年。

イタール・J・M／中野善達他訳『野生児の記録7　新訳　アヴェロンの野生児』福村出版、一九七八年。

井上幸治編『フランス史』山川出版社、一九六八年。

今村仁司『近代の思想構造』人文書院、一九九八年。

井上俊他編『岩波講座　現代社会学第十六　〈権力と支配の社会学〉』岩波書店、一九九六年。

ウェーバー・M／清水幾太郎訳『社会学の根本概念』岩波文庫、一九七二年。

魚津郁夫編『デューイ』平凡社、一九七八年。

――――『現代アメリカ思想―プラグマティズムの展開―』放送大学教育振興会、二〇〇一年。

氏家重信『教育学的人間学の諸相　その多様性と統一性』風間書房、一九九九年。

太田健児「デュルケム後期道徳論における認識論問題―『宗教生活の原初形態』のカテゴリー論と学説史再編問題を手がかりとして」『日仏社会学会年報』第九号、一九九九年。

大野道邦「シンボルと社会―デュルケムの刑罰・宗教論をめぐって―」『社会学評論』八五、日本社会学会編、一九七一年。

――――「フランス知識社会学の展開」福武直監修『社会学講座一一　知識社会学』東京大学出版会、一九七六年。

小倉孝誠『19世紀フランス　夢と創造』人文書院、一九九五年。

――――『19世紀フランス　光と闇の空間』人文書院、一九九六年。

小関藤一郎『デュルケームと近代社会』法政大学出版局、一九七八年。

景井充「デュルケーム社会学における人間の問題」『一橋論叢』第一一五巻第二号、一橋大学一橋学会編集、一九九六年。

上山春平編『世界の名著59　パース、ジェイムズ、デューイ』中公バックス、一九八〇年。

上山安敏『フロイトとユング—精神分析運動とヨーロッパ知識社会—』岩波書店、一九八九年。

河野健二『フランス現代史』山川出版社、一九七七年。

カント・I／篠田英雄訳『純粋理性批判（上・中・下）』岩波文庫、一七八一年。

――――／波田野精一・宮本和吉・篠田英雄訳『実践理性批判』岩波文庫、一九七九年。

――――／篠田英雄訳『判断力批判（上・下）』岩波文庫、一九六四年。

北川忠明『フランスの政治社会学研究』青木書店、一九九四年。

木村尚三郎・志垣嘉夫編『概説フランス史　社会と文化の理解のために』有斐閣、一九八二年。

キャロン・F／原輝史監訳『フランス現代経済史』早稲田大学出版部、一九八三年。

桑田禮彰『フーコーの系譜学　フランス哲学〈覇権〉の変遷』講談社、一九九七年。

児玉幹夫『〈社会的なもの〉の探求』白桃書房、一九九六年。

作田啓一『デュルケーム』講談社、一九八三年。

桜井哲夫『「近代」の意味』日本放送出版協会、一九八四年。

――――『現代思想の冒険者たち　第二六巻　フーコー　知と権力』講談社、一九九六年。

佐々木交賢『デュルケーム社会学研究』恒星社厚生閣、一九七八年。

――――「『プラグマティズム』におけるW・ジェームズのプラグマティズム」『ソシオロジカ』一八巻一号、一九九三a年。

――――「アメリカンプラグマティズムとフランス思想界」『ソシオロジカ』一八巻二号、一九九三b年。

――――「E・デュルケームの社会行為論」『ソシオロジカ』一九巻二号、一九九四年。

――――「デュルケームのアノミー的自殺、集団本位的自殺および宿命的自殺」『社会学論叢』一二三、日本大学社会学会、一九九五年。

――――編『デュルケーム再考』恒星社厚生閣、一九九六年。

佐藤幸治他編『現代心理学の系譜Ⅱ』岩崎学術出版社、一九七五年。

――――『デュルケムとウェーバーの現在』早稲田大学出版部、一九九八年。

ジェイムズ・W／桝田啓三郎訳『プラグマティズム』岩波文庫、一九五七年。

――――／桝田啓三郎訳『根本的経験論』白水社、一九七八年。

清水正和『ゾラと世紀末』国書刊行会、一九九二年。

シャイラー・W／井上勇訳『フランス第三共和制の興亡1』東京創元社、一九七一年。

ジャンケレビッチ・V／阿部一智・桑田禮彰訳『アンリ・ベルクソン』新評論、一九八八年。

杉田敦『権力の系譜学　フーコー以後の政治理論に向けて』岩波書店、一九九八年。

Steiner,P., *La Sociologie de Durkheim*, Editions la Découverte, 1998.

鈴木廣他編者『社会学と現代社会』恒星社厚生閣、一九九三年。

関良徳『フーコーの権力論と自由論　その政治哲学的構成』勁草書房、二〇〇一年。

田辺寿利『田辺寿利著作集1　フランス社会学成立史』未来社、一九七九年。

―――『田辺寿利著作集3　デュルケム社会学研究』未来社、一九八八年。

Durkheim, É., 1893, *De la division du travail social: étude sur l'organisation des sociétés supérieures*, Presses Universitaire de France; 9e éd. 1973.（井伊玄太郎訳『社会分業論［上・下］』講談社学術文庫、一九八九年。田原音和訳『社会分業論』青木書店、一九七一年）。

―――, *Le Régles de la méthode sociologique*; 23e éd., Presses Universitaire de France, 1987.（佐々木交賢訳『社会学的方法の規準』学文社、一九七九年）。

―――, *Le Suicide: étude de sociologie*, Presses Universitaire de France; 9e éd., 1997.（宮島喬訳『自殺論』中公文庫、一九八五年）。

―――, *Les formes élémentaires de la vie religieuse: le système totémique en Australie*, Presses Universitaires de France; 1960.（古野清人訳『宗教生活の原初形態』岩波文庫、一九四一年［上］、一九四二年［下］；一九九五年）。

―――, *Éducation et sociologie*, avec une 'Introduction' de Paul Fauconnet, Presses Universitaire de France, 1922.（佐々木交賢訳『教育と社会学』誠信書房、一九七六年）。

―――, *Sociologie et philosophie*, avec une 'Introduction' de Paul Fauconnet, *Presses Universitaire de France*, 1924.（佐々木交賢訳『社会学と哲学』恒星社厚生閣、一九八五年）。

―――, *L' Éducation morale*, 'Avertissement' de Paul Fauconnet, Paris, Librairie Félix Alcan, 1925.（麻生誠・山村健訳『道徳教育論』明治図書出版、一九六四年）。

―――, *L' evolution pédagogique en France*,; 2e éd., 1969, *Presses Universitaire de France*, 1938.（小関藤一郎訳『フランス教育思想史』行路社、一九八一年）。

―――, *Leçons de sociologie*, Paris, 1950.（宮島喬・川喜田喬訳『社会学講義』みすず書房、一九七四年）。

―――, *Pragmatisme et sociologie*, avec une 'Pre.face' de A. Cuvillier, Vrin, 1955.

―――, *Journal sociologique*, Presses Universitaires de France, 1969.

―――, *La Science sociale et l'action*, avec une 'Preésentation' de J.-C. Filloux, Presses Universitaires de France, 1970.（佐々木交賢・中嶋明勲訳『社会科学と行動』恒星社厚生閣、一九八八年）。

――, *Le Socialisme*, Paris, 1971.（森博訳『社会主義およびサン・シモン』恒星社厚生閣、一九七七年）。

――, *Textes 1*, Présentation de V.Karady, Les édition de Minuit, 1975a.

――, *Textes 2*, Les édition de Minuit, 1975b.

――, *Textes 3*, Les édition de Minuit, 1975c.

――, Ernest Lavisse, *Lettres. tous les français*, , avec preface de Michel Maffesoli, Armand Colin, 1992.

――, *Lettreà Marcel Mauss*, Presses Universitaire de France,1998.

――／小関藤一郎訳『デュルケーム家族論集』川島書店、一九七二年。

――／小関藤一郎・川喜多喬訳『モンテスキューとルソー』法政大学出版局、一九七五年。

――／小関藤一郎訳『デュルケーム宗教社会学論集』行路社、一九八三年。

――／内藤莞爾訳『デュルケム法社会学論集』恒星社厚生閣、一九九〇年。

――／小関藤一郎・山下雅之訳『デュルケーム　ドイツ論集』行路社、一九九三年。

富永健一『近代化の理論』講談社学術文庫、一九九六年。

内藤莞爾『フランス社会学断章　デュルケム学派研究』恒星社厚生閣、一九八五年。

――『フランス社会学史研究　デュルケム学派とマルセル・モース』恒星社厚生閣、一九八八年。

――『デュルケムの社会学』恒星社厚生閣、一九九三年。

中島道男『デュルケムの〈制度〉理論』恒星社厚生閣、一九九七年。

――「デュルケーム・プラグマティズム論の現代的意義」中久郎編『社会学論集　持続と変容』ナカニシヤ出版、一九九九年。

――『エミール・デュルケム―社会の道徳的再建と社会学―』東信堂、二〇〇一年。

中嶋明勲「スピナリアン―デュルケム」『ソシオロジ』八三号，京都大学文学部、一九八二年。

中久郎『デュルケームの社会理論』創文社、一九七九年。

中村道夫他『「近代化」の再考』北樹出版、一九八六年。

夏刈康男『社会学者の誕生―デュルケーム社会学の形成』恒星社厚生閣、一九九六年。

ニーチェ・F・W／原佑訳『権力への意志』河出書房、一九六七年。

西海太郎『第三共和政治史研究』中央大学出版部、一九八三年。

野中亮「デュルケームの社会学方法論における象徴主義の問題」『人間科学研究紀要』二、大阪樟蔭女子大学人間科学部、二〇〇三年。

バウマー・F・L／鳥島輝昭訳『近現代ヨーロッパの思想』大修館書店、一九九二年。

社会

冊数 1冊

デュルケームの認識論

恒星社厚生閣

清水強志

ISBN978-4-7699-1057-2 C3036 ¥2800E

1872803000022

9784769910572

B1023115879B

本体 2800円

受注No.115879
受注日25年10月23日

2001134 *

ハーカー・R他編／滝本往人・柳和樹訳『ブルデュー入門―理論のプラチック―』昭和堂、一九九三年。

波多野完治『ピアジェの児童心理学』国土社、一九六六年。

服部晴彦他『フランス近代史―ブルボン王朝から第五共和政へ』ミネルヴァ書房、一九九三年。

原輝史『フランスの経済』早稲田大学出版部、一九九三年。

バーガー・P・L、ラックマン・T／山口節郎訳『日常世界の構成』新曜社、一九六六年。

――／薗田稔訳『聖なる天蓋』新曜社、一九七九年。

――／水野節夫・村山研一訳『社会学への招待』思索社、一九七九年。

濱口晴彦『社会学者の肖像　蘇るエミール・デュルケーム』勁草書房、一九八九年。

ピアジェ・J／大伴茂訳『遊びの心理学』黎明書房、一九六七年。

――、ワロン・H／竹内良知訳『世界教育学選集28 ワロン・ピアジェ教育論』明治図書出版、一九七四年。

――／大伴茂訳『臨床児童心理学』同文書院、一九七四年。

――／波多野完治訳、『人間科学序説』岩波書店、一九七六年。

肥田野直編集代表『現代心理学の動向―1946～1980―』川島書店、一九八〇年。

ヒューズ・S／生松敬三・荒川幾男訳『意識と社会　ヨーロッパ社会思想1890―1930』みすず書房、一九七〇年。
J.C.Filloux, 《Notes sur Durkheim et la psychologie》, *Bulletin de psychologie*, No.19, 1963.
――, *Durkheim et l'Education, Presses Universitaires de France*, 1994.（古川敦訳『デュルケームの教育論』行路社、二〇〇一年）。

――／寿里茂訳『パーソナリティ』クセジュ文庫・白水社、一九五八年。

Michel Foucault, *Histoire de la folie à l'âge classique*, Éditions Gallimard, 1972.（田村俶訳『狂気の歴史　古典主義時代における』新潮社、一九七五年）。

――, *Surveiller et punir, naissance de la prison*, Éditions Gallimard, 1975.（田村俶訳『狂気の歴史　古典主義時代における』新潮社、一九七七年）。

――, *La volonté de saboir*,（Volume 1 de histoire de la sexualité）, Éditions Gallimard, 1976.（渡辺守章訳、『性の歴史Ⅰ　知への意志』新潮社、一九八六年）。

――, *Dits et Écris*, Tomes Ⅰ, Ⅱ, Ⅲ et Ⅳ, Édition établie sous la direction de Daniel Defert et François Edwald, Éditions Gallimard, 1994.（蓮實重彦・渡辺守章監修『日本語版　ミシェル・フーコー思考集成　全一〇巻』、Ⅲ：一九九九年、Ⅳ：一九九九年、Ⅴ：二〇〇〇年、Ⅵ：二〇〇〇年、Ⅶ：二〇〇〇年、Ⅷ：二〇〇一年、Ⅸ：二〇〇一年、Ⅹ：二〇〇二年）。

福井憲彦・山本哲士編『actes 1 象徴権力とプラチック』日本エディタスクール、一九八六年。

船津衛他編『現代の社会学二十一世紀へ』北樹出版、二〇〇四年。

古川敦『デュルケームによる教育の歴史社会学「秩序」の交替と「人間類型」の変遷』行路社、一九九六年。

Bourdieu, P., Passeron,J-C., *La reproduction*, Paris, Les Édition de Minuit, 1970.（宮島喬訳『再生産』藤原書店、一九九一年）。

———, Chamboredon, J-C., Passeron,J-C., *Le Métier de Sociologue*, Mouton EÉditeur, Paris, 1973.（田原音和・水島和則訳『社会学者のメチエ』、一九九四年）。

———, Sur le pouvoir symbolique, *Annales*, No.3, mai-juin, 1977a.

———, *Algerie 60: structures économiques et structures temporelles*, Paris, Les Édition de Minuit, 1977b.（原山哲訳『資本主義のハビトゥス―アルジェリアの矛盾』藤原書店、一九九三年）。

———, *La distinction, critique sociale du jugement*, Paris, Les Édition de Minuit, 1979.（石井洋二郎訳『ディスタンクシオン：社会的判断力批判Ⅰ・Ⅱ』藤原書店、一九九〇年）。

———, *Questions de Sociologie*, Paris, Les Édition de Minuit, 1980a.（田原音和監訳『社会学の社会学』藤原書店、一九九一年）。

———, *Le Sens pratique*, Paris, Les Édition de Minuit, 1980b.（今村仁司・港道隆訳『実践感覚』みすず書房、一九八八年）。

———, *Ce que parler veut dire: l'économie des échanges linguistique*, Librairie Arthème Fayard,1982.（稲賀繁美訳『話すということ』藤原書店、一九九三年）。

———, *Chose dites*, Paris, Les Édition de Minuit,1987.（石崎晴巳訳『構造と実践』新評論、一九八八年）。

———, *Les Regles de L'Art*, Paris, Édition de Seuil,1992.（石井洋二郎訳『芸術の規則（Ⅰ・Ⅱ）』藤原書店、一九九五年）。

———『ピエール・ブルデュー―超領域の人間学』加藤晴久編訳、藤原書店、一九九〇年。

ブルデュー社会学研究会編『象徴的支配の社会学―ブルデューの認識と実践』恒星社厚生閣、一九九九年。

フロイト・S／吉田正己訳『文化論』日本教文社、一九七〇年。

ベイカー・R／宮城音弥訳『フロイトその思想と生涯』講談社現代新書、一九七五年。

Henri Bergson, *L'. volution cr. atrice*, Press Universitaires de France, 1907.（真方敬道訳『創造的進化』岩波文庫、一九七九年）。

———, *La pensée et le mouvant*, Press Universitaires de France,1934.（矢内原伊作訳『思想と動くもの』白水社、一九六五年）。

———／坂田徳男他訳『哲学的直感ほか』中央公論新社、二〇〇二年。

ポッジ・G／田中治男他訳『現代社会理論の源流』岩波書店、一九八六年。

松本和良『パーソンズの行為システム』恒星社厚生閣、一九八九年。

――『パーソンズの社会学理論』恒星社厚生閣、一九九七年。

――他編『ウタリ社会と福祉コミュニティ　現代アイヌ民族をめぐる諸問題』学文社、一九九八年。

――他編『アイヌ民族とエスニシティの社会学』学文社、二〇〇一年。

――他編『システムとメディアの社会学』恒星社厚生閣、二〇〇三年。

――他編『シンボルとコミュニケーションの社会学』恒星社厚生閣、二〇〇四年。

三上剛史『道徳回帰とモダニティ　デュルケームからハバーマス　ルーマンへ』恒星社厚生閣、二〇〇三年。

宮島喬『デュルケム社会理論の研究』東京大学出版会、一九七七a年。

――「フランス社会学と現象学―ギュルヴィッチを中心に―」『現代思想』二月号、第五巻第二号、青土社、一九七七b年。

――『現代フランスと社会学―社会構造と社会理論の変容―』木鐸社、一九七九年。

――『デュルケム理論と現代』東京大学出版会、一九八七年。

盛山和雄『権力　社会科学の理論とモデル3』東京大学出版会、二〇〇〇年。

安田尚『ブルデュー社会学を読む　社会的行為のリアリティーと主体性の復権』青木書店、一九九八年。

山崎亮『デュルケーム宗教学思想の研究』未来社、二〇〇一年。

山下雅之『コントとデュルケームのあいだ―一八七〇年代のフランス社会学―』木鐸社、一九九六年。

山田勝『回想のベル・エポック―世紀末からの夢と享楽』日本放送出版協会、一九九一年。

山本哲士『フーコー権力論入門』日本エディタースクール出版部、一九九一年。

――『ピエール・ブルデューの世界』三交社、一九九二年。

吉田静一『近代フランスの社会と経済』未来社、一九七五年。

良部重康『現代フランス経済論』有斐閣、一九八三年。

LUKES, S., *Emile Durkheim — His life and work a Historical and critical study* -, Stanford University Presss,1985.

# 索　引

## あ　行



## か　行

## さ　行



## た　行

## な　行



## は　行



## ま　行



## や　行



## ら　行

## 巻末資料1　フランスの主なできごととデュルケーム略年表

| | フランスのできごと | デュルケーム |
|---|---|---|
| 1848年 | 二月革命、**第二共和制**（～52年）、21歳以上の男子による普通選挙法、補欠選挙でプルードン、ユゴー、ルイ＝ナポレオンら選出、パリ労働者蜂起「六月事件」 | |
| 1850年 | ファルー法成立 | |
| 1851年 | ルイ＝ナポレオンのクーデタ、ユゴーら亡命 | |
| 1852年 | **第二帝政成立**（～70年） | |
| 1853年 | オースマンによるパリ都市改造 | |
| 1855年 | パリ万博（帝政の産業的繁栄を誇示） | |
| 1856年 | パリ講和会議、トクヴィル『アンシャン・レジームと大革命』、フロベール『ボヴァリー夫人』、レアリスムの興隆 | |
| 1857年 | ボードレール『悪の華』 | |
| 1858年 | 治安維持法成立 | 誕生（4月15日、エピナール） |
| 1860年（2歳） | パリ市域を20区に再編、英仏通商条約・自由貿易主義に移行 | |
| 1862年（4歳） | エピナル市当局よりユダヤ教会堂の設置が認可、ユゴー『レ・ミゼラブル』 | |
| 1863年（5歳） | ボン・マルシェ百貨店開店 | |
| 1867年（9歳） | パリ万博 | |
| 1868年（10歳） | | ラビ小学校に入学 |
| 1869年（11歳） | リカマリで炭鉱労働者の大ストライキ | |
| 1870年（12歳） | 普仏戦争、フランス敗北、エピナールはプロシア軍に占領（～73年7月） | |
| 1871年（13歳） | **パリ・コミューン**成立宣言 3月28日、コミューン壊滅 5月21-28日、**第三共和制成立**（～1940）8月31日<br>ゾラ『ルーゴン・マッカール叢書』（～93年）、自然主義の興隆 | エピナールのコレージュ入学 |
| 1873年（15歳） | ドイツ軍撤退、ランボー『地獄の季節』、印象派の興隆 | |
| 1874年（16歳） | | 文科バカロレア合格 |
| 1875年（17歳） | 第三共和国憲法が成立 | 理科バカロレア合格 |
| 1876年（18歳） | | パリへ |
| 1878年（20歳） | パリ万博 | |
| 1879年（21歳） | マルクス主義によるフランス社会主義労働者同盟成立 | 高等師範学校入学、ユダヤ棄教、哲学教授資格を得てリセ教授となる（～1887年） |
| 1882年（24歳） | 教育の世俗化・義務化に関するフェリー法成立 | |
| 1884年（26歳） | 清仏戦争 | |
| 1885年（27歳） | 天津条約 | |
| 1886年（28歳） | | ドイツ留学 |
| 1887年（29歳） | フランス領インドシナ連邦の成立 | **ボルドー大学講師就任**（社会科学講座、教育学講座） |
| 1889年（31歳） | パリ万国博覧会、エッフェル塔完成、**ブーランジェ事件** | |

| | フランスのできごと | デュルケーム |
|---|---|---|
| 1893年（35歳） | 植民地政策を推進する財界組織、フランス植民地連盟成立 | **『社会分業論』出版** |
| 1894年（36歳） | ドレフュス大尉逮捕（ドレフュス事件 1894-1906） | |
| 1895年（37歳） | 労働総同盟が成立（第一次世界大戦までサンディカリズムが成長） | **『社会学的方法の規準』出版**<br>※この年に宗教の機能の重要性に改めて気づいたと後述 |
| 1896年（38歳） | ドレフュス事件表面化 | |
| 1897年（39歳） | | **『自殺論』出版** |
| 1898年（40歳） | ゾラ「われ糾弾す！」発表 | **『社会学年報』創刊、**<br>「個人表象と集合表象」、<br>「個人主義と知識人」執筆、<br>フランス人権同盟ボルドー支部を組織 |
| 1899年（41歳） | レンヌ軍法会議でドレフュス再審、有罪宣告されるが、大統領特赦になる。 | |
| 1901年（43歳） | 共和派連合の中核「急進・急進社会党」結成 | |
| 1902年（44歳） | 総選挙で共和派連合圧勝、コンブ内閣発足 | **パリ大学文学部講師就任（教育科学講座）** |
| 1903年（45歳） | コンブ内閣により多数の修道会解散 | |
| 1904年（46歳） | 英仏協商条約締結、ジョレス『ユマニテ』創刊<br>修道会による教育の禁止令、<br>教皇庁との外交関係断絶、<br>ロマン・ロラン『ジャン・クリストフ』第一巻 | |
| 1905年（47歳） | コンブ内閣総辞職、タンジール事件<br>社会党成立、<br>反教権主義政策の総決算として政教分離法公布 | |
| 1906年（48歳） | ベルクソン『創造的進化』 | ボルドー大学文学部名誉教授<br>パリ大学文学部教授 |
| 1907年（49歳） | 英仏露三国協商体制成立 | |
| 1908年（50歳） | ソレル『暴力論』、ジード『狭き門』 | |
| 1909年（51歳） | 郵便労働者の大ストライキ | |
| 1910年（52歳） | 鉄道ゼネスト | |
| 1911年（53歳） | アガディール事件 | |
| 1912年（54歳） | | **『宗教生活の原初形態』発刊** |
| 1913年（55歳） | プルースト『失われた時を求めて』 | パリ大学ではじめて「教育科学と社会学」が創設（担当）<br>『年報』第12巻発刊（最終刊となる） |
| 1914年（56歳） | サラエヴォ事件、第一次世界大戦勃発<br>ジョレス暗殺、ドイツと開戦 | |
| 1915年（57歳） | ロンドン秘密協定 | 長男アンドレ戦死 |
| 1916年（58歳） | 反戦文学運動 | |
| 1917年（59歳） | ドイツ無制限潜水艦戦宣言<br>ロシアで3月革命、11月革命 | 没（12月15日、パリ） |
| 1919年 | パリ講和会議、ヴェルサイユ条約調印 | |

# 巻末資料2　『原初形態』発刊前年以降の諸著作・諸論文


## 1911年

1. Émile Durkheim, “L’ Éducation sexuelle”, *bulletin de la Société française de philosophie*, 11, 1911.
2. ――, “Jugements de valeur et jugments de réalité”, Atti del IV. *Congresso Internazionale di Filosofia*, 1, 1911.; *Revue de métaphysique et de morale*, 19, 1911.; *Sociologie et philosophie*, Paris,Alcan, 1924.（訳「価値判断と現実判断」）。
3. ――, “Éducation”, F. Buisson（éd.）, *Nouveau Dictionnaire de pédagogie et d’instruction primaire*, Paris, Hachette, 1911.; *Éducation et sosiologie*, Paris, Alcan, 1922.（訳「教育の本質と役割」）。
4. ――, avec Ferdinand Buisson, “Enfance”, F. Buisson（éd.）, *Nouveau Dictionnaire de pédagogie et d’instruction primaire*, Paris, Hachette, 1911.
5. ――, “Pédagogie”, F. Buisson（éd.）, *Nouveau Dictionnaire de pédagogie et d’instruction primeire*, Paris, Hachette, 1911.; *Éducation et sosiologie*, Paris, Alcan, 1922.（訳「教育学の性質と方法」）。
6. ――, “Préface à un livre D’Hamelin *Le système de Descartes*, ”, *texts* 1, 1975a.
7. ――, “Débat sur l’ éducation sexelle”, *texts* 2, 1975b.

## 1912年

1. Émile Durkheim, *Les formes élémentaires de la vie religieuse*, Paris, 1912.（訳『宗教生活の原初形態』）
2. ――, “Sur la culture générale et la réforme de l’enseignement”, *Livres entretiens*, 8, 1912.
3. ――, “Remarque sur le problème de l’honneur”, *texts* 2, 1975b.
4. ――, “Remarque sur l’evolution récente de la famille”, *texts*, 3, 1975c.
5. ――, “Débat sur l’internat et l’école nouvelle”, *texts* 3, 1975c.
6. ［書評］Émile Durkheim, “Terraillon, E., *l’Honneur, sentiment et principe moral*”, *Revue de métaphysique et de morale*, 20, supplement juillet, 1912.

## 1913年

1. Émile Durkheim, avec Marcel Mauss, “Note Sur la notion de Civilisation”, *l’Année sociologique*, 12, 1913.
2. ――, avec Marcel Mauss, “Systèmes religieux des sociétés inférieures”, *l’Année sociologique*, 12, 1913.
3. ――, avec Marcel Mauss, “Les systèmes juridiques tribaux”, *l’Année sociologique*, 12, 1913.
4. ――, “Le premier congrès allemande de sociologie”, *l’Année sociologique*, 12, 1913.
5. ――, “Le problème religieux et la dualité de la nature humaine”, *Bulletin de la Société française de philosophie*, 13, 1913.（訳「宗教問題と人間性の二元性」）。
6. ――, “La Sociologie genarale selon Gaston Richaed”, *texts*, 1, 1975.
7. ［書評］Émile Durkheim, “Richard Gaston, *la sociologie générale et les lois sociologiques*”, *l’Année sociologique*, 12, 1913.
8. ［書評］――, “Belliot R.P.A., *Manuel de sociologie catholique*”, *l’Année sociologique*, 12, 1913.

9. ［書評］ ――, “Berr Henri, *La synthèse en histoire*”, *l'Année sociologique*, 12, 1913.
10. ［書評］ ――, “Boas Franz, *The Mind of the primitive Man*”, *l'Année sociologique*, 12, 1913.
11. ［書評］ ――, “Lévy-Bruhl, *Les fonctions mentales dans les sociétés inférieures*”, “Émile Durkheim, *Les formes élémentaires de la vie religieuse*”, *l'Année sociologique*, 12, 1913.
12. ［書評］ ――, “Wundt Wilhelm, *Elemente der Vœlkerpsychologie*”, *l'Année sociologique*, 12, 1913.
13. ［書評］ ――, “Patten, *The Social Basis of Religion*”, *l'Année sociologique*, 12, 1913.
14. ［書評］ ――, “Visscher H., *Religion und soziales Leben bei den Naturvölkern*”, *l'Année sociologique*, 12, 1913.
15. ［書評］ ――, avec Marcel Mauss, “Frazer, *Totemism and Exogamy*”, “Émile Durkheim, *Les formes élémentaires de la vie religieuse*”, *l'Année sociologique*, 12, 1913.
16. ［書評］ ――, “Goldenweiser A. A., *Totemism, an analytical Study*”, *l'Année sociologique*, 12, 1913.
17. ［書評］ ――, “Claus Heinrich, *Die Wagogo*”, *l'Année sociologique*, 12, 1913.
18. ［書評］ ――, “Deploige Simon, *Le conflit de la morale et de la sociologie*”, *l'Année sociologique*, 12, 1913.
19. ［書評］ ――, “Fletcher Alice C., La Flesche Francis, *The Omaha Tribe, l'Année sociologique*, 12, 1913.
20. ［書評］ ――, avec Marcel Mauss, “Endle Sidney, *The Kocharis*”, *l'Année sociologique*, 12, 1913.
21. ［書評］ ――, “Hutereau A., *Notes sur vie familiale et juridique de quelques populations du Congo belge*”, “Calonne-Beaufaict A. *Les Ababua*”, *l'Année sociologique*, 12, 1913.
22. ［書評］ ―― avec M. Bianconi, “Torday et Joyce, *Notes ethnographiques sur les peuples communément appelés Bakuba, ainsi que sur les peuplades apparentées, les Bushongo*”, “Hilton-Simpson, *Land and peoples of the Kasai*”, *l'Année sociologique*, 12, 1913.
23. ［書評］ ――, “Roscoe John, *The Baganda, Their Customs and Beliefs*”, *l'Année sociologique*, 12, 1913.
24. ［書評］ ――, “Guttmann Bruno, *Dichten und Denken der Dschagga-Neger*”, “Hollis, *The Nandi*”, “Hobley C. W., Ethnology of Akamba and other East African *Tribes*”, *l'Année sociologique*, 12, 1913.
25. ［書評］ ――, “Seligmann C. G., Brenda Z., *The Veddas*”, *l'Année sociologique*, 12, 1913.
26. ［書評］ ――, “Bogoras W., *The chukchee Ⅲ Social Organisation*”, *l'Année sociologique*, 12, 1913.
27. ［書評］ ――, “Hartland E. Sidney, *Primitive Paternity*”, *l'Année sociologique*, 12, 1913.
28. ［書評］ ――, “Gebhard Richard, *Russisches Familien und Erbrecht*”, *l'Année sociologique*, 12, 1913.
29. ［書評］ ――, “Avebury Lord, *Marriage, Totemism and Exogamy*”, *l'Année sociologique*, 12, 1913.
30. ［書評］ ――, “Frazer, *Totemism and exogamy*”, *l'Année sociologique*, 12, 1913.
31. ［書評］ ――, “Milliot Louis, *La femme musulmane au Maghreb*”, *l'Année sociologique*, 12, 1913.
32. ［書評］ ――, “Opet Otto, *Brauttradition und Consensgespräch in mittelalterischen Trauugsritualen*”, *l'Année sociologique*, 12, 1913.

33. ［書評］ ——, “Neubecker F. K., *Die Mitgift in rechtsvergleichender Darstellung*”, *l'Année sociologique*, 12, 1913.
34. ［書評］ ——, “Aubéry Gaëtan, *La communauté de biens conjugale*”, *l'Année sociologique*, 12, 1913.
35. ［書評］ ——, “Laborde Laurent, *La dot dans les fors et coutumes du Béarn*”, *l'Année sociologique*, 12, 1913.
36. ［書評］ ——, “Bloch G., *La plèbe romaine*”, *l'Année sociologique*, 12, 1913.
37. ［書評］ ——, “Brunhes Jean, *La géographie humaine*”, *l'Année sociologique*, 12, 1913.

1914年

1. Émile Durkheim, “Le dualisme de la nature humaine et ses conditions sociales”, *Scientia, Revue internationale de synthèse scientifique*, 15.; J-C. Filloux（éd.), *La Science sociale et l'action*, Paris, Presses Universitaires de France, 1970.（訳「人間性の二元性とその社会的条件」)。
2. ——, “Une nouvelle position du problème moral”, *Bulletin de la Société francçaise de philosophie*, 14, 1914.
3. ——, “Une confrontation entre Bergsonisme et sociologisme: Le progres moral et la dynamique sociale”, *texts* 1 1975a.
4. ——, “Remarques sur lv évolution religieuse et son étude”, *texts* 2, 1975b.

1915年

1. Émile Durkheim, “La Sociologie”, *La Science française*, Larousse, 1915.
2. ——, avec Ernest Denis, *Qui a voulu la guerre? Les origins de la guerre d'après les documents diplomatiques*, Paris, Colin, 1915.
3. ——, *L'Allemagne au-dessus de tout: La mentalité allemande et la guerre*, Paris, Colin, 1915.（訳「世界に冠たるドイツ—ドイツ人の心性と戦争」)。

1916年

1. Émile Durkheim, “Patience, effort, confiance”, *Lettres à tous les Français*, Paris, Comité de publication, 1916.
2. ——, “Les allié de l'Allemagne en Orient: Turquie”, *Lettres à tous les Français*, Paris, Comité de publication, 1916.
3. ——, “Les Forces italiennes — Belgique, Serbie, Monténégro”, *Lettres à tous les Français*, Paris, Comité de publication, 1916.
4. ——, “Les Forces françises”, *Lettres à tous les Français*, Paris, Comité de publication, 1916.
5. ——, “La Grandeur morale de la France: L' École de demain”, *Manuel general de l'instruction primaire. Lournal hebdomaire des instituteurs et des institutrices*, 83, 1916.
6. ——, “Robert Hertz”, *L'Annuaire de l'Association des anciens éléves de l' École Normale Supérieure*, 1916.

1917年

1. Émile Durkheim, “Sacré :Vocabulaire technique de la philosophie”, *Bulletin de la société francçaise de philosophie*, 15, 1917.
2. ——, “Société: Vocabulaire technique et critique de la philosophie”, *Bulletin de la société*

*francçaise de philosophie*, 15, 1917.
3. ——, "Notice sur André — Armand Durkheim", *L'Annuaire de l'Association des anciens éléves de l'École Normale Supérieure*, 1917.
4. ——, "Introduction à la morale", *texts* 2, 1975b.

## 著者紹介

清水強志（しみず　つよし）

1971年　長野県生まれ

2005年　創価大学大学院博士後期課程文学研究科社会学専攻修了

博士号（社会学）取得

現在　創価大学文学部　助手

主要著書　『アイヌ民族とエスニシティの社会学』（共著）学文社、2001。

『シンボルとコミュニケーションの社会学』（共著）恒星社厚生閣、2004。

『日仏社会学叢書　第一巻　デュルケーム社会学への挑戦』（共著）恒星社厚生閣、2005。

「デュルケームにおける『人間』把握—成長・認識する個人」『社会学史研究』28、日本社会学史学会、2006。他

デュルケームの認識論

二〇〇七年三月一六日　第一刷発行

著　者　清水強志

発行者　片岡一成

発行所　株式会社　恒星社厚生閣

東京都新宿区三栄町八番地

電　話／東京三三五九－七三七一（代表）

FAX／東京三三五九－七三七五

http://www.kouseisha.com/

組　版／恒星社厚生閣制作部



印刷・製本・株式会社シナノ

ISBN978-4-7699-1057-2　C3036